€

L'EURO : 10 ANS APRÈS

5-7, rue de l'Ecole polytechnique ; 75005 Paris

http://www.librairieharmattan.com
diffusion.harmattan@wanadoo.fr
harmattan1@wanadoo.fr

ISBN : 978-2-296-08417-9
EAN : 9782296084179

Olivier BARTHALON, Ionut BIBAC
et Cécile ERNST

€

L'EURO : 10 ANS APRÈS

Un premier bilan à l'heure de la crise financière

Préface de François Villeroy de Galhau
Avant-propos du Professeur Traian Sandu

L'Harmattan

Remerciements :

Nous remercions :

- Monsieur François Villeroy de Galhau qui a accepté de préfacer notre ouvrage et le Professeur Traian Sandu qui a écrit l'avant-propos ;

- nos relecteurs, Madame Marie-Christine Lavedrine et Monsieur Emmanuel Belluteau pour leurs nombreux conseils, Messieurs François Barthalon et Philippe Malteste pour leurs corrections ;

- et enfin nos conjoints pour leur soutien et leurs conseils pertinents.

Nous remercions également nos amis rencontrés dans toute l'Europe, grâce auxquels nous avons enrichi nos expériences et nos réflexions.

Avertissement :

Les analyses développées dans le présent ouvrage n'engagent que leurs seuls auteurs, à titre personnel, en dehors de tout engagement qu'ils auraient par ailleurs.

Sommaire

Préface

L'euro a été un formidable succès technique que la population européenne, notamment française, s'approprie progressivement. Certes les Européens ont dû, pour mettre en place l'euro, accepter des efforts, mais ces politiques de rigueur auraient été de toute façon nécessaires. Ils ont obtenu aujourd'hui une monnaie unique partagée entre seize pays, sur laquelle s'ancrent onze autres monnaies européennes et la monnaie d'une vingtaine de pays africains et du Pacifique. Devenue monnaie de référence incontournable, l'euro favorise ainsi le développement économique et l'emploi dans cette cinquantaine de pays, en facilitant les échanges commerciaux.

L'euro est donc un outil de protection économique qui permet en 2009 d'éviter les effets catastrophiques de « guerres de monnaies » que l'on a connus lors de la précédente récession de 1992-1993 avec les dévaluations espagnoles et italiennes de 20% à 30%. Cependant, en raison des effets d'amplification des marchés des changes, on assiste aujourd'hui encore à la chute de trop nombreuses monnaies (celles de l'Islande et de la Grande-Bretagne, mais aussi de certains pays de l'Est de l'Europe et de la Russie). Mais cette fois, la France est moins directement touchée. Les tensions sur les spreads de taux n'épargnent pas certains Etats de la zone, mais sont bien plus fortes hors de la zone.

A cet égard, la stabilité de l'euro évite d'ajouter la crise à la crise. Aujourd'hui, il n'est plus nécessaire, comme on a été obligé de le faire dans les crises précédentes, de recourir à des taux d'intérêt élevés (de 10% à 15%) pour défendre la valeur de notre monnaie. La traversée de la crise financière et la relance économique seront facilitées par le maintien d'un niveau de change raisonnable de l'euro.

Devenu deuxième monnaie de réserve du monde dix ans après sa création, l'euro confirme la réalisation de l'un de ses objectifs : la stabilité, aussi bien pour le change que pour les prix. Pour y avoir travaillé pendant 10 ans à Matignon, au Ministère des Finances et à Bruxelles, je peux témoigner combien cela a demandé d'efforts continus de la part d'hommes politiques responsables. L'euro a ainsi permis de limiter les hausses de prix : moins de 2% par an en moyenne depuis dix ans. Il pourrait être une esquisse du devenir de l'Union européenne : une certaine protection de ses habitants dans un monde ouvert à tout type de vents.

Un des mérites du livre d'Olivier Barthalon, d'Ionut Bibac et de Cécile Ernst est de recourir à l'application de méthodes d'analyse rigoureuse (l'un des auteurs est auditeur). Cet ouvrage rappelle ainsi les fondamentaux économiques qui entourent cette formidable espérance de l'Union européenne et de son noyau dur, avec 330 millions d'habitants. Créé malgré l'opposition de nombreux anglo-saxons, l'euro est une réussite. Les auteurs décrivent une Europe qui, en raison de sa souveraineté monétaire recouvrée, s'est dotée de moyens efficaces pour défendre ses propres intérêts économiques et financiers. Et ce, parallèlement à une mondialisation parfois bénéfique, parfois difficile à supporter lorsque la diminution des exportations aggrave la crise.

En maintenant des taux d'intérêt réels toujours positifs, la BCE a contribué à limiter la spéculation financière dans la zone euro. Bien que les épargnants et les banques de la zone soient touchés, ils le sont directement beaucoup moins qu'aux Etats-Unis, en Suisse ou en Grande-Bretagne (sur 2.300 milliards d'euros – ou 3.000 milliards de dollars - de produits toxiques émis, près de 800 milliards touchent les Européens, mais beaucoup moins les seuls membres de la zone euro). Le modèle économique raisonnable et prudent du continent européen doit mieux s'imposer dans l'après-crise.

Deux regrets cependant : malgré les effets bénéfiques de l'euro, il est dommage que les 16 membres ne se soient pas encore entendus pour lancer solidairement un grand emprunt européen, et ainsi relancer la première économie mondiale en réalisant notamment les investissements nécessaires. L'idée est régulièrement reprise par des dirigeants européens et par le Directeur Général du FMI, Dominique Strauss-Kahn. Par ailleurs, les organismes internationaux devraient utiliser plus souvent l'euro dans leurs interventions, notamment en Europe ou en Afrique.

*

* *

L'unification de l'Europe se fait pas à pas, marquée par des périodes d'avancées mais aussi de stagnation. L'euro contribue à développer le sentiment d'une identité collective sans laquelle une communauté ne peut se bâtir. Jacques Rueff estimait que « *L'Europe se fera par la monnaie ou ne se fera pas* ». La monnaie unique est un facteur important du développement de l'UE et de la paix en Europe et elle doit favoriser l'émergence de solutions communes. Avec l'actuelle crise, l'euro a gagné en attractivité. C'est un atout appréciable que nous, Européens, devons savoir utiliser pour aller plus loin. En dix ans, l'euro a démontré son potentiel de stabilité et de protection « ad intra », pour les économies et les habitants de la zone euro. La prochaine étape est « ad extra » : que l'euro soit un atout décisif de l'Europe pour peser fortement sur la reconstruction d'un nouvel ordre économique et financier mondial. C'est notre responsabilité à tous pour l'après-crise, et ce livre vient utilement l'éclairer.

François VILLEROY de GALHAU
Membre du Comité Exécutif de BNP PARIBAS
Directeur des Réseaux France

Inspecteur Général des Finances
Ancien conseiller Europe de Pierre BEREGOVOY
Et directeur de Cabinet de Dominique STRAUSS-KAHN

Avant-propos

Voici un livre qui fait du bien au lecteur européen en général, français en particulier. Le titre est festif, ce sont les dix ans de l'euro ! Et les auteurs ne boudent pas leur plaisir de démontrer non seulement que l'Union européenne dépasse, par bien des aspects, la puissance économique nord-américaine, mais aussi que l'euro en est l'un des grands responsables. Bien évidemment, au détour d'une phrase, ils constatent que les variations du dollar peuvent dynamiser ponctuellement le crédit et doper les exportations, correspondre à une économie ultralibérale et hyper-innovante qui accorde sa chance à tout un chacun, mais qui peut aussi se montrer impitoyable avec tous en cas de récession. En face, la politique monétaire vertueuse de la Banque centrale européenne assurerait la stabilité des changes entre pays proches géographiquement et économiquement, facilitant les échanges, si importants pour nos économies mondialisées. La rigueur monétaire a aussi une portée sociale, évitant la spirale inflationniste surtout dommageable aux petits salaires, incapables de soutenir la martingale des prix. Se souvenir aussi qu'un sou est un sou induit à l'échelle macro des comportements d'épargne qui, s'ils ne véhiculent plus la charge moralisante et inhibante du XIXe contre les comportements dépensiers et les investissements, permettent aujourd'hui d'éviter les bulles financières de marchés de consommation dopés avec des crédits douteux.

Cette comparaison permet aux auteurs de se lancer dans de longs développements sur la crise actuelle, amorcée avec les *subprimes* et sur laquelle s'est greffée la crise économique plus générale depuis quelques mois. On sent une certaine jubilation de ceux qui ont eu raison lorsqu'est évoquée la victoire du modèle européen, qui transforme la dette immobilière détenue par les banques en obligations sécurisées plutôt que sa titrisation en actions à la valeur aléatoire. Les références vont de la politique allemande du deutschemark fort depuis les années 1970 jusqu'au franc germinal napoléonien, dans une tonalité de discrète revanche sur Bretton Woods et sur la dépendance financière de l'Europe durant la guerre froide. Remontant plus loin encore, les auteurs enregistrent le renversement d'une tendance encore plus longue : la légère supériorité récente de la capitalisation boursière européenne – en y comprenant la bourse russe – sur Wall Street, pour la première fois depuis 1914 ! La présence d'un auteur d'origine roumaine, champion de l'élargissement et chantre du dynamisme des nouveaux membres de l'UE – à la croissance supérieure à celle de la Chine calculée en monnaie constante ! –, nous rassure sur l'unité de cette Europe qui s'était divisée, en bonne partie à l'initiative des Etats-Unis, sur la crise irakienne.

La dernière partie de l'ouvrage porte sur les « idées fausses et suggestions ; pour une meilleure communication » des instances chargées de l'euro, notamment de la BCE. Elle démonte certains préjugés qui ont surtout eu cours en France – mauvais élève des réflexes vertueux de l'espace germanique – au sujet de la monnaie européenne, notamment lors de sa mise en place. Nous oublions trop souvent les efforts qu'a représenté pour les Allemands l'abandon d'une monnaie qui a symbolisé leur unité ou leur souveraineté (re)trouvée, depuis le thaler bismarckien jusqu'au deutschemark de 1949, en passant par le mark de 1924 faisant suite à l'épouvantable inflation à x chiffres de 1923.

Ainsi, les déficits extérieurs français seraient-t-ils essentiellement dus à la faiblesse des exportations en direction de la zone euro, donc la force de la monnaie européenne ne joue pas dans ces mauvaises performances, à chercher auprès de la compétitivité des entreprises. De même, l'inflation visible au moment de la mise en place de l'euro serait attribuable aux abus d'un système commercial français trop concentré et pas assez concurrentiel ; l'augmentation indue de certains produits de première nécessité a masqué la baisse d'autres produits, que la force de l'euro a permis de se procurer plus facilement qu'avant.

Un autre paravent de cette force est la surévaluation de la zone et de l'emploi du dollar. Un exemple frappant en est la correction de l'affichage des taux de croissance des zones dollar et euro : la baisse du dollar lui permet d'afficher, pour 1993-2007, un insolent 53%, dépassant la zone euro (39%) ; mais en valeur constante, la croissance n'est plus que de 22,4%, en-deçà donc des taux européens. La même analyse s'applique au différentiel de croissance entre pays de l'ancien bloc de l'Est et la Chine, en faveur des premiers. La faiblesse économique actuelle des Etats-Unis révèle tardivement ce qui se dessinait depuis une petite décennie, à savoir le rayonnement croissant de la monnaie européenne hors de la zone où elle a été adoptée, en Afrique, bien-sûr, mais aussi dans les pays émergents – y compris chez notre important fournisseur en énergie, la Russie. La structure du commerce européen avec la Chine, par exemple, est plus prometteuse que celle des commerces américain et japonais, en bonne partie composés d'articles réexportés des industries délocalisées des Etats-Unis et du Japon. Lorsque le marché chinois aura trouvé sa vitesse en produits de consommation et en besoins d'équipements, les industries européennes seront déjà positionnées et la force de l'euro ne fera qu'ajouter à la stabilité des échanges, sans nuire à la compétitivité. Le conseil des auteurs aux dirigeants de la monnaie européenne est de transformer enfin en visibilité affichée le rayonnement réel de l'euro – y coter les matières premières, l'imposer auprès des organisations internationales, de la presse spécialisée, etc...

Que penser de cet exercice d'admiration – pour reprendre l'expression ironique d'un Cioran mûr, revenu de ses chimères de superpuissance européenne qu'il avait « malencontreusement » liées au Troisième Reich ? Avant de considérer l'appel à l'affichage de la puissance monétaire européenne, partons des propos tenus sur l'euro par un Européen convaincu, Valéry Giscard d'Estaing, dans une interview accordée au *Monde* le 12 janvier 2009. L'ouvrage est en total accord avec la vision de l'ancien président sur les bienfaits de la monnaie européenne, à la fois par temps sereins et lors des tempêtes financières et économiques. Mais lorsque le journaliste lui demande si l'euro devrait remplacer le dollar, l'ancien président français répond :

« *En tout cas, je ne le souhaite pas. Etre la monnaie mondiale est une contrainte très forte pour les économies qui l'utilisent. Car on est obligé de tenir compte non seulement des flux de sa propre économie, mais aussi des flux mondiaux. La monnaie change de caractère. Elle devient très largement marquée par son rôle international, comme l'est le dollar à l'heure actuelle. Ce qui est souhaitable, c'est que le rapport des quelques grandes monnaies qui subsistent, c'est-à-dire le dollar, l'euro et le yen, soit activement géré, ce qui est le cas.* »

Cette posture raisonnable, que les auteurs de ce livre ne désapprouveraient peut-être pas, ne me semble toutefois pas totalement en accord avec l'envolée ultime d'un président aux ambitions littéraires – comme tous les présidents de la Cinquième République jusqu'à Jacques Chirac non compris, et avant les dérives show biz du dernier porteur du titre :

« *Plus fondamentalement, je crois que nous n'avons pas encore surmonté les effets négatifs du non français au référendum sur le traité constitutionnel. Un exemple pris dans l'actualité : l'Union européenne est le premier donneur d'aide à la Palestine. Rien ne l'empêchait, dans le conflit israélo-palestinien, de décider de continuer d'acheminer, sous sa propre responsabilité, son aide humanitaire. Elle ne l'a pas fait.*

Il faut être patient : ce sont les nouvelles générations, formées à l'Europe par leur cursus universitaire et leurs expériences professionnelles extérieures, qui feront franchir un nouveau pas à l'Europe pour la porter à la dimension du monde, comme nous l'avons fait pour l'euro ! »

Deux remarques, là encore en phase avec le ton dynamique, voire offensif, sinon un brin impérial du livre. D'abord, malgré le profil bas et modeste adopté lorsque l'on évoque les relations entre euro et dollar, il s'agit bien de faire franchir, en toute amitié et harmonieuse gestion avec le dollar et le yen, le seuil de la présence mondiale à l'euro. Ensuite, lorsque Valéry Giscard d'Estaing veut prendre un exemple de présence européenne dans le monde, c'est bien dans la politique étrangère commune, cette fameuse et décevante PESC, qu'il pioche. Et ce n'est pas par hasard, car quel que soit le domaine technique choisi pour mesurer la puissance européenne, c'est finalement sur l'aune encore petite de sa visibilité internationale que les plus europhiles butent avec irritation. L'UE reste encore, malgré tout, cet ensemble de nations qui n'a cherché que tardivement la puissance en tant que telle, après avoir acquis une prospérité discrète à l'ombre du parapluie nucléaire américain. Si après 1989 le moment semblait venu de sortir du bois et d'afficher une volonté de puissance et d'intégration supplémentaire, avec un supplément d'âme et la création d'un patriotisme européen (bref, sinon un vouloir « mourir pour l'Europe » bien excessif, et que personne d'ailleurs n'exigeait, du moins un vouloir envoyer mourir des soldats professionnels…), alors l'impérialisme monétaire s'enchâsse dans un sentiment et dans une politique plus généraux. Ces derniers relèvent malheureusement de la volonté politique qui ne se décrète pas, car elle n'est pas le fait d'un ou de plusieurs hommes, mais de l'alchimie charismatique entre un homme, une machine politique, et les aspirations de toute une société qui se projette dans le programme de ce personnel politique.

Traian SANDU
Ancien élève de l'Ecole Normale Supérieure,
Docteur en histoire,
Professeur agrégé d'histoire auprès du
Centre Interuniversitaire d'Etudes hongroises de
Paris III – Sorbonne Nouvelle

Introduction

A - Un bilan de l'euro

L'euro a déjà 10 ans !

C'était en effet le 1er janvier 1999 que l'ensemble constitué des marchés financiers des onze pays de la nouvelle zone euro a effectué le passage à la nouvelle unité monétaire commune, trois ans avant qu'il n'arrive effectivement dans les porte-monnaies sous formes d'espèces sonnantes et trébuchantes.

A l'occasion de cet anniversaire, nous avons voulu faire un premier bilan de la monnaie unique, en rappelant son histoire et en évaluant ses succès mais aussi ses difficultés et ses échecs.

Quelle n'a pas été notre surprise de découvrir, en approfondissant les thèmes étudiés, l'importance que l'euro et l'économie européenne revêtent désormais, alors même que subsiste, ici ou là, la fascination pour les anciennes monnaies nationales ou pour le dollar. Désormais, l'euro apparaît protecteur, surtout en temps de crise.

Aussi, nous avons voulu montrer la formidable puissance concentrée dans l'Union européenne - notamment au sein de la zone euro avec 330 millions d'habitants - et le rôle que joue l'euro dans l'émergence de cette puissance encore en devenir.

Par ailleurs, nous évoquerons les questions récurrentes : l'euro a-t-il renchéri les prix ? A-t-il fait perdre ou gagner du pouvoir d'achat ? Comment l'euro nous protège-t-il de la tourmente financière ?

Loin des discours alarmistes, l'enquête que nous avons menée nous permet d'affirmer aujourd'hui que l'Union européenne, et plus encore la zone euro, représentent un pôle de stabilité sans égal dans le monde et qu'elle a suffisamment d'atouts pour tenir les promesses qui ont présidé à sa construction.

Il ne s'agit pas de faire de l'euro un veau d'or ou une idole. Il est cependant un moyen d'échange fort utile, pour son utilisation quotidienne. Nous n'avons pas le culte de l'argent, du matérialisme ou du mercantilisme. Cependant, le rêve de l'unité européenne se réalise à travers la monnaie unique, espérée par nos ancêtres tel Maurice Duclos qui l'a écrit dans un livre dès 1910. Nous sommes également sensibles aux progrès harmonisés des pays européens qui n'ont pas à cacher leurs succès, fruits de leur travail et de leur prudence.

B - Pour une approche humaniste et européenne du développement

L' « humanisme européen », fruit d'une certaine conception de l'économie, peut être retenu comme modèle. Ce dernier repose sur un libéralisme tempéré afin de favoriser l'homme et l'initiative individuelle, dans un cadre défini, assorti de nombreux mécanismes de solidarité qu'il faut sans cesse adapter. Ce modèle demande à la fois de la rigueur, évitant ainsi le surendettement en Europe, une réelle concertation sociale et de la coopération active avec les pays émergents, surtout les plus pauvres. L'Europe fournit plus de 60% de l'aide publique au développement et ses banques refinancent la plus grande partie du microcrédit.

Ainsi, contrairement à son concurrent anglo-saxon, le modèle humaniste européen veut tempérer les lois du marché par une réglementation appropriée destinée à éviter les abus, les bulles spéculatives et à favoriser le développement harmonieux.

La création de l'euro participe pleinement à ce modèle en ce sens que la « guerre » des monnaies, particulièrement préjudiciable en période de crise, est devenue impossible en Europe du fait de l'existence de la zone euro et difficile dans l'ensemble de l'Union européenne. Les mécanismes de solidarité entre pays de l'UE jouent dès lors qu'une monnaie est attaquée. Les Etats-membres et la Commission interviennent alors pour calmer les spéculateurs, à la demande des Etats concernés.

Tel est le cas de la monnaie hongroise qui a été soutenue fortement notamment par des mécanismes de solidarité européens en octobre 2008. La Hongrie avait engagé depuis 2005 des efforts très importants pour rétablir ses grands équilibres économiques et y était en grande partie parvenue. La spéculation s'est portée sur sa monnaie qui a connu un accès de faiblesse. Une intervention conjointe de l'UE et du FMI a permis de calmer rapidement cette spéculation, l'engagement de poursuivre une politique de rigueur ayant été pris par le pays concerné.

On peut également citer le Danemark qui n'aurait pas été obligé d'augmenter ses taux d'intérêt malgré la crise, s'il avait fait partie de la zone euro. Le premier ministre de ce pays l'a regretté publiquement.

Le cas de l'Islande est encore plus emblématique. Fin octobre 2008, après la chute de la valeur de la monnaie nationale (la couronne islandaise a perdu les deux tiers de sa valeur), les Islandais se prononcent massivement pour l'adhésion à l'UE et à la zone euro (72% favorables dans des sondages d'opinion). Après avoir vécu grâce à la spéculation, les banques et tout le système bancaire se sont écroulés, en laissant un pays ruiné.

Ce capitalisme libre de toute contrainte ou « libertaire » – c'est-à-dire sans foi ni loi - a permis l'autocréation de bulles spéculatives engendrant de graves crises économiques comme l'Europe en a connu au cours du XIXe siècle. Un grand nombre d'économistes a tenté maintes fois de nous les minimiser[1]. Tout comme l'on risque d'oublier les faiblesses du socialisme marxisant. Ces deux systèmes ont connu des faiblesses spectaculaires.

Si l'on met au cœur du développement économique « l'homme » et la satisfaction de ses besoins essentiels, il est nécessaire de réguler avec sagesse ces mécanismes économiques souvent violents et désastreux. La vie humaine et sociale ne se définit pas uniquement dans la recherche du profit à tout prix, mais par la poursuite d'autres objectifs, telle l'amélioration de la qualité de la vie, dans le cadre d'un développement durable ou la réflexion spirituelle. Il n'en demeure pas moins que les règles de conduite économique doivent être rigoureuses. Cela demande en effet une forte exigence du respect d'un certain nombre de règles de bon sens, comme par exemple la limitation du surendettement par des taux d'intérêt réels positifs.

C'est parce que les Européens ont une économie plus équilibrée, respectant toute une série de fondamentaux économiques et financiers importants, que la zone euro devrait être moins touchée[2] par la crise économique centennale - la plus grave au cours d'un siècle - que nous vivons.

Ainsi, les abus du surendettement ont-ils été en partie limités. Depuis un an, les pertes bancaires dans la zone euro, et spécialement dans les pays latins et germaniques, ont été sans commune mesure par rapport à celles connues aux Etats-Unis, en Grande-Bretagne et en Suisse. Les systèmes de retraite par capitalisation y sont moins développés et les pertes des fonds de retraites sont donc bien moindres en Europe continentale.

Grâce à la stabilité monétaire qu'elle a apportée depuis dix ans, la zone euro a grandement contribué à contenir ces excès. Nous verrons ainsi que le cours de l'euro mesuré par l'indice pondéré des 25 monnaies des pays avec lesquels la zone pratique le plus d'échanges commerciaux, est resté assez stable par rapport

[1] Selon le livre de Jean-Luc Gréau, ancien économiste au Medef, dans *La trahison des économistes*, Editions Gallimard (Le débat), septembre 2008.
[2] Les prévisions de BNP Paribas (mars 2009) donnent pour l'évolution du PIB de la zone euro -2,8% en 2009 et +0,2% en 2010 (contre -2,7% et 0,3% aux Etats-Unis).

à son cours d'introduction de 1999 (de 100, il passé dix ans après à 107 en janvier 2009, selon la BCE).

Ainsi, l'euro participe à part entière de ce modèle européen qui, malgré l'acharnement de certains à vouloir le nier, est fondamentalement différent du modèle néo-libéral anglo-américain, à ce capitalisme libre, dérégulé ou même trop « libertaire » qui connaît une grave crise aujourd'hui.

Il apparaît donc que l'euro est un instrument formidable et irremplaçable pour construire ce modèle européen faisant de l'Europe « un espace privilégié de l'espérance humaine[3] ».

Tels sont les propos développés dans ces pages, auxquels nous convions le lecteur qui voudra bien nous suivre…

---

[3] Préambule du projet 2005 de la Constitution européenne.

I – La dynamique de l'UE-27, première économie mondiale

A) L'Union européenne, à la première place

L'Union européenne, forte de ses 27 membres et engagée dans un processus d'intégration économique croissant, est désormais la première économie du monde[4] pour toute une série de critères. L'Europe retrouve à cet égard la place qu'elle avait perdue à la suite des deux guerres mondiales du XXe siècle.

L'intégration économique (c'est-à-dire la constitution progressive et déjà très avancée d'un espace économique unique) a été à la fois facilitée et accélérée par l'existence d'une monnaie maintenant commune à 16[5] de ses membres. L'existence d'un environnement dynamique continu au Sud et à l'Est de l'espace intégré de l'Union européenne est un stimulant supplémentaire. Le Traité de Lisbonne, une fois approuvé (nous l'espérons) devrait permettre de mieux organiser cette intégration en fixant les règles d'actions communes et en limitant les blocages actuels, comme par exemple les règles de l'unanimité.

Ainsi, serait-il désormais plus juste d'effectuer avec l'UE, et non plus avec seulement certains de ses membres, les comparaisons économiques internationales, notamment avec les pays continents (Chine, Inde, Etats-Unis, Russie). Par exemple, la Chine n'est pas le 3ème constructeur mondial automobile et l'Allemagne le 4ème, mais elle occupe le 4ème rang derrière l'UE (1ère), les Etats-Unis et le Japon.

Cette position de l'économie européenne peut se lire à travers une série de données statistiques incontestables :

- le PIB de l'Union s'élevait en 2007 à 12.305 milliards d'euros (10.075 milliards d'euros pour les Etats-Unis) ; même la zone euro les a dépassés au deuxième trimestre 2008 (2.304 contre 2.290 milliards d'euros[6]). Au premier semestre 2008, le PIB de l'UE a dépassé celui des Etats-Unis de 34%. Qui l'aurait imaginé il y a dix ans ?

---

[4] On devrait même ainsi arrêter de dire en parlant des Etats-Unis « première » économie mondiale, mais « deuxième ».

[5] D'ores et déjà, 22 pays en Europe utilisent l'euro comme monnaie nationale, si l'on tient compte du Kosovo et du Monténégro, puis des principautés d'Andorre et de Monaco, de San Marin et du Vatican. L'entrée de la Slovaquie dans la zone est intervenue le 1er janvier 2009 et les nouveaux arrivants sont attendus dans la prochaine décennie, telle la Pologne en 2012 (25 sur les 27 de l'UE s'y sont engagés par traités, ratifiés par referendum pour la plupart).

[6] *Source* : *Eurostat*, communiqué du 3 septembre 2008.

Ainsi, l'UE représente aujourd'hui environ 28% du PIB mondial (avec 20% pour la zone euro), les Etats-Unis[7] 21%, le Japon 7% et la Chine 6% ;

- l'Union européenne effectue 43% du commerce mondial et la zone euro a toujours été en excédent commercial[8] depuis sa création contrairement aux Etats-Unis qui sont coutumiers de forts déficits dans ce domaine ;

- l'Union européenne a une population de 500 millions d'habitants (dont 330 millions pour la seule zone euro), effectif comparable aux « pays continents » : Chine (1.337), Inde (1.148) et Indonésie (238) beaucoup moins riches, Etats-Unis (304), Brésil (192) et Russie (141).

- Enfin, le marché financier européen pris dans sa globalité est progressivement redevenu leader mondial, que cela soit sur le marché des actions comme sur celui des obligations (cf. infra).

Même si l'UE détient le premier rang pour de nombreux critères, d'importants progrès restent à faire pour les Européens dans beaucoup de domaines, tels l'innovation, l'amélioration de la cohésion interne, l'indépendance militaire et culturelle, l'harmonisation des politiques étrangères, l'autonomie énergétique, l'écologie …

Un grand nombre de ces améliorations souhaitables, pour faire face à la mondialisation, a été synthétisé dans ce que l'on a appelé la « stratégie de Lisbonne ». Lancée en mars 2000, cette initiative visait à faire de l'Europe « l'économie de la connaissance la plus compétitive et la plus dynamique du monde à l'horizon 2010 ». Le point sur cette stratégie a été réalisé au printemps 2008 et synthétisé par Laurent Cohen-Tanugi. Cependant, de nombreux thèmes importants ne sont pas évoqués dans ce rapport, notamment la réussite de l'euro et sa protection.

---

[7] Il est rappelé que le PIB des Etats-Unis dépassait 52% du PIB mondial en 1945, ce qui a justifié à l'époque l'instauration du dollar-or, quasi-seule monnaie de référence à l'époque. Ceci n'est plus légitimé à ce jour par la réalité économique. Ces données ont été reprises dans le rapport officiel sur la Présidence française de l'UE publié par Laurent Cohen-Tanugi *Une stratégie européenne pour la mondialisation : Euromonde 2015*, Odile Jacob, La documentation Française.
[8] Sauf exception temporaire, pendant quelques mois.

Selon *Eurostat* (septembre 2008), les données du produit intérieur brut (PIB) des principales économies mondiales sont les suivantes :

PIB[9] (en milliards €)	*1998*	*2000*	*2007*	*2008p*	Population (millions)	PIB/habit. (en euros)
UE-15 puis 27	8.144	9.175	12.305	12.864	496	25.940
Zone euro-15	6.142	6.760	8.921	9.294	323	29.040
Allemagne	1.952	2.062	2.423	2.515	82	30.671
France	1.315	1.441	1.892	1.967	64	30.734
Royaume-Uni	1.280	1.573	2.019	1.828	61	29.911
Pologne	153	186	309	382	38	10.038
Etats-Unis	7.802	10.629	10.075	9 .156	305	30.020
Japon	3.448	5.057	3.197	3.161	127	24.810
Chine (estim.)	880	1.144	2.509	2.800	1.322	2.118
Inde (estim.)	400	511	736	788	1.130	788
Russie (estim.)	400	455	938	1.044	141	7.404
Brésil (estim.)	675	420	958	1.067	192	5.557

De ce tableau, on peut tirer les principales observations suivantes :

- une domination économique de l'Union européenne, spécialement depuis qu'elle est composée de ses 27 membres. Cette réussite n'est pas assez souvent évoquée ;

- une réussite malgré des taux de croissance affichés assez faibles (la soi-disant « stagnation européenne ») ;

- l'existence de l'euro depuis 1999 a fortement favorisé l'Europe, grâce à la stabilité monétaire apporté (en interne : faible inflation et en externe : taux de change globalement stable) ;

- la taille prépondérante de la zone euro dans l'Union européenne est incontestable (les opposants à l'euro deviennent très minoritaires) ;

- ces statistiques sont influencées par le taux de change des monnaies ; ainsi, la valeur du PIB des Etats-Unis a été élevée en 2000 avec un dollar fort ; elle

[9] *Sources* : *Eurostat* (europa.eu) principalement, mais aussi *Banque Mondiale*, FMI et OCDE. Les montants non disponibles en euro ont été convertis aux cours moyens annuels de ces devises, pour les flux annuels (dont productions).

est plus faible aujourd'hui. De même pour le Japon et le Royaume-Uni. La force de la monnaie reflète une certaine réalité économique ;

- en particulier, le PIB de la France, plus peuplée, redevient supérieur en 2008 à celui du Royaume-Uni, celui-ci étant pénalisé par la crise financière et la dévaluation de sa monnaie, les bulles spéculatives ayant moins éclaté en zone euro ;

- un PIB par habitant d'environ 30.000 euros dans les pays avancés. A noter que ceux de l'Allemagne et de la France dépasseraient en 2008 ceux des Etats-Unis et du Royaume-Uni ;

- l'émergence de la Chine, à la monnaie stable vis-à-vis de l'euro et, dans une moindre mesure, de l'Inde et du Brésil, c'est-à-dire de pays de l'ancien « tiers monde ». Nous verrons que les pays qui ont une politique monétaire rigoureuse et un développement économique équilibré (bien que rapide) ont une monnaie stable vis-à-vis de l'euro (stabilité de change sur le moyen terme due à une faible inflation) ;

- enfin le rebond de la Russie dont le PIB a retrouvé mi-2007 le niveau de ...1990, soit longtemps après les pays d'Europe centrale qui ont intégré l'UE et qui ne disposent pas, eux, de matières premières abondantes, hydrocarbures notamment.

Le rappel de ces quelques données statistiques était nécessaire pour cadrer notre sujet. En effet, l'importance de la monnaie d'un pays ou d'une zone monétaire dépend de la taille de son économie, mais aussi de son influence géopolitique. Sur ce dernier point, l'UE doit franchir une nouvelle étape, notamment en limitant ses divisions internes et en conduisant des politiques plus cohérentes ; d'où l'importance d'une mise en œuvre rapide du Traité de Lisbonne.

Néanmoins, la monnaie étant un symbole fort de la souveraineté politique (battre monnaie était jusqu'à présent le privilège exclusif des Etats), l'euro a permis à l'UE d'avancer à grands pas vers l'intégration et de gagner en influence.

La mesure du PIB

Il faut prendre les données publiées avec une certaine prudence. Certes, la mesure du PIB est une indication importante, mais il faut savoir que l'on ne mesure pas toujours scientifiquement la même grandeur. Le calcul du PIB favorise celui qui surconsomme jusqu'au gâchis au détriment du raisonnable.

Ainsi, le PIB prétendument élevé des Etats-Unis tient-il, dans une certaine mesure, au fait que les Américains surconsomment. Les cours de change de 2008 permettraient donc de mieux comparer le PIB par habitant des Etats-Unis avec celui de l'Europe, mettant à mal au passage l'objectivité de la méthode de calcul du PIB à PPA (parité de pouvoir d'achat). Celle-ci a pour but d'annuler les effets des variations monétaires en neutralisant les différences de prix pratiquées, notamment dans l'UE et aux Etats-Unis dans le cas concret.

« ***Vraie et fausse richesse***[10] **sur le PIB :**
... Deux éminents économistes (Joseph Stiglitz et Armatya Sen) réfléchissent à de nouvelles façons de mesurer le développement et la croissance. Les outils dont on dispose actuellement, en particulier le produit intérieur brut (PIB), sont en effet loin d'être satisfaisants. Le PIB mesure les richesses que les entreprises et les administrations produisent au cours d'une année. On y trouve donc des Airbus, du parfum, des soins médicaux, des cours de fac... Les pays les plus riches sont ceux qui produisent le plus de biens. La première place revient aux Etats-Unis (?) *avec un PIB par habitant proche de 32.000 euros* (?), *alors qu'il n'est que de 24.000 euros en France* (?). *Qu'est-ce qui ne va pas dans ce calcul ?* (outre que les montants ne correspondent pas à ceux les plus récents d'*Eurostat* donnés ci-dessus. Mais les fausses idées ont la vie dure !).

Tout d'abord, un certain nombre de services échappent, par nature, à cette comptabilité. Prendre un vélo pour se rendre à son travail n'est pas pris en compte, alors que prendre un taxi ou le métro l'est. Les concerts gratuits de la fête de la musique ne font pas augmenter le PIB. Tout comme faire soi-même son ménage n'enrichit nullement la nation, ce qui n'est pas le cas si on a recours aux services d'une femme de ménage. Du coup, le PIB ne reflète pas seulement l'efficacité productive d'une économie mais aussi, pour une part, ses habitudes et ses choix sociaux. Bref, la culture propre de chaque pays. Et il n'est pas certain que ceux qui choisissent de monétariser le plus les différents aspects de la vie sociale s'en portent réellement mieux que les autres.

La deuxième critique, plus radicale, consiste à se demander si toute production est bonne. Ainsi, le PIB élevé des Etats-Unis tient, dans une certaine mesure, au fait que les Américains surconsomment. Un Américain ingurgite par exemple 25% de plus de viande, trois fois plus de glaces, deux fois et demi plus de bière qu'un Français. Est-ce réellement un plus pour ce pays ? L'économiste qui aurait les yeux rivés sur le seul niveau du PIB aura tendance à considérer que oui, alors que de nombreux indicateurs invitent au contraire à y voir une

[10] Article publié dans *Alternatives économiques* n°272 septembre 2008 et signé Brieuc Bougnoux (cabinet Reverdy).

faiblesse : trois fois plus de personnes souffrent d'obésité[11] *aux Etats-Unis qu'en France (1 adulte sur 3, contre 1 adulte sur 9 environ).*

Cet excès de consommation ne concerne d'ailleurs pas seulement l'alimentation. Un Américain consomme quasiment deux fois plus de papier qu'un Français. Mais au moins les Américains lisent-ils plus ? Non, c'est même le contraire. La consommation d'énergie est probablement le meilleur indicateur puisque l'énergie est partout : chaque Américain consomme pratiquement deux fois plus d'énergie que chaque Français. Le territoire américain, vaste et parfois avec des températures susceptibles d'être rigoureuses, ne suffit pas à expliquer un tel écart.

La réactivité et la capacité d'innovation de l'économie américaine ne font aucun doute, mais une bonne partie de ce qui est généralement considéré comme la supériorité économique des Etats-Unis (lorsque celle-ci est mesurée par le PIB par habitant – mais ce n'est plus vrai en 2008 comme on l'a vu ci-dessus) *s'explique par des productions manifestement inutiles, voir nuisibles. »*

C'est éloquent ! La démonstration est claire : la correction selon la méthode de la PPA est en grande partie erronée dans les comparaisons des PIB entre les Etats-Unis et l'UE. Curieusement, cette méthode de correction est largement diffusée lorsque le dollar est faible. Elle nous paraît également trop souvent utilisée par la Commission européenne, dans les comparaisons internationales, mais aussi anormalement à l'intérieur de la zone euro. Les membres partagent la même monnaie depuis dix ans (dans un cadre libéral qui permet l'ajustement des prix) et faire ainsi des ajustements contestables par la PPA peut paraître inapproprié.

B) L'UE, zone de stabilité monétaire

La marche vers la monnaie unique pour les onze membres de l'UE d'alors (avant l'élargissement aux autres pays et aux PECO[12]) a rendu quasiment impossibles les dévaluations monétaires au sein de la zone européenne durant les dernières années du XXe siècle.

Et désormais l'adhésion à la monnaie unique par 16 membres de l'UE depuis le début de l'année 2009 a définitivement mis un terme à ces problèmes

[11] Et indirectement, les dépenses de santé sont également susceptibles d'être exagérées.
[12] PECO : pays de l'Europe centrale et orientale.

monétaires au sein de la zone euro, malgré quelques tensions inévitables[13] qui peuvent survenir en cas de crise.

Ainsi l'Union européenne connaît aujourd'hui une stabilité monétaire rarement atteinte au cours du XXe siècle et même depuis l'Empire romain, malgré quelques tentatives engagées au cours du XIXe siècle.

Nous le démontrerons précisément au chapitre III. Par ailleurs, nous avons détaillé en annexe 1 la chronologie des événements monétaires depuis 40 ans en Europe, 1968 étant la date de la création de l'Union douanière et le début des difficultés du dollar, à la suite d'importants déséquilibres économiques.

Brefs rappels historiques

La monnaie, symbole de souveraineté politique par excellence, a toujours été pour les bâtisseurs d'empire un moyen de s'imposer, mais aussi d'améliorer la cohésion interne de ces empires. L'histoire des monnaies est donc liée à l'histoire des pays et des pouvoirs. Et plus récemment aux empires mondiaux espagnol, anglais et français.

- Pour l'importance qu'il représente, il convient d'abord de rappeler l'histoire du « dollar austro-espagnol », créé à l'époque de Charles Quint, sous le nom de « thaler ». Grâce aux conquêtes espagnoles et aux découvertes d'or qui les ont accompagnées, le dollar[14] espagnol a joué un rôle important en Europe jusqu'à la fin du XVIIIe siècle, et même au siècle suivant malgré le déclin espagnol. En effet, outre son importance en Europe, il a été de loin la monnaie la plus utilisée dans toute l'Amérique Latine pendant plusieurs siècles et il était même accepté en Amérique du Nord, en raison de sa grande réputation. D'où la reprise ultérieurement du nom « *dollar* » par les Etats-Unis.

- Le franc français de la Révolution, institué en 1795 (le franc *germinal*) s'est ensuite diffusé largement dans toute l'Europe jusqu'en 1815, c'est-à-dire pendant plus de quinze ans. L'une des raisons des succès de Napoléon Ier, outre militaires, est d'avoir su parallèlement construire une économie plus moderne et performante, en supprimant les castes, privilèges et situations de monopoles dans toute l'Europe. Puisqu'il amenait la fin de ces rigidités dues aux

---

[13] Les tensions sont dues principalement aux différences de taux d'inflation entre les Etats (faibles, de 1,5 point maximum – voir annexe 7-A, elles sont souvent exagérées par les anti-euros), différences qui existent depuis longtemps aux Etats-Unis sans que cela ait entraîné un éclatement de la zone monétaire. Il est cependant vrai que la zone euro a besoin d'améliorer la cohésion des politiques économiques et budgétaires internes. C'est tout le débat actuel sur la gouvernance économique européenne et son harmonisation, notamment par la fiscalité. Encore faut-il s'entendre sur le fond, c'est-à-dire sur quelle politique pratiquer ensemble.

[14] Pour l'origine du nom « dollar », située en Europe centrale et dérivée du mot « thaler », voir au chapitre II.

« privilèges » de l'Ancien Régime, la bourgeoisie entreprenante européenne l'a soutenu dans toute l'Europe,... du moins à ses débuts, avant les réactions nationalistes et les dérives guerrières.

Parallèlement, la sécurité monétaire a été fortement accrue grâce à une standardisation des normes. En conséquence, la loi du 14 germinal an XI (4 avril 1803) permet aux services de l'État de reprendre au poids les monnaies rognées ou altérées par les années. L'arrêté du 17 prairial An XI (6 juin 1803) publie un tarif de deux pages pour la reprise destinée à la refonte des monnaies d'or et d'argent de tous les pays d'Europe et de presque tous les pays d'Asie. Enfin, monnaie fondée originellement sur l'argent et l'or, puis sur l'or seul, et convertible, le franc *germinal* a joui d'une stabilité quasi-totale de 1803 à 1914.

- La livre sterling s'est ensuite imposée, notamment en dehors de l'Europe continentale, par le développement économique, le commerce maritime et les « possessions » britanniques, terme utilisé à l'époque pour les colonies qui jouaient un rôle important. La Grande-Bretagne a su prendre la maîtrise des principaux points de passage maritimes, comme Gibraltar[15]. Sa révolution industrielle lui a permis de s'enrichir rapidement et de multiplier les échanges avec ses colonies. Du début du XIXe siècle à 1939, la livre sterling a tenu le premier rang comme monnaie de réserve, même si au début cette notion était abstraite, l'or tenant toute sa place de référence.

- Parallèlement, s'est construit au XIXe siècle le deuxième empire français[16], dont les objectifs ont été à l'origine autant politiques qu'économiques. Cela n'a pas empêché le franc français *germinal* d'être diffusé dans le monde entier, par la « civilisation » que l'on voulait apporter aux pays colonisés.

- Enfin, il ne faut pas oublier la réunification monétaire allemande dans le territoire du IIe Reich qui a eu une grande importance dans l'unité allemande de la fin du siècle. La création du Reichsmark date de 1875, après l'institution du *Zollverein* en 1834, union douanière entre plusieurs principautés allemandes. De nombreuses barrières entre les Etats réunis ont ainsi été supprimées et l'Allemagne a pu à son tour connaître son décollage économique.

L'Union latine à 32 pays

En dehors des empires, au rang des tentatives de stabilisation ou de réunion monétaire pacifique, on doit rappeler absolument l'expérience de l'Union monétaire latine (ou Union latine) mise en place entre 1865 et 1914 et adossée

---

[15] Gibraltar qu'elle ne veut surtout pas quitter encore à ce jour.

[16] Le premier empire français en Amérique du Nord et des Antilles avait été perdu en grande partie sous Louis XV ou vendu par Napoléon Ier (la Louisiane).

au franc germinal. Trop souvent oubliée, cette Union latine a eu une importance primordiale, non seulement parce qu'elle a été une première union monétaire pacifique significative, mais aussi puisqu'elle a regroupé, outre les membres de l'empire français, jusqu'à 32 pays (chacun gardant cependant le nom de sa monnaie). Elle était composée de :

- six pays signataires[17] : France, Belgique, Italie, Suisse, Luxembourg, Grèce ;

- 11 pays associés, dont les plus importants sont l'Autriche-Hongrie, la Russie, l'Espagne, la Roumanie, la Suède et la Finlande ;

- 10 pays alignés, dont la Serbie, la Bulgarie, le Venezuela, le Pérou, l'Argentine et le Chili ;

- 5 pays sous statut colonial, dont la Tunisie et le Congo.

Par ailleurs, d'autres pays, comme les Etats-Unis, ont engagé des discussions pour y adhérer, mais sans succès. Et l'Allemagne (du IIe Reich) et les pays scandinaves ont également fait défaut.

Cette Union latine qui reposait sur un pari risqué d'invariance du prix relatif de l'or et de l'argent, n'a pas résisté au temps ; en particulier, parce que le monométallisme or s'est imposé progressivement et la référence à l'argent a été abandonné. De plus, les stocks d'or disponibles ne permettaient pas d'offrir une quantité de monnaie-or correspondant aux besoins de l'économie, ce qui a rendu de plus en plus problématique le maintien d'un rapport fixe entre le volume d'or et celui de la monnaie existante, utilisée pour les échanges.

Le succès de cette Union latine a été cependant tel que la part du franc français, dans les réserves de change mondiales connues, a pratiquement doublé de 1899 à 1913. A cette date, la part additionnée du franc français et du mark allemand égalait celle de la livre sterling britannique, le dollar des Etats-Unis étant alors à peu près inexistant dans les statistiques.

Cependant, la Première Guerre Mondiale, par ses destructions et ses dépenses considérables, essentiellement à la charge des Etats, a achevé de rendre problématique voire impossible la référence à l'or. L'Union latine était alors quasi-morte (elle a été formellement dissoute en 1927) et la part de franc

---

[17] D'ailleurs quatre d'entre eux ont pris le « franc » pour dénomination de leur monnaie (Belgique, France, Luxembourg et Suisse). Le terme « franc » signifiant alors « franc de paiement » ou « franc de toute dette » sur la transaction en question.

français et du mark allemand dans les réserves de change mondiales a fondu presque totalement, conséquence de cette guerre ruineuse.

Seconde tentative d'union monétaire importante et pacifique, la création de la monnaie unique commune, dans le cadre de l'UE, va permettre de retrouver cette stabilité monétaire indispensable à la bonne marche de l'économie. Elle se construit dans la rigueur pour durer et s'élargit progressivement de façon prudente car il n'y a pas de retour en arrière possible économiquement valable. Cette rigueur est demandée en permanence à ses membres, y compris en période de récession, afin de limiter un endettement à terme préjudiciable. Mais ils en « touchent » peu à peu les dividendes, ceux-ci étant nombreux et importants comme nous le détaillerons ultérieurement (cf. infra).

C) Un environnement dynamique favorable à l'expansion de la zone euro : l'ensemble euro-méditerranéen

Le développement de la zone euro est favorisé par des pays voisins au fort dynamisme économique et parfois démographique. L'ensemble euro-méditerranéen représente une population de 1,1 milliard d'habitants, avec un PIB estimé à 16.100 milliards d'euros. Parallèlement à la construction de l'UE, les échanges économiques de toutes sortes se sont multipliés dernièrement avec l'Est et le Sud de la zone euro, actuellement en phase de décollage économique ou en pleine croissance.

Par ailleurs, l'UE a développé une politique de voisinage importante afin de stimuler le développement de ces pays, parfois pauvres, multiplier les échanges et asseoir la paix. Cette politique a également favorisé la croissance en Europe et affirmé la présence du « continent expérimenté », les objectifs mercantiles et politiques n'étant pas oubliés pour autant.

1) A l'Est de la zone euro

Le dynamisme de cette région est indéniable et trop souvent ignoré par les observateurs.
Ainsi, l'ensemble formé par les douze pays nouveaux membres de l'UE, les sept autres pays des Balkans[18], et ceux de la CEI (membres de l'ex URSS) a connu entre 1997 et 2005 une croissance économique supérieure à celle de la Chine (doublement du PIB mesuré en euro). Leur part dans le PIB de l'UE est passé en 8 ans de 4% à 8% environ. Ce sont donc d'immenses marchés qui

[18] Albanie, Bosnie-Herzégovine, Croatie, Kosovo, Macédoine, Monténégro et Serbie.

s'ouvrent aux Européens sous réserve qu'ils aient la volonté d'y investir. Trop d'industriels ou de banquiers ont attendu tardivement pour créer leurs implantations, laissant la place à leurs concurrents plus opportunistes. Ils le regrettent aujourd'hui et sont prêt à saisir des opportunités dès que la crise sera calmée.

Dans un avenir relativement prévisible (10 ans), le PIB de ces pays pourrait encore doubler pour se rapprocher des standards de l'Union européenne. Cette situation favorisera une meilleure intégration économique et politique de ces pays, notamment pour les membres de l'UE.

Les principales données économiques de cette région sont les suivantes :

Pays	Population (en millions d'habitants)	PIB en 2000 (milliards €)	PIB prév. en 2008 (milliards €)	PIB par habitant(2008) (en euros)
Total zone	**407**	**1 058**	**2.583**	**6.030**
dont:				
UE de l'Est (à 10)	104	423	989	9.540
dt Pologne	38	186	382	10.038
dt Roumanie	22	40	130	6.034
Ukraine	46	37	115	2.400
Russie	141	455	1.044	7.404

On ne peut que constater le dynamisme de ces pays et l'importance prise par cette région. En huit ans, le PIB mesuré en euro a été multiplié par 2,5. La Roumanie a fait encore mieux (multiple de 3,25). Parallèlement, leurs économies sont devenues plus performantes et leurs monnaies se sont valorisées ou stabilisées par rapport à l'euro, avant une baisse fin 2008 ou début 2009.

En conséquence, la monnaie unique est désormais devenue pour eux un ancrage monétaire incontournable, d'autant plus que l'euro est souvent leur monnaie d'emprunt.

A l'exception de l'Ukraine, de la Biélorussie, de la Moldavie et de certains pays non pétroliers de l'Asie centrale[19], les pays de cette zone ont atteint un PIB par habitant significatif. Ils représentent pour les producteurs de l'UE de vastes marchés aux besoins très importants, notamment en termes d'investissements en infrastructures.

[19] Pays anciens membres de l'URSS comme l'Ouzbékistan ou le Turkménistan.

Ainsi, leur taille est devenue telle, que depuis 2005, la zone euro y exporte plus qu'aux Etats-Unis. Peu d'observateurs savent que les marchés à l'Est de l'Europe sont désormais supérieurs en valeur à ceux des Etats-Unis pour la zone euro. La reconstruction accélérée de ces pays, notamment avec l'aide de l'Union européenne (fonds agricoles et fonds de développement économique au bénéfice des régions les plus pauvres) a permis aux membres de l'ex-UE à 15 d'y exporter massivement. Ces nouveaux marchés atteignent aujourd'hui une taille respectable. Ils ont des monnaies stables (sauf partiellement depuis fin 2008) et leur production représente plus du quart du PIB des Etats-Unis. Une solidarité européenne avec les membres de l'Est s'est clairement exprimée au sommet des chefs d'Etat et de gouvernements de l'UE des 19 et 20 mars 2009.

La question russo-géorgienne

Cette question a inquiété de nombreux Européens et a été jusqu'à faire temporairement baisser l'euro. On ne peut donc ignorer ces différends qui concernent en premier lieu les Européens. Cependant, il faut espérer que les tensions géopolitiques du mois d'août 2008 en Géorgie ne vont pas trop ralentir les échanges qui s'annonçaient prometteurs. Le poids de l'UE et de ses alliés régionaux, dont le PIB représente 13 fois celui de la Russie et dont les entreprises ont de fortes capacités d'investissement, lui donne un « pouvoir doux » aux nombreux arguments pour convaincre.

La Russie a besoin des capitaux, des technologies et des marchés de l'Europe pour se développer et notamment mieux exploiter ses importantes ressources gazières et pétrolières. L'UE devrait pouvoir progressivement inciter fortement la Russie, - elle en a les moyens - à un plus grand respect des frontières de ses voisins, malgré son histoire. Cela demande courage, fermeté et persévérance. Les membres de l'Est de l'UE ont une longue pratique des Russes et nous devons prendre en compte leurs conseils et recommandations.

Et l'Europe est contrainte à la fermeté et à la négociation si elle veut assurer ses marchés et ses sources d'approvisionnement énergétiques, dans la paix.

La « réussite » des Balkans

Le premier Ministre russe, M. Poutine avait émis la menace de rétorsions si les Européens reconnaissaient l'indépendance du Kosovo, ce qu'ils ont fait. Cependant, malgré ce problème, le « pouvoir doux » des Européens arrive progressivement à calmer les tensions dans les pays des Balkans. Les pays de l'ex-Yougoslavie et l'Albanie donnent maintenant la priorité au développement économique et s'ouvrent plus facilement à leurs voisins. Les techniques de développement comme le microcrédit se sont fortement implantées.

Les interventions européennes, militaires mais aussi économiques, « calment » progressivement le jeu. S'il est exact que ces opérations ont un coût, les périodes de guerre ouverte sont en réalité beaucoup plus coûteuses. Quant à l'euro, il est devenu la monnaie du Kosovo et du Monténégro et il est accepté partout dans les Balkans.

<u>L'euro</u>

Globalement, l'utilisation de l'euro dans l'ensemble est-européen a fortement augmenté depuis quelques années, que ce soit pour le commerce, le tourisme[20] ou pour les échanges économiques et financiers. Une réelle stabilité de change de la monnaie de ces pays s'est progressivement mise en place et semble pérenne pour une partie d'entre eux (une douzaine) malgré des difficultés en période de crise. Et ce, d'autant plus que de nombreux Etats est-européens ont utilisé principalement l'euro pour émettre des emprunts ou placer leur épargne. Les tensions inflationnistes de début 2008 et les vicissitudes du dollar n'ont que peu altéré cette stabilité de change jusqu'à l'hiver 2008, surtout avec la douzaine de pays européens qui ont créé un lien fixe de leur monnaie avec l'euro. Les autres pays, aux déficits extérieurs courants élevés et aux monnaies flottantes, ont vu principalement le niveau de leurs monnaies revenir quelques années en arrière. Ces variations de change ont été en général dans des marges inférieures ou égales à celles réalisées depuis dix ans (sauf exception, voir détail chapitre VI-F).

L'expérience de la Roumanie est exemplaire. Attaquée, la monnaie nationale, le leu, s'est ensuite en partie rétablie à la suite du plan de soutien de l'UE et du FMI. Ce pays qui se réveille et rattrape son retard à toute vitesse n'aura aucun mal à adopter l'euro d'ici quelques années, une fois que les grands équilibres seront respectés. En effet, ce pays a d'ores et déjà en réalité deux monnaies : le leu et l'euro. Même si la monnaie nationale est utilisée pour les besoins courants, l'euro est présent partout dans la vie courante, y compris dans l'affichage publicitaire. Les agences bancaires, désormais nombreuses, proposent en vitrine des crédits et des placements aussi bien en lei qu'en euros.

Plus à l'Est, dans le panier de devises de référence utilisé pour fixer l'évolution du cours de sa devise, la Russie a décidé d'utiliser l'euro pour 40%, puis 45%. Cela apparaît tout à fait cohérent, compte tenu de ce que la majeure partie (70% environ) de son commerce extérieur s'effectue avec la zone euro ou avec des pays dont la monnaie est stable (ou parfois forte) vis-à-vis de l'euro. Le même

---

[20] Les échanges touristiques se sont fortement accrus en 2008. Le nombre de touristes provenant de cette région a beaucoup augmenté dans la zone euro (ils ont remplacé en partie les anglophones aux monnaies faibles).

raisonnement peut être tenu pour l'ensemble des membres de la CEI (Communauté des Etats indépendants[21]).

2) Au Sud de la zone euro : la Méditerranée

Au Sud, un grand nombre de pays méditerranéens, notamment les plus importants (Turquie, pays du Maghreb et du Machrek[22]), peuvent être considérés comme en phase de décollage économique, bien qu'ils connaissent une croissance démographique parfois encore significative. Celle-ci risque en effet de capter une partie de la richesse qui serait nécessaire aux investissements.

Les principales données économiques sont les suivantes :

Pays de la Méditerranée Sud et Est	Population (en millions d'habitants)	PIB en 2000 (milliards €)	PIB en 2008 (milliards €)	PIB par habitant (2008) (en euros)
Total zone	**282**	**645**	**1.085**	**3.840**
dont:				
Maroc	34	35	58	1.690
Algérie	34	45	110	3.260
Egypte	82	104	105[23]	1.290
Turquie	72	237	544	7.560

Premier lieu de développement économique sous l'Empire romain, la Méditerranée a de tout temps été le centre d'un commerce intensif entre le Nord et le Sud. Tous les pays du sud de l'UE ont une histoire millénaire d'échanges avec les autres pays méditerranéens, marqués par des langues communes et des cultures proches.

C'est pour cela que l'UE a relancé le processus de Barcelone initié en 1995, en le transformant en 2008 en *Union pour la Méditerranée* (ou UpM) aux objectifs non seulement économiques mais aussi sociaux, culturels et écologiques. Dans ce cadre, les nombreux échanges entre les deux rives, qu'ils soient touristiques,

[21] La CEI est composée en grande partie des anciens membres de l'URSS, mais avec des liens beaucoup plus lâches malgré les souhaits de Moscou.

[22] Pays du sud-est de la Méditerranée, Maghreb signifie « Occident ou Couchant» en arabe et Machrek « Orient ou Levant».

[23] La monnaie égyptienne a connu une forte dépréciation par rapport à l'euro au début des années 2000, avant de se stabiliser à partir de 2003. Ce qui explique la stagnation apparente de son PIB mesuré en euro, malgré une croissance actuellement de 7% par an.

industriels et commerciaux ou financiers, ont fortement favorisé la diffusion de notre monnaie.

A cela s'ajoute la politique de voisinage de l'UE qui, grâce à des aides, subventions ou prêts de toutes sortes (y compris pour développer le microcrédit) favorise le développement, la formation et l'emploi local et diminue les pressions migratoires. Additionnées aux actions de chacun des 27 pays, ces interventions atteignent des montants très importants.

Dans un livre publié en juin 2008, Sylvie Goulard[24] rappelle l'importance des fonds alloués aux pays méditerranéens : « Pour le processus de Barcelone, 16 milliards d'euros sont prévus dans le budget européen pour la période 2007-2013 (contre 5,3 milliards pour la période 2000-2006). L'instrument Européen de Voisinage et de Partenariat, doté de plus de 11 milliards d'euros, a été mis en place le 1er janvier 2007 pour la politique de voisinage avec une hausse de près de 40% des crédits pour la Méditerranée. »

Elles s'accompagnent d'importants mouvements de population, qui favorisent l'usage de l'euro. Plusieurs dizaines de millions de personnes originaires du Sud et de l'Est de la Méditerranée vivent et travaillent dans l'UE. Elles retournent dans leur pays d'origine soit en vacances soit au moment de leur retraite, favorisant de cette façon la diffusion de l'euro par leurs consommations et leurs investissements. Ainsi, les transferts de fonds des migrants atteignent des sommes très importantes. Ils se font souvent en liquide, ce qui incite les populations locales à utiliser l'euro, qui a acquis une bonne réputation.

Outre la recherche de nouveaux marchés, de tels éléments ont été une raison supplémentaire pour un grand nombre de banques européennes de s'implanter fortement dans l'ensemble du pourtour méditerranéen, en multipliant les présences locales. Parallèlement, elles ont investi de façon significative dans des systèmes informatiques afin de faciliter les transferts des migrants.

Enfin, les soldats de la paix au Liban, d'origine européenne et de la zone euro, confortent notre influence politique, mais aussi la présence de notre monnaie dans la région.

D) Le Golfe persique et l'Afrique en plein développement

Ces deux régions, voisines de l'ensemble euro-méditerranéen, font partie de la sphère d'influence de l'Europe, à la fois pour des raisons de proximité

[24] *Il faut cultiver notre jardin européen* de Sylvie Goulard. Edition du Seuil (juin 2008).

géographique mais aussi pour des raisons historiques. Cela fait de nombreux siècles que les Européens y sont présents. Et ils doivent participer activement au développement, que l'on prévoit rapide, de ces deux régions.

1) Le Golfe persique

Les pays du Golfe ont profité jusqu'à mi-2008 des revenus des hydrocarbures, aux prix élevés. Leurs populations sont à ce jour plus nombreuses et mieux formées qu'en 1974, date du premier choc pétrolier, et les moyens financiers à leur disposition ont permis de lancer de nombreux investissements à long terme. En conséquence, espérons que ces pays puissent atteindre un meilleur niveau de développement, avec une plus grande pérennité, même en cas de maintien de prix bas du pétrole.

Les pays du Golfe sont donc des marchés très importants pour les Européens, qui sont obligés de s'implanter pour y accroître leurs ventes et rééquilibrer leurs balances commerciales. La proximité de ces pays avec la Méditerranée ne pourra que favoriser la multiplication des échanges.

Concernant l'aspect monétaire, les six pays membres du CCG[25] ont réaffirmé en septembre 2008 leur volonté de créer une monnaie commune. L'indépendance monétaire, notamment vis-à-vis du dollar, leur permettra de gérer et d'atteindre leurs objectifs internes en combattant les tensions inflationnistes. Ils veulent ainsi pouvoir augmenter les taux d'intervention de leurs banques centrales en toute indépendance et, pour cette raison, ont reçu le soutien du FMI.

Cette monnaie, prévue pour 2010, serait valorisée en fonction d'un panier de monnaies dans lequel l'euro tiendrait toute sa place.

2) L'Afrique sub-saharienne

Les pays d'Afrique sub-sahariens sont également proches de l'Europe par de multiples échanges historiques. Avec une croissance qui a atteint récemment 5% à 6% pendant plusieurs années, les pays africains devraient enfin décoller économiquement.

Leurs besoins sont immenses et l'Europe doit y répondre. Elle en a les moyens.

Il est symbolique de noter que, parmi les grands pays du monde, ce soit la République Démocratique du Congo (francophone) qui ait la plus forte

[25] Conseil de Coopération du Golfe persique.

croissance mondiale pour les années 2008 et 2009 (taux de croissance supérieur à 9% - *source* : prévision du FMI de novembre 2008), devant la Chine.

En raison de nombreux échanges, l'euro est présent dans les pays africains, notamment avec le franc CFA en vigueur dans 14 pays du continent ; ce dernier ayant eu un lien fixe depuis très longtemps avec le franc français, puis désormais avec l'euro. A ce franc CFA, s'ajoutent deux monnaies africaines qui ont un lien fixe : le franc comorien (KMF) et l'escudo des iles du Cap Vert (CVE).

En conséquence, toute mesure monétaire de la zone euro impacte directement ces nombreux pays ; il en est de même des taux de change vis-à-vis des autres monnaies mondiales.

Nous l'avons décrit en détail au chapitre VI-B (voir infra).

II- Les grandes étapes de la construction monétaire européenne

Ainsi, comme nous l'avons vu au chapitre précédent, l'UE à 27, et plus encore la « Zone euro » par sa cohérence, apparaît comme une véritable puissance économique dotée d'une monnaie, stable, forte et attractive, située au cœur d'une zone plus large de pays tous plus ou moins émergents, à l'économie très dynamique en terme de croissance.

Mais cette puissance économique qui s'affirme n'est pas le fruit du hasard. Elle est le point d'aboutissement d'une construction volontaire, voire acharnée de certains pays européens, notamment le couple franco-allemand. C'est contre vents et marées, contre le scepticisme général, contre les mouvements contradictoires de leurs opinions publiques, au-delà des alternances politiques qu'ils connaissaient, que ces pays se sont efforcés de maintenir l'ambition de l'Union européenne et le défi de la création d'une Union économique et monétaire…

En résumé, comme nous le verrons, la création de l'euro a vécu une histoire difficile et laborieuse, mais qui s'est finalement révélée irrésistible, poussée par les nécessités des économies européennes.

A) Aux origines de l'euro, une courte histoire de la monnaie

Même dans les temps les plus reculés, les hommes ont eu besoin d'un moyen pour échanger plus facilement leurs biens. Pour remplacer le troc, l'invention d'une monnaie standard s'est progressivement imposée. Mais quel instrument, quel moyen ou quel objet utiliser pour matérialiser cette monnaie? Un nombre important d'entre eux a été expérimenté à travers le temps et les civilisations, avant de trouver des solutions acceptables.

L'idée de frapper des pièces en métal précieux est née autour de la mer Égée vers 650 avant Jésus Christ (JC). Ces pièces, semble-t-il, avaient pour principal but de satisfaire l'ego des cités et de leurs dirigeants. Il en va ainsi des pièces en électrum (un alliage d'or et d'argent) frappées à Sardes par le roi Alyattès, qui régna sur la Lydie entre 610 et 560 avant JC. Ces pièces portaient son emblème, une ou plusieurs têtes de lion. Elles pouvaient s'échanger localement comme de quelconques bijoux. Mais on ne tarda pas à trouver aux pièces frappées d'autres avantages comme celui de faciliter les échanges de marchandises. Dès lors que leur valeur, c'est à dire leur poids en métal précieux, était garantie par un roi ou une association de marchands, ces pièces pouvaient être échangées contre des marchandises beaucoup plus pondéreuses (bétail, céréales...).

L'échange monétaire se substitua peu à peu au troc traditionnel (marchandise contre marchandise). Le développement du commerce entre les cités grecques lui donna un coup de fouet. «Il fallait bien qu'Athènes elle-même exporte notamment ses céramiques décorées pour payer le blé qu'elle importait en grande quantité pour se nourrir. Au IVe siècle, ces importations représentaient régulièrement la moitié du grain consommé dans la cité[26]». Les premières pièces grecques étaient frappées à l'effigie des cités (par exemple la chouette pour Athènes) afin de rassurer les utilisateurs sur leur valeur.

En 269 avant JC, les Romains installent leur atelier de frappe des sesterces dans le temple de la déesse Junon, protectrice du foyer et pour cette raison surnommée «Moneta» (du latin monere, conseiller). De là découle l'appellation donnée aux pièces, dont nous avons fait le mot « *monnaie* » en français (money en anglais, moneda en castillan...). Auguste réorganise le système monétaire romain sur le principe du Tri-métallisme. L'aureus pèse environ 8 grammes d'or, sa parité avec le denier d'argent est fixée à 1/25. Le denier lui-même équivaut à 4 sesterces de bronze.

Mais la raréfaction progressive de l'argent entraîne une rupture des parités et une perte de confiance dans la valeur respective des pièces. Au début du IIIe siècle après JC, l'empereur Constantin impose le monométallisme avec une pièce en or, le solidus (massif, en latin), d'où nous viennent les mots « *sou* », mais aussi solde et soldat. Les premiers solidus sont frappés à Trèves, en Rhénanie, en l'an 310. Leur circulation va perdurer en Europe pendant un demi-millénaire !...

Après les troubles du haut Moyen Âge, Charlemagne, faute d'approvisionnement suffisant en or, doit se résigner à mettre en circulation une nouvelle monnaie de référence, le *denier* d'argent (de 1,36 gr. à 1,80 gr. d'argent). Le nouveau monométallisme entre si bien dans les mœurs qu'on utilise aujourd'hui encore le nom du métal en question, *l'argent,* comme synonyme de monnaie ou numéraire.

Tout au long de la grande période d'expansion économique du Moyen Âge réapparaissent aussi les pièces d'or. La première est le *florin* de Florence en 1252. Vient ensuite le *ducat* de Venise. Saint-Louis, pour faire bonne mesure, crée à son tour le *tournoi* d'argent et l'*écu*, d'une valeur de 10 sous tournois.

---

[26] Mugur ISARESCU, Gouverneur de la Banque centrale de Roumanie depuis 20 ans et très respecté dans son pays.

La première monnaie internationale des temps modernes nous vient de Vienne. En 1750, pour renouer avec le succès du Reichsthaler de l'empereur Ferdinand 1er (1559), l'impératrice Marie-Thérèse de Habsbourg fait frapper un *thaler* en or à son effigie (Marie-Thérèse, impératrice romaine - le Saint-Empire romain germanique, reine de Hongrie et de Bohême, archiduchesse d'Autriche, duchesse de Bourgogne, comtesse du Tyrol). L'or provient des monts métallifères de Bohême.

Le « Maria Theresien Thaler (MTT) » va très vite devenir une monnaie internationale, très prisée dans les colonies espagnoles et anglaises d'Amérique, et jusqu'en Afrique orientale. Après la mort de la souveraine, en 1780, elle continuera d'être frappée avec la date de 1780. En 1935, Mussolini réclamera à Vienne le monopole de la frappe jusqu'en 1960 !

Ainsi, selon certaines interprétations, le mot *dollar* est lui-même une déformation du mot thaler, la monnaie de Marie-Thérèse ayant été la première utilisée par les planteurs d'Amérique du Nord. Par sa diffusion et son importance, le dollar américain en a été le véritable continuateur.

On a pu se demander si un jour l'*euro* disposerait d'autant de prestige... La réponse dans le chapitre suivant.

B) Les prémices monétaires franco-européens

Les premiers francs français furent frappés le 5 décembre 1360 à Compiègne, pour aider à payer la rançon du roi Jean II le Bon (capturé par les Anglais à la bataille de Poitiers). Dénommé le « *franc* à cheval », il s'agissait en fait d'un *écu*, valant une *livre tournois*. Cette dernière monnaie a été la monnaie officielle française jusqu'à l'adoption du franc en 1795[27] par la Révolution française, le franc n'étant qu'une monnaie de règlement sous l'ancien régime. Ce franc « germinal » a été ensuite diffusé dans toute l'Europe lors des guerres révolutionnaires et de l'épopée napoléonienne.

En 1865, une première union monétaire est signée à l'initiative de Napoléon III, entre la France, la Belgique, l'Italie et la Suisse, rejointes ultérieurement par la Grèce et le Luxembourg. Le principe de cette union monétaire latine ou « Union latine » est simple : chaque monnaie conserve son nom mais, chacune étant

---

[27] La loi du 18 germinal an III (8 avril 1795) débaptise la vieille livre tournois (qui rappelait trop la royauté) et décide que l'unité monétaire officielle de la France est le « franc ». La loi confirme le système décimal : un franc est subdivisé en 10 décimes et 100 centimes. D'où le terme de « franc *germinal* ».

définie selon la même parité en or et en argent, elles ont alors toutes la même valeur. Elles peuvent en conséquence librement circuler d'un pays à l'autre et il est donc par exemple possible d'utiliser des francs suisses à Paris. Cette première union monétaire ne survit pas à l'inflation de l'après Première Guerre mondiale et est formellement dissoute le 1er janvier 1927.

L'Union économique belgo-luxembourgeoise de 1922 qui impose la parité entre le franc belge et le franc luxembourgeois est un autre exemple.

C) Genèse de l'Union monétaire européenne

La coopération monétaire et la relative stabilité des taux de change sont souvent considérées comme une condition favorable à l'essor du commerce international. Jusqu'au début des années soixante-dix, elle se fait dans le cadre du système monétaire de Bretton Woods qui limite l'amplitude de la fluctuation des taux de change. Mais la faillite de ce système à partir de 1968, puis la mise en place de taux de changes flottants, menacent la construction européenne et son intégration économique.

Ainsi, dès 1969[28], le plan Barre, (Raymond Barre est alors Commissaire européen[29]), proposait-il le rapprochement des politiques économiques et monétaires entre les Etats membres. En mars 1971, le plan Werner allait jusqu'à demander une UEM (Union économique et monétaire), ce qui signifiait une intégration monétaire plus poussée des pays participant au marché commun créé par le Traité de Rome en 1957. Mais ces premières tentatives resteront sans lendemain.

Cependant l'instabilité monétaire que connaît le système monétaire international dans les années soixante-dix va progressivement imposer en Europe l'idée d'une nécessaire coordination sur le plan monétaire.

---

[28] Plan en trois étapes vers l'UEM et finalisé le 9 février 1970, mais préparé dès 1969. Préalablement, on peut noter selon *L'Europe économique et son avenir* de Jean-Yves Letessier, Jacques Silvano et Robert Soin (Armand Colin - Cursus) :
- Rapport « Marjolin » (24 octobre 1962) : l'union monétaire comme troisième étape de l'unification ;
- Création du Comité des gouverneurs des banques centrales des Etats membres (8 mai 1964);
- Conférence de La Haye (2 décembre 1969) : Les chefs d'Etats conviennent de « tout mettre en œuvre pour réaliser l'intégration économique et monétaire ».

[29] Plus précisément, vice-président de la Commission européenne de 1967 à 1972, en charge des affaires économiques et financières.

La création et la chute du dollar-or

Le Système monétaire international instauré par les accords de Bretton Woods en juillet 1944 reposait sur une monnaie, le dollar, ayant une référence directe à l'or. Considéré comme l'unique étalon du système, il était le seul convertible en or, à une parité fixée à 35 dollars l'once de juillet 1944 à août 1971. Et toutes les autres monnaies étaient convertibles en dollars à partir d'une parité fixée, elle aussi, par accord international. Il s'agissait donc d'un système de parités fixes qui s'adossait à la relation « dollar-or »[30].

De cette façon, la valeur de chacune des monnaies européennes était fixée[31] en dollar.[32]

Un tel privilège concédé au dollar s'expliquait à l'époque par la domination économique des Etats-Unis: plus de 50% du PIB mondial et de forts excédents commerciaux et de paiements, alors que l'Europe était en ruine. Ces excédents se sont transformés progressivement en déficits importants dans les années soixante ou soixante dix, avec une part dans le PIB mondial diminuée de moitié.

En outre, les Etats-Unis, engagés dans la guerre du Vietnam et dans des déficits commerciaux et de paiements de plus en plus importants, se financent partiellement dans les années soixante en créant de la monnaie. Face à une masse croissante de dollars en circulation créés en dehors du pays, les fameux « eurodollars », le doute s'installe sur la réalité de la parité-or[33] du dollar. En effet, le stock d'or des Etats-Unis s'avère être progressivement de moins en moins lié au volume des dollars en circulation. Et les créanciers, notamment les Européens (Allemands, Français et aussi Britanniques) demandent avec de plus en plus d'insistance d'être payés en or.

Les spéculations sur une dévaluation du dollar deviennent telles que l'administration américaine de Richard Nixon finit par suspendre la convertibilité en or du dollar le 15 août 1971. En décembre suivant, le dollar est officiellement dévalué de 8% par rapport à l'or. Un tunnel monétaire est alors créé entre le dollar et les monnaies européennes. Celles-ci sont elles-mêmes corrélées entre elles dans un serpent monétaire. Les problèmes de déficits

---

[30] Le système monétaire mondial dit du *Gold Exchange Standard* (étalon de change-or) a été mis en place par les accords de gênes en 1922 jusqu'en 1933 (Roosevelt décide de suspendre la convertibilité du dollar en or pour le dévaluer) puis par les accords de Bretton Woods en 1944.

[31] Ce qui ne veut pas dire qu'il n'y avait pas d'ajustement de temps en temps (de 1950 à 1971, le dollar est passé de 4,20 à 3,49 marks allemands et de 3,50 à 5,54 francs français) selon le CAE *Rapport sur la Politique de change de l'euro,* La documentation française, décembre 2008.

[32] Voir chapitre V-A4b.

[33] C'est-à-dire la pérennité de la parité fixe entre le dollar et l'or, et le privilège du dollar d'être la monnaie mondiale de référence et de financement.

n'étant pas résolus, moins de deux ans plus tard, le 1er mars 1973, le flottement du dollar est décidé.

C'est la fin du système monétaire international de Bretton Woods.

Désormais les monnaies n'ont plus de parités fixes entre elles. Ces monnaies vont flotter au jour le jour, les unes vis-à-vis des autres, à des cours sans limite. Ce flottement ne pouvait cependant pas laisser indifférent les gouvernements.

Les inconvénients du flottement des monnaies

Ce système de changes flottants va se révéler particulièrement préjudiciable à l'intégration économique européenne : en effet les échanges commerciaux sont entravés par les risques de change. Le raisonnement est le suivant.

Une entreprise française achète une machine allemande pour le prix de 2.000 DM[34] (au taux de 1 DM = 1,50 FF, soit 3.000 francs) avec le paiement prévu trois mois plus tard. Si dans ces trois mois, le franc se dévalue et tombe au cours de 1 DM = 2 FF, au moment de régler sa machine, l'entreprise française devra payer en fait 4.000 francs pour régler les 2.000 DM de sa facture.

Les changes flottants introduisent donc une incertitude fondamentale dans les échanges commerciaux, les pays à monnaie forte voient leurs produits se vendre plus difficilement car ils deviennent trop onéreux et les pays à monnaie faible vendent certes bien leurs produits sur les marchés étrangers, mais le coût de leurs importations ne cesse de se renchérir ce qui est facteur d'inflation.

C'est la prime immédiate au laxisme monétaire.

De plus, certains gouvernements européens ont volontairement développé une telle politique. Ils se sont mis à utiliser les dévaluations de la monnaie comme arme de compétitivité sur les marchés étrangers : la dévaluation de la monnaie devait relancer les exportations et donc la demande de produits nationaux. D'où la création d'emplois. Mais ces dévaluations se sont avérées être source d'inflation car elles renchérissent le coût des importations (Voir en conséquence les divergences de taux d'inflation donnés en Annexe 9).

Par ailleurs elles font fuir les investisseurs étrangers qui craignent le risque de change pour les capitaux qu'ils investissent, ce qui débouche sur des déficits de balance des paiements.

---

[34] DM : DeutscheMark allemand, FF : franc français.

Ainsi, le laxisme monétaire débouche sur des difficultés nombreuses et itératives.

En revanche, la rigueur monétaire incite à créer une économie performante.

C'est pour sortir de ces problèmes récurrents en Europe qu'apparaît la nécessité d'une coordination sur le plan monétaire, et plus précisément d'une maîtrise de la fluctuation des différentes monnaies européennes.

Le serpent monétaire européen et son échec

En 1972, les accords de Bâle instaurent le serpent monétaire européen : les pays du Marché commun (auquel adhèrent en 1973 la Grande-Bretagne, le Danemark et l'Irlande) se mettent d'accord pour limiter la variation de leurs monnaies entre elles, à plus ou moins 2,25%.

Mais ce serpent monétaire européen ne résistera pas au premier choc pétrolier de 1973 et aux difficultés que vont rencontrer la livre sterling et la lire italienne, qui sortiront rapidement de ces limites. Ainsi, douze changements de parité auront donc lieu entre 1973 et 1976, avec de nombreuses sorties et entrées dans le serpent. Outre les petits pays, la France, l'Italie et la Grande-Bretagne en sortiront plusieurs fois. L'échec est définitivement constaté en mars 1976.

Conscients que cet échec a des conséquences néfastes pour leur économie, les responsables politiques européens, notamment franco-allemands, vont reprendre l'initiative dans ce domaine. A partir de l'été 1977, construire un système plus efficace que le serpent monétaire européen par la relance du projet d'une UEM, Union économique et monétaire, évoquée dès 1969 sera au cœur des discussions, et ce malgré de nombreuses obstructions anglaises. La perte définitive pour la livre sterling de son statut de deuxième monnaie de réserve mondiale en 1976 a-t-elle joué ? Il est certain que la taille de l'économie britannique a été un facteur important ; elle avait été dépassée par celles de l'Allemagne et de la France.

Il faut souligner le rôle prépondérant qu'ont joué à cet égard en leur temps les responsables politiques allemands et français : Helmut Schmidt puis Helmut Kohl, Valéry Giscard d'Estaing et Raymond Barre. Ce dernier a réussi à convaincre l'opinion qu'il vaut mieux avoir une monnaie légèrement surévaluée, sur le modèle germanique, qu'une monnaie sous évaluée.

Le SME, l'écu et leurs faiblesses

La stabilité monétaire est alors recherchée, en prenant en compte les grands équilibres. C'est ainsi qu'une décision de principe est prise au sommet européen de Brême en 1978 pour instaurer un SME (Système Monétaire Européen), qui prendra effet le 13 mars 1979. Ce SME repose sur deux principes nouveaux :

- Une unité de compte commune, l'écu ou bien ECU (European Currency Unit), dont la valeur varie en fonction d'un panier de monnaies européennes. L'écu sert à effectuer des règlements entre pays européens et sera utilisé par les autorités européennes et dans une moindre mesure par certaines grandes entreprises. Des emprunts seront émis en écu. Quant au dollar, il flotte vis-à-vis de l'écu et atteindra à l'époque des records de faiblesse. La valeur de l'écu est égale à la valeur moyenne des monnaies y participant, au prorata de leur PIB. Tous les membres de l'UE, à neuf puis à dix, participent à ce mécanisme du SME. C'est la première fois qu'est créé un « panier de monnaies » de référence. Il sert ainsi d'ancrage pour un ensemble régional de pays liés entre eux.

- Un mécanisme de stabilisation des changes (c'est-à-dire de stabilisation des cours des différentes monnaies européennes participant au SME entre elles). Ainsi lorsqu'une monnaie du SME est attaquée sur le marché des changes, c'est-à-dire que son cours est menacé de dépréciation[35], les accords du SME prévoient que les Banques centrales des différents pays du SME se porteront au secours de cette monnaie. Concrètement, elles interviendront sur le marché des changes et auprès de la Banque centrale de cette monnaie pour en défendre le cours. Ces Banques centrales se porteront donc acheteuses de la monnaie attaquée, de façon à réduire le déséquilibre entre l'offre et la demande sur le marché des changes et à maintenir son cours. Et inversement, si une monnaie du SME s'apprécie trop, les Banques centrales interviendront sur le marché des changes pour limiter cette appréciation en vendant cette fois-ci la monnaie concernée afin d'augmenter l'offre de cette monnaie pour combler la demande.

Cependant, si le SME a joué un rôle de stabilisateur incontestable, il n'a pas pu empêcher les accidents de cours de change : certaines monnaies du système, la lire italienne, le franc français, le franc belge et plus tard la peseta espagnole ont connu des dévaluations tandis que d'autre monnaies connaissaient des réévaluations comme le deutschemark et le florin néerlandais. Ainsi, les principaux ajustements de change ont eu lieu en 1981, 1983, 1986, 1993 et 1995, notamment pour les grands pays.

[35] Parce que ce jour-là, pour des raisons de déficit de sa balance des paiements, ou de spéculation, l'offre de cette monnaie sur le marché des changes est supérieure à sa demande ; ce qui entraîne la baisse de sa valeur, c'est-à-dire de son cours sur le marché des changes.

Pour compenser ces variations de change erratiques et maintenir une politique agricole commune (la PAC était alors la construction européenne la plus aboutie), des montants compensatoires agricoles[36] ont été mis en place dans les années soixante-dix. Il a fallu de nombreuses années avant de réussir à les supprimer.

Le SME a donc montré, lui aussi, assez vite ses limites, notamment dans le domaine de la solidarité entre Banques centrales. Les positions réciproques n'ont pu dépasser certains montants pour lutter contre les tendances du marché. Ainsi en septembre 1992, la livre anglaise et la lire sortiront-elles brutalement du SME pour se remettre à flotter quotidiennement sur le marché des changes, provoquant une crise majeure du système. Et cela, trois jours avant l'approbation par les Français, lors d'un référendum, du Traité de Maastricht.

Nota :
On peut croire que dans un premier temps, ces dévaluations compétitives favorisent les pays à politique monétaire laxiste, au détriment des rigoureux. En revanche, leur situation se dégrade rapidement et sur le moyen et long terme, le résultat est exactement l'inverse. C'est « la leçon » du Professeur Raymond Barre.

Ainsi, les pays européens qui sont devenus finalement les plus riches sont ceux qui ont une monnaie qui s'est réévaluée, grâce à une politique monétaire rigoureuse, continue, exigeant une performance économique intérieure plus élevée. C'est le cercle vertueux germanique. Ce modèle est le plus adapté à la concurrence internationale actuelle.

Ces nombreuses crises pousseront les responsables politiques à oser concevoir un projet audacieux de monnaie unique en Europe dont le principe sera acquis dès 1990 lors d'une négociation franco-allemande historique. Le Président François Mitterrand accordera au Chancelier Helmut Kohl son soutien au projet de la réunification (après la chute de l'Allemagne de l'Est et du mur de Berlin) en échange d'un engagement sans faille en faveur d'une monnaie européenne unique de la part de l'Allemagne.

D) Mise en place de l'Union économique et monétaire (UEM)

Le début des années quatre-vingt-dix a été favorable à l'UE. Tout d'un coup, malgré d'innombrables difficultés qui freinaient le processus depuis des années,

[36] Ils consistaient à maintenir les prix agricoles à l'intérieur de l'UE comme s'il n'y avait pas eu de changements de parité monétaires.

des avancées majeures ont permis la réalisation de la monnaie unique. Et ce, même si elles ont demandé de substantiels efforts aux populations.

Le rapport Delors sur l'UEM en préalable

En avril 1989, le président de la Commission européenne, Jacques Delors, publie un rapport sur l'UEM qui a marqué les esprits. Il propose de re-formaliser la construction de l'UEM en trois étapes[37]. En juin 1989, après étude, le Conseil européen de Madrid aboutit seulement à un accord à minima sur l'UEM.

Le marché unique

Le 1er janvier 1992 a vu la réalisation du marché unique européen, permettant la libre circulation des marchandises, des capitaux et des hommes. Les taxes et les contrôles douaniers disparaissent aux frontières. Cette avancée fondamentale a demandé de longues années de préparation, de négociations et d'efforts politiques. Elle a été le préalable heureux à l'institution de la monnaie unique.

Le Traité de Maastricht

Signé par tous les Etats membres, le 7 février 1992, le Traité de Maastricht engage ces derniers notamment dans la constitution et dans la mise en place d'une monnaie unique, avec une véritable « Union économique et monétaire » (UEM). Ce traité est approuvé par les Etats membres en 1992 et notamment par les Français qui, par référendum du 20 septembre, en autorisent la ratification à la majorité de 51,05%. Il est entré en vigueur le 1er novembre 1992. Il sera modifié légèrement ultérieurement.

Parmi les 15 membres de l'UE de l'époque, douze pays s'engagent dans l'UEM et trois n'y participent pas : la Grande-Bretagne, le Danemark et la Suède. Ils n'ont toujours pas l'euro aujourd'hui.

---

[37] Selon Benjamin Angel, *L'Union économique et monétaire*, avril 2006, Ellipses, elles sont :
« *1- Renforcement de la coordination des politiques économiques et monétaires. Le rôle du comité des gouverneurs des Banques centrales doit être accru et tous les pays doivent adhérer au mécanisme de change du SME.*
2- « Fixation d'un cadre à moyen terme pour les objectifs économiques essentiels » *et la fixation de règles détaillées (mais non contraignantes) sur la taille et le financement des déficits budgétaires. Un système européen des banques centrales est mis en place pour préparer la future politique monétaire unique. Une partie des réserves de change sont mis en commun pour permettre des interventions communautaires sur le marché des changes. Enfin, les marges de fluctuation au sein du SME sont réduites* « si la situation le permet, en fonction des progrès de la convergence économique ».
3- La politique monétaire unique est mise en place. Elle s'accompagne de règles budgétaires contraignantes. »

La Grande-Bretagne a toujours montré une certaine opposition à toute union monétaire, considérant qu'il est nécessaire économiquement de procéder régulièrement à des ajustements de parité. De fait, la livre anglaise n'a jamais réussi à se maintenir longtemps dans le SME et les Britanniques ne voulaient pas s'engager dans les politiques rigoureuses exigées par les Allemands.

Cela a entraîné de vives tensions entre les deux pays. Seize ans après, les catastrophes liées à la monnaie unique et annoncées par nombre d'Anglais libéraux, ne se sont pas encore produites. Ces leçons d'économie sont-elles devenues contestables face aux faits ? Et c'est plutôt la livre britannique, isolée, qui souffre actuellement, une fois les avantages des hydrocarbures de la mer du Nord en partie épuisés.

Le Danemark et la Suède ne sont pas entrés dans la zone euro à la suite de référendums négatifs. Cependant, conscient du problème, le gouvernement danois a aujourd'hui un projet de référendum pour entrer dans la zone euro et attend l'opportunité politique[38]. Quant à la Suède, elle a vu sa monnaie se dévaluer d'environ 14% depuis un an, tout en souffrant de la crise.

Les critères de convergence ou « critères de Maastricht »

Pour entrer dans l'Union économique et monétaire, les Etats adoptent une liste de critères que chacun devra respecter rigoureusement pour être qualifié. En effet, leurs convergences en matière monétaire doivent être assurées afin de rendre crédible le projet de monnaie unique européenne. D'où le nom de « critères de convergence ».

Le principe est le suivant : pour avoir une monnaie commune, il faut que les principales données économiques des candidats ne soient pas trop éloignées, mais assez proches ou convergentes.

Les quatre critères sont définis dans l'article 121 du traité instituant la Communauté européenne. Ils imposent la maîtrise de l'inflation, de la dette publique et du déficit public, puis la stabilité du taux de change et la convergence des taux d'intérêt.

---

[38] BNP Paribas a publié une étude dans *Ecoweek* daté du 20 février 2009 et intitulée : « *La Suède et le Danemark sont désormais plus enthousiastes à l'égard de l'euro* ». Résumé : « Le *Danemark et la Suède n'ont pas rejoint la zone euro. L'objectif de la politique monétaire danoise est de maintenir le taux de change de la couronne vis-à-vis de l'euro dans une fourchette étroite. De son coté, la Banque centrale de Suède a adopté un objectif d'inflation de 2%. La situation monétaire n'aurait été guère différente si les deux pays avaient rejoint la zone euro dès le début. L'utilité d'une politique monétaire indépendante afin d'absorber des chocs asymétriques doit être examinée tenant compte de la volatilité du marché des changes. Les derniers sondages d'opinion font état d'une augmentation du nombre de personnes favorables à l'adoption de l'euro dans les deux pays* ».

L'appréciation du respect ou non de ces critères a été assouplie en mars 2005 sous la pression de l'Allemagne (engagée dans la procédure de déficit excessif) et de la France (proche de l'être), en raison de la situation économique et des réformes structurelles engagées. Un dépassement « exceptionnel et temporaire » est désormais autorisé.

a. Stabilité des prix : Le taux d'inflation d'un État membre donné ne doit pas dépasser de 1,5% celui des trois États membres présentant les meilleurs résultats en matière de stabilité des prix[39].

b. Situation des finances publiques :

   1. Interdiction d'avoir un déficit annuel supérieur à 3 % du PIB
   2. Interdiction d'avoir une dette publique supérieure à 60 % du PIB.

c. Taux de change : Interdiction de dévaluer sa monnaie; ceci fut rendu obsolète avec le passage à l'euro pour les pays de la zone euro. Pour chacun des pays candidats, il doit appartenir au MCE II[40] pendant au moins deux ans consécutifs sans dévaluation de la monnaie par rapport à celle d'un autre Etat membre pendant cette période.

d. Taux d'intérêt à long terme : Ils ne doivent pas excéder de plus de 2 points de pourcentage ceux des trois États membres de l'UE qui présentent les meilleurs résultats en matière de stabilité des prix.

Le 1er janvier 1994 commence alors la deuxième phase de l'UEM : l'Institut monétaire européen (IME) démarre son fonctionnement.

Malgré la crise économique sévère de 1992-1993, des politiques économiques rigoureuses sont mises en place dans tous les pays signataires, afin de respecter les critères d'entrée. Pour de nombreux pays latins, ces politiques ressemblent à une révolution des mentalités et, en conséquence, les objectifs seront difficilement atteints. Il en est de même pour l'Allemagne qui doit supporter les énormes coûts de la réunification. Mais, les dirigeants politiques auront le courage de prendre leurs responsabilités (malgré parfois des défaites électorales) et de respecter les engagements de leurs pays pris *définitivement* à Maastricht.

---

[39] A noter que ce critère a été respecté pendant les dix premières années de la zone euro (voir annexe 7-A).
[40] Voir infra note 43.

La « zone euro en devenir » connaîtra ainsi ses dernières dévaluations le 6 mars 1995, avec la dévaluation de la peseta espagnole (ESP) de 7% et de l'escudo portugais (PTE) de 3,5%. Puis le respect des critères de convergence fera son œuvre, rendant impossible tout autre réajustement des parités entre les monnaies européennes des Onze pays signataires des Accords de Maastricht.

Le nom « euro » et le sigle « € »

En décembre 1995, le sommet européen de Madrid (un plaque commémorative s'y trouve) choisit le nom de la monnaie unique européenne : ce sera l' « euro » qui remplacera alors l'écu. En effet, le terme « écu » était péjoratif pour les Allemands et les Autrichiens ; il est proche de « eine Kuh », qui signifie « une vache » !

De 1996 à 1998, d'importantes étapes techniques sont franchies que nous ne détaillerons pas ici. Par ailleurs, les grandes entreprises et principalement les banques devront investir des milliards d'euros dans leurs systèmes informatiques pour être capables de gérer les basculements du 1er janvier 1999, puis celui de 2002 et de mettre en place temporairement des doubles comptabilités en euro et en monnaie nationale.

Les onze pays fondateurs qualifiés

Les onze pays retenus seront qualifiés en mai et juin 1998, selon un processus institutionnel formel important, alliant Conseil européen, Conseil des Ministres, Parlement européen, Eurogroupe et BCE. Les statistiques transmises par les Etats sont vérifiées par *Eurostat.*
Ainsi, les parités entre les candidats sont-elles quasiment fixes à partir de juin 1998.

Les pays retenus par ordre de taille économique de 1998 (PIB) sont donc :
Allemagne, France, Italie, Espagne, Pays-Bas, Belgique, Autriche, Finlande, Portugal, Irlande, Luxembourg.
Nota : En 2008, le PIB de l'Irlande a dépassé celui du Portugal et a fait jeu égal avec la Finlande.

L'introduction de l'euro scriptural

Le 1er janvier 1999, l'euro est définitivement créé, les monnaies nationales devenant alors des subdivisions de l'euro, avec une parité définie en 6 chiffres (par exemple en France : 1 € = 6,55 957 FF). Les autorités monétaires les ont fixées définitivement le 31 décembre 1998, en faisant de petits ajustements de dernière heure. Notamment, pour éviter que le deutschemark ne soit trop surévalué, sa parité a été légèrement abaissée.

L'euro est introduit sur le marché financier, l'ensemble des opérations effectuées sur les marchés financiers sont ainsi basculées en euro le 1er janvier 1999. Les actions, obligations et autres produits monétaires sont désormais cotés en euro. Les titres d'Etats (OAT, bons du Trésor, etc.) le sont également. Globalement, ce basculement s'est passé sans difficulté majeure, grâce à une préparation intensive et bien menée du système bancaire et financier, y compris comptable.

Ensuite, pendant trois ans, les Européens concernés ont dû fonctionner avec deux monnaies : le franc pour le quotidien et l'euro pour les activités financières. C'était une complication, notamment pour les professions comptables et financières des grandes entreprises et des banques. Cette période de trois ans est apparue trop longue pour certains.

L'introduction de l'euro fiduciaire

A partir du 1er janvier 2002, l'euro fiduciaire est introduit en quelques jours dans tous les pays participants, abolissant définitivement la circulation des monnaies nationales. En deux mois environ, les monnaies fiduciaires nationales, souvent centenaires, des onze membres ont disparu. Ce fut le véritable changement monétaire pour le grand public qui ne s'était guère habitué à l'euro malgré tous les efforts effectués et les nombreuses campagnes de communication et de presse.

Techniquement, ce fut une réussite et toutes les études ont démontré que le transfert de monnaie a généré peu de hausses excessives, notamment en France. Ainsi, l'augmentation des prix liée à ce transfert a-t-elle été évaluée dans la fourchette de 0,1% à 0,3%. Cependant, les quelques abus sur les produits courants de grande consommation ont laissé à un trop grand nombre de personnes un goût amer. C'est aujourd'hui en partie oublié, même si les eurosceptiques en ont fait un argument polémique. Parfois, le système commercial a exagéré sur les prix (voir infra chapitre V-C-3), notamment lors de la vague d'inflation de début 2008.

Aujourd'hui, malgré ces quelques difficultés, la création de l'euro est globalement considérée comme un modèle de réussite.

Conclusion :

De cette longue histoire, jalonnée d'avancées significatives mais aussi de reculs, il ressort que le projet d'unification européenne, y compris en matière monétaire, a demandé des efforts très importants aux Etats-membres et à leurs populations. Il a nécessité une très grande persévérance au cours de quatre décennies.

Plusieurs unions régionales se construisent aujourd'hui de par le monde sur le modèle de l'Union européenne, en dehors des pays continents. La plupart ont pour objectif de créer dans les dix ans à venir une monnaie commune. On peut citer le CCG dans le Golfe persique, l'ASEAN dans l'Asie du Sud-est et l'UNASUR en Amérique latine.

Que l'Union européenne et l'euro servent de modèles pour de nombreux pays, peut être interprété comme un indicateur de leur réussite.

Rappel des grandes étapes monétaires de la construction européenne contemporaine :

- Relative stabilité monétaire au XIXe siècle jusqu'en 1914, avec pour valeur de références incontournables l'or et l'argent

- Guerre de 1914-1918 et reconstruction : coûts humains et financiers très élevés, dévalorisation des monnaies, fin de l'Union latine

- Entre-deux guerres : crises, instabilités, Grande Dépression, chaque grand pays s'enferme dans sa zone d'influence

- « Guerre et paix[41] » (1939-1950) : guerre et reconstruction des dégâts à l'aide des importations provenant en grande partie des Etats-Unis et utilisation du dollar-or, qui parfois manque en Europe

- « Résurrection » (1950-1958) : certaines monnaies européennes se stabilisent avec le rétablissement de l'économie de leurs pays

- « La ruée vers l'or » (1958-1969) : les excédents commerciaux des Européens se développent, certains demandent d'être payés en or, n'ayant plus confiance devant la masse énorme des « euro dollars » créés

- Instabilités et désorganisations (1969-1979), avec l'abandon de la référence à l'or et au dollar (faillite de Bretton Woods), puis échec du serpent monétaire

- Des solutions peu satisfaisantes (1979-1990) qui ne durent pas, SME et écu n'arrivent pas à véritablement s'imposer, la Grande-Bretagne jouant à part

- La marche réussie vers l'euro (1990-1999), avec les efforts continus des Européens pour créer leur monnaie unique

- Le démarrage de l'euro le 1er janvier 1999 (scriptural) et le 1er janvier 2002 (fiduciaire), la Grèce ayant rejoint la zone euro le 1er janvier 2001

- Depuis 2007, élargissements de la zone euro aux pays de l'Europe centrale et orientale et de la Méditerranée (Slovénie en 2007, Chypre et Malte en 2008, puis Slovaquie en 2009).

---

[41] Selon les titres de chapitres, avec les deux suivant, utilisés par Pierre du Bois dans son livre *Histoire de l'Europe monétaire 1945-2005*, mars 2008, PUF.

III – L'euro, une monnaie stable qui devient monnaie de réserve

Cette longue histoire de la construction économique et monétaire européenne se voit couronner aujourd'hui par l'efficacité de la protection qu'elle a apportée à ses membres au cœur de la tourmente financière et économique que nos pays connaissent depuis l'été 2007. Les pays de la zone euro s'en sortent globalement moins mal que leurs partenaires de l'UE non membres de L'UEM. Et certains pays, de la Hongrie à l'Islande en passant par le Danemark, se verraient volontiers désormais membres de la zone euro pour bénéficier de la remarquable protection de l'euro. En période de crise, les opérateurs préfèrent les grandes monnaies. Ainsi, avec la crise, l'euro a gagné en attractivité dans tous les pays d'Europe.

Si l'euro a su apporter une telle protection, c'est qu'il n'est pas simplement une monnaie commune, une unité de compte bien commode mais c'est qu'il est devenu une monnaie à part entière, y compris sur le plan international et ce au moment même où l'Europe entamait l'intégration des PECO en pleine transition vers l'économie de marché.

A) L'Europe au temps de la guerre froide

La capitulation allemande de mai 1945 consacra la victoire de l'URSS et des Etats-Unis.

Face aux États européens dont les industries, les villes, les ports et les chemins de fer étaient détruits, deux superpuissances émergent dans le contexte géopolitique mondial. Les Etats-Unis détiennent le monopole nucléaire depuis les bombardements atomiques de Hiroshima et Nagasaki en août 1945 et disposent d'une puissance économique et financière inégalée (ils représentent plus de 50% du PIB mondial, détiennent deux tiers du stock d'or mondial, ont un fort excédent commercial et ils jouissent également d'une incomparable avance technologique). L'Union soviétique possède une force militaire décisive en Europe orientale et un prestige politique considérable.

1) La reconstruction économique

Après de tels bouleversements, un nouvel ordre monétaire et financier international est créé, avec une volonté de créer une réelle stabilité des changes, en l'occurrence autour du dollar US qui est retenu comme pivot. Cette organisation avait pour objectif d'éviter l'instabilité économique qui a existé pendant l'entre-deux-guerres et de relancer les échanges internationaux. A la suite des accords de Bretton Woods, ce nouvel ordre de l'économie mondiale fut négocié principalement entre la France, le Royaume-Uni et les Etats-Unis. Il eut pour résultat la création du Fonds monétaire international (FMI), ainsi que de la Banque Internationale pour la reconstruction et le développement (BIRD, appelée également *Banque mondiale*), ces deux organismes ayant comme mission d'assurer la stabilité des devises nationales et de l'ensemble du système monétaire, et en outre, d'accorder des prêts pour la reconstruction et le développement.

Les accords instituaient un système de parités fixes par rapport au dollar US, seule monnaie entièrement convertible en or. Le dollar US s'imposa comme monnaie de réserve internationale, au même titre que l'or. En effet, pour financer la guerre, les puissances européennes avaient dû vendre une grande partie de leurs stocks d'or aux États-Unis.

En juin 1947, deux ans après la fin des hostilités, le secrétaire d'Etat George Marshall offrit à l'Europe « une aide fraternelle » afin de vaincre « la faim, le désespoir et le chaos ». Le plan a été bien sûr élaboré de façon à préserver les intérêts des Etats-Unis car il leur permettrait de maintenir une activité économique suffisamment dynamique chez eux (ou d'éviter une baisse de l'activité) après le « boom économique » dû à la production nécessaire pour la deuxième guerre mondiale. Le plan Marshall ou « plan de Reconstruction européenne » a été proposé à toute l'Europe, y compris aux pays de l'Est et l'Union soviétique, à condition que l'aide américaine soit gérée par des institutions européennes communes et que le gouvernement fédéral américain ait un droit de regard sur sa répartition. Staline hésita, puis, fin juin, fit part de son refus. La Pologne et la Tchécoslovaquie, qui, dans un premier temps, avaient donné une réponse favorable à la proposition américaine, se virent tenues de la refuser à leur tour.

Seize pays, rejoints en 1949 par la RFA, acceptèrent le plan Marshall et en avril 1948 fondèrent l'Organisation européenne de coopération économique (OECE), qui deviendra l'OCDE en 1960, organisme dont la fonction première était de gérer et de répartir l'aide américaine entre les pays membres.

Cependant, l'objectif du plan Marshall ne fut pas uniquement économique. Les Soviétiques ne tardèrent pas à s'en rendre compte et, en octobre 1947, lors de la conférence fondatrice du Kominform avec les délégués des neuf partis communistes européens, Andrei Jdanov dénonça l'«impérialisme américain ». Selon la doctrine Jdanov, « le monde » était désormais divisé en deux camps antagonistes : un « camp impérialiste et anti-démocratique » dont les États-Unis sont « la principale force dirigeante » et « un camp anti-impérialiste et démocratique », placé sous l'égide de Moscou.

2) Le cas des pays de l'Est pendant et après la guerre froide

Par réaction au plan Marshall et à la création de l'OTAN (1949), Staline met en place le CAEM - Conseil d'assistance économique mutuelle, puis le Pacte de Varsovie. Le russe est alors systématiquement enseigné ; il devient la langue du bloc et la seconde langue en dehors de la Russie. Tout comme le dollar US à l'Ouest, le rouble convertible devient monnaie d'échange dans cette zone.

Le CAEM (aussi désigné sous l'acronyme anglais Comecon ou le sigle russe СЭВ), était une organisation d'entraide économique entre différents pays du bloc de l'Est. La création du CAEM a provoqué une dépendance économique accrue des pays satellites d'Europe de l'Est envers l'Union soviétique, entre autres par l'obligation de l'usage du rouble « transférable » dans les transactions inter États.

Le rouble transférable (en russe : *переводной рубль*) a été mis en vigueur en 1964 et fut une unité monétaire scripturale basée sur le rouble soviétique et utilisée jusqu'en 1991 au sein du CAEM pour le calcul de la valeur des échanges commerciaux et des montants de dettes entre les pays membres de cet organisme économique du bloc de l'Est. La monnaie scripturale est une monnaie qui a une existence totalement immatérielle, c'est-à-dire qui ne prend pas la forme d'une chose physique, notamment en billets de banque. Comme son étymologie l'indique, il s'agit d'une écriture ou d'inscription au crédit d'un compte à vue, de nos jours le plus souvent sous forme électronique. Par exemple, les soldes créditeurs de comptes en banque à vue. Elle circule d'un compte à un autre grâce à des moyens de paiement, comme les virements ou les chèques.

Contrairement à ce que laisse croire l'expression *rouble transférable*, ce rouble n'a jamais été réellement transférable d'un compte à l'autre, les échanges reposant sur une base bilatérale, dans le cadre des accords commerciaux.

À côté de l'Union soviétique, les membres du CAEM furent d'abord les pays communistes d'Europe de l'Est : Bulgarie, Tchécoslovaquie, Hongrie, Pologne, Roumanie, République démocratique allemande et Albanie (de 1949 à 1961). La Yougoslavie avait le statut de membre associé. D'autres pays non européens s'y ajoutèrent ensuite : la Mongolie à partir de 1962, Cuba à partir de 1972, et le Viêtnam à partir de 1978.

Cet organisme avait pour objectif la meilleure planification possible et la spécialisation des industries nationales des pays communistes devait augmenter la performance globale, selon la théorie de l'époque. Les pays dits « socialistes » ont adopté au sein du CAEM le *clearing* (compensation) *bilatéral*, seule méthode applicable aux échanges extérieurs d'un pays à économie planifiée. Ils ont ensuite introduit le *clearing multilatéral*, plus propice à surmonter les obstacles au développement des pays du CAEM, et où le rouble transférable devait jouer le rôle d'unité comptable. Sur le plan macro-économique, le rouble transférable fut plutôt un moyen de comparaison statistique du volume des livraisons réciproques.

Le *Programme global 1985 pour la science et le progrès technique* et la montée au pouvoir du secrétaire général soviétique Mikhail Gorbatchev a augmenté l'influence des soviétiques dans les opérations du CAEM, auquel on a voulu donner une certaine autorité supranationale. Le *Programme global pour la science et le progrès technique* a été conçu pour améliorer la coopération des agents économiques par le développement de nouvelles synergies entre progrès scientifiques et applications technologiques. Ce fut l'ère de la *perestroïka* (restructuration), ultime tentative pour mettre à niveau les économies du CAEM. Gorbatchev espérait provoquer des « changements révolutionnaires » dans l'économie, prédisant que « la science serait une force productive directe », comme Marx le prévoyait… et devait faire tourner l'économie avec une croissance de 6% au moins par an.

Cependant, fondamentalement, le système communiste avait fait la preuve de sa difficulté ou de son incapacité à créer un système économique performant. Cette économie totalitaire ne laissait pas la place à l'initiative individuelle, à l'innovation, à l'adaptation permanente que nécessite une économie performante.

En conséquence, le régime de Gorbatchev s'est engagé sur de nombreux fronts contradictoires, ce qui a provoqué la surchauffe l'économie soviétique et contribué à son effondrement. Dans le même temps, la libéralisation du 25 juin 1988 a permis aux pays appartenant au CAEM de négocier des traités commerciaux directement avec l'Union européenne et ses membres. Cela a ainsi marqué inévitablement le déclin et la fin du CAEM. En conséquence, à partir du 1er janvier 1991, on a vu ces pays réorienter leurs relations commerciales, notamment avec les marchés pourvus de devises fortes. Enfin, la dernière session du Conseil du CAEM s'est tenue le 28 juin 1991 à Budapest ; il a été convenu d'organiser sa dissolution dans les trois mois qui suivirent…

Après cette dissolution, des frictions sont apparues entre les États de l'ancien bloc et la Russie (celle-ci est restée seule héritière des actifs et des obligations de l'URSS). Ces différends concernaient la conversion des dettes des Etats du CAEM en roubles transférables, dont le taux de change était alors considéré comme sensiblement surévalué.

Dans l'attente du développement des relations commerciales entre l'Est et l'Ouest, il fut en effet nécessaire d'assurer le maintien des relations commerciales entre les pays de l'ancien bloc communiste. Certains observateurs ont voulu y voir une similitude avec l'ancienne *Union européenne des paiements* qui a fonctionné en Europe de l'Ouest entre 1945 et 1958. Mais la solution retenue en avril 1991, lors de la réunion à Turin entre des représentants des banques centrales d'URSS et des pays de l'Est, et des responsables de trois grandes banques européennes (Deutsche Bank, Banque de San Paolo et Crédit Lyonnais) fut de choisir l'écu comme unité de compte et non plus l'or. Dominique Rambure, président de l'ABE - l'Association bancaire pour l'écu – a expliqué : « *Le but est de construire un système de paiements entre les pays de l'Europe de l'Est parce que le système fondé sur le rouble transférable a tout simplement disparu* ». Selon lui, l'originalité du projet venait de ce qu'il était « *entièrement géré par des banques commerciales* ».

L'*European Currency Unit (ECU)* ou l'*écu*, rappelant le nom d'une vielle monnaie française, a été l'unité de compte de la Communauté européenne. Il fut créé en1978, en même temps que le SME, et devint l'ancêtre de l' « euro », avant son changement de nom lors du Conseil européen de Madrid (décembre 1995).

<u>Rappel :</u> Ce n'était pas une vraie monnaie en tant que telle, mais il était la représentation d'un panier de monnaies (ce que fut l'euro à l'origine). La valeur de l'écu était en conséquence mécaniquement plus stable que celles des monnaies qui la composaient. Sa propre valeur était égale à la moyenne des valeurs de chacune des monnaies qui la composaient. L'écu a été utilisé comme unité de compte pour les institutions européennes et les banques centrales des pays membres, et également comme monnaie de placement et d'endettement sur les marchés financiers.

Précisons que, jusqu'à l'an 2000, les pays de l'ancien bloc communiste ont utilisé pour la cotation de leurs devises presque exclusivement le dollar comme monnaie de référence, avant de basculer progressivement au profit de l'euro. Celui-ci est devenu aujourd'hui la seule monnaie de référence en Europe.

B) Un exemple emblématique : le leu roumain

Le leu roumain, ou « lei » au pluriel, signifie littéralement « lion » ; il est l'unité monétaire de la Roumanie.

Ce mot « leu » aurait été donné à des pièces néerlandaises (les talers), marquées d'un lion et qui circulaient dans certaines des provinces roumaines au Moyen Age.

Le « leu » moderne est né le 22 avril 1867, après la promulgation de la nouvelle loi monétaire par le roi Charles 1er de Roumanie à l'époque de l'indépendance de la nouvelle Roumanie moderne. Il pesait 5 grammes d'argent. L'Empire Ottoman a alors protesté contre cette marque d'indépendance roumaine. A son début, le gouvernement a lancé le "ban", une sous-division du leu (pièces en cuivre de 1, 2, 5 et 10 "bani" produites en Angleterre), mais cela n'a pas duré. En 1868, le roi a ordonné l'émission symbolique de 200 pièces de monnaies de 20 "lei" frappées en or et portant l'inscription "Carol, roi des roumains". Cet acte d'indépendance a provoqué de nouvelles protestations de la part des Ottomans, mais aussi de la part de l'Autriche-Hongrie (qui occupait la Transylvanie) et de la Russie (qui occupait la Bessarabie, une partie de l'actuelle République de Moldavie). Néanmoins, le 3 mars 1870 est créée à Bucarest la Monneterie d'Etat, qui frappe alors la même année les pièces de monnaies de 1 "leu" d'argent et celle de 20 "lei" d'or. Ces monnaies à l'effigie du roi Charles Ier seront dessinées par des graveurs célèbres de l'époque, allemands et français (Kullrich, Scharff, Tasset).

Fondé sur la garantie des stocks d'or et d'argent déposés à la banque centrale, le "leu" roumain est resté une monnaie européenne stable jusqu'à la deuxième guerre mondiale.

Peu après la création du leu moderne, la Roumanie a fait partie de l'Union latine, la zone monétaire la plus importante de l'époque puisqu'elle a réuni jusqu'à 32 pays, notamment de nombreux pays européens du Sud et de l'Est. Créé à l'instigation de Napoléon III, son origine a été liée au franc *germinal*, dont la valeur était garantie à la fois sur l'or et sur l'argent. Les premiers billets de banque en "lei" ont été émis par la Banque Nationale de Roumanie (BNR) entre 1877 et 1881. Le siège actuel de la BNR a été construit entre 1884 et 1889 selon les plans des architectes français Albert Galleron et Cassien Bernard.

Après la deuxième guerre mondiale, la Roumanie a intégré les structures du CAEM. Les échanges économique se font alors essentiellement avec l'URSS, et dans une moindre mesure, avec les autres membres du CAEM, selon une structure de commerce en étoile ou radiale.

La dissolution du CAEM en juin 1991 provoque un effondrement du commerce entre ses membres et bouleverse la structure géographique de leurs échanges. Ils se réorientent alors vers la Communauté européenne, qui devient ainsi le principal partenaire commercial. Ces événements ont donc favorisé fondamentalement l'orientation «naturelle» des échanges de la Roumanie vers l'Union européenne, entraînant une rapide intégration.

Depuis la chute du régime communiste, en décembre 1989, les prix ont été multipliés par 2 400 et la BNR – Banque Nationale de la Roumanie émettait des coupures d'un million de lei (soit environ 27 euros). L'inflation, après avoir atteint des sommets en 1993, est enfin ramenée à moins de 10 % depuis plusieurs années (9,3 % en 2004 et 4,9% en 2007). Cette inflation annuelle a atteint son niveau le plus bas en juillet 2007, à 3,8%, avant un pic à 8,4% en mai 2008 (dû à la forte inflation mondiale résultant de la hausse des cours des matières premières). Elle a diminué à partir d'août 2008, mais atteint tout de même 6,9% en février 2009, parallèlement à la baisse récente du leu par rapport à l'euro.

A partir du 3 mars 2003, la BNR a changé de monnaie de référence extérieure, en remplaçant le dollar par l'euro. « La Banque Nationale se sépara ainsi du lien fixe leu/dollar, après 12 ans et 10 jours ». Depuis le 18 février 1991, à un cours au départ d'environ 200 lei pour un dollar, la banque centrale avait transmis chaque jour une fixation de la parité leu/dollar ; le dollar étant alors la seule référence, notamment pour la fixation du cours des autres monnaies vis-à-vis du leu. En prenant comme cours de référence unique l'euro, à partir de mars 2003, la BNR a fait un petit pas vers l'objectif final, « celui-ci étant de remplacer le leu par l'euro avant la fin de la décennie » selon la déclaration d'Adrian Vasilescu, conseiller du gouverneur de la BNR.

L'ensemble des facteurs économiques et sociaux, y compris les échanges commerciaux, ont eu une influence considérable dans cette décision ; en effet, à peu près 70 % du commerce extérieur de la Roumanie s'effectue désormais avec des pays de l'UE.

Lors de la réforme monétaire du 1er juillet 2005, la Banque nationale roumaine a décidé d'enlever quatre zéros au leu…afin de donner naissance au **Nouveau leu roumain (leu nou).** Désormais la plus grosse coupure est de 500 lei (153 € environ).

Les nouveaux billets sont semblables aux anciens, à l'exception des quatre zéros enlevés. Les nouvelles coupures ont la même taille que les billets en euros, afin de faciliter la transition future vers l'euro, notamment pour les distributeurs automatiques.

Sauf si la crise s'aggrave, ce qui est peu probable[42], la Roumanie devrait pouvoir satisfaire aux conditions d'adhésion à l'euro avant 2014, date probable de l'adoption de l'euro par la Hongrie: *"La Roumanie peut adopter l'euro avant 2014"*, informait le journal *Romania Libera* du 20 mai 2007, en citant cette affirmation du gouverneur de la Banque Nationale de Roumanie, Mugur Isarescu.

En fait, selon ce dernier, le passage à l'euro est prévu pour 2012 et un programme visant à l'adoption de l'euro au plus tard à l'horizon de l'an 2014 est déjà soumis au gouvernement. Déjà présent lors de la chute du régime communiste, le gouverneur de la banque centrale, M. Mugur Isarescu, est resté encore aujourd'hui à son poste. Il est aussi le seul homme politique roumain à faire partie de la Commission Trilatérale. Il est également l'une des rares personnalités à avoir été maintenue à sa responsabilité, à travers les changements successifs des différents pouvoirs politiques.

C) Les pays de l'Est - le passage à l'euro

Le passage à l'euro est au nombre des obligations des pays nouvellement membres de l'UE, mais chaque pays est libre d'en fixer la date, en fonction des circonstances. Ils ne sont cependant éligibles à l'adoption de la monnaie unique que si les conditions économiques nécessaires sont réunies et qu'ils respectent certains critères imposés. Cela fait partie des engagements pris par chaque pays (par les gouvernements élus et les populations) lors de leur intégration dans l'Union européenne.

On se souvient que, à l'instar de la Roumanie, ces pays se sont engagés dans des restructurations fortes de leurs économies et que leurs monnaies, assez faibles au départ, ont réussi pour la plupart à se renforcer. On peut ainsi considérer que, jusqu'en 2008, la Roumanie, la Pologne, la République Tchèque, la Slovaquie et les Pays baltes ont eu des monnaies renforcées (avec une stabilisation récente des dernières vis-à-vis de l'euro) tandis que la Bulgarie et la Croatie ont des monnaies stabilisées mais moins résistantes. Enfin pour chacun de ces pays, l'adhésion à l'UE a été approuvée par referendum ; les populations se sont donc toutes prononcées.

---

[42] Fin mars 2009, il a été décidé que la Roumanie allait recevoir un soutien sous forme de prêts d'urgence pour 20 milliards d'euros (12,95 du FMI, 5 de l'UE, 1,5 de la Banque mondiale et 0,5 de la BERD). C'est un cadre global nécessaire en cas d'aggravation de la crise, mais toutes ces lignes ne devraient pas être utilisées selon le Président roumain.

Quant aux critères nécessaires pour rejoindre la zone euro, rappelons qu'ils sont les suivants : un déficit public inférieur à 3 % du PIB, une dette publique ne dépassant pas 60 % du PIB, une inflation maîtrisée (c'est-à-dire guère supérieure à la moyenne des membres de l'UE), des taux d'intérêt à long terme peu différents et enfin l'indépendance de la banque centrale du pays. La première étape est d'intégrer le mécanisme de change européen II (MCE II) pendant une période minimale de 2 ans, ce qui permet de démontrer la stabilité de la devise concernée.

Devenant le premier pays membre de l'Est, la Slovénie a adopté l'euro le 1er janvier 2007. Deux ans plus tard, le 1er janvier 2009, il en a été de même pour la Slovaquie, après la confirmation par les instances dirigeantes européennes en juin 2008. En effet, la Commission européenne avait auparavant donné son feu vert le 7 mai 2008 et le Parlement européen était également intervenu pour cette entrée. La Slovaquie est devenue le premier pays de l'ex-bloc communiste à adopter l'euro. Avec la crise de changes de fin 2008 et début 2009, elle s'est félicitée d'avoir pu ainsi éviter une grande partie des difficultés de la plupart de ses voisins.

Les dates d'adoption de l'euro par les autres nouveaux membres de l'UE n'ont pas encore été définitivement fixées. Toutefois, les estimations suivantes peuvent être faites :

- date estimée en 2011 : Lituanie, Lettonie et Estonie[43] ;
- date estimée en 2012 : Bulgarie ;
- date estimée entre 2012 et 2014 : République tchèque, Pologne et Roumanie ;
- date estimée en 2014 : Hongrie.

Cependant, la situation économique de début 2009, marquée d'abord par une inflation assez élevée puis par une grave crise financière et d'importantes tensions sur le marché des changes, peut retarder ces échéances, surtout les premières.

---

[43] Ces trois pays sont avec le Danemark membres du MCE II (Mécanisme de taux de change européen qui a succédé au SME – Système monétaire européen), leur adhésion engage à limiter les variations de change de +/- 15% de la devise nationale par rapport à l'euro. Y participer est un préalable pour l'entrée dans la zone euro.
En Estonie : Le premier ministre estonien Andrus Ansip a indiqué le 12 mars 2009 lors d'une conférence de presse à Tallinn que son pays envisagerait d'adopter l'euro en juillet 2010, au lieu de la date initiale de 2011. Il a ajouté que si l'inflation n'augmentait pas, l'Estonie devrait satisfaire les critères de Maastricht, notamment le critère de déficit (jusqu'à 3% du PIB). L'Estonie, entrée en 2004 dans l'UE, avait déjà souhaité adopter l'euro en 2007, mais avait été contrainte par une inflation trop élevée de repousser les délais.

Dès le 15 décembre 2004, l'Estonie, à travers l'Eesti Pank (la banque nationale), a adopté les dessins de la face nationale des pièces en euros. Le 24 février 2005, la Lietuvos Bankas a également sélectionné, après sondages et enquêtes, le dessin de la face nationale lituanienne, qui représente le chevalier Vytis sur toutes les pièces. Enfin, le 10 octobre 2005, la Banka Slovenije a présenté ses euros, qui offrent des représentations différentes sur chaque pièce.

Depuis le 1er janvier 2007, le centre de la zone euro se trouve en France dans le parc naturel régional du Morvan (point exact : 3°53'27"E 47°11'40"N). Les calculs ont été effectués à l'Institut géographique national (IGN) et depuis 1980 par Jean-Georges Affholder, un géodésien. Cet épicentre est déterminé grâce à une formule mathématique qui s'applique à une surface dont on connaît les contours, tout en tenant compte de la rotondité de la terre. Avant que la Slovénie n'adopte l'euro, cet épicentre se trouvait dans la ville de Montreuillon. Du 1er janvier 2008 au 1er janvier 2009, Ouroux-en-Morvan, devient à son tour centre géographique de la zone euro, à la suite de l'adhésion de Chypre et Malte à la monnaie européenne.

D) L'euro s'impose progressivement pour devenir une référence stable

Les Européens et leurs dirigeants, soutenus avec force par les autorités monétaires, ont réussi à instaurer un climat de confiance dans la monnaie unique. Ce climat favorise l'économie européenne.

1) Une monnaie attractive en Europe et en Afrique

Dans toute l'Europe et dans une bonne partie de l'Afrique, l'euro est la monnaie incontournable.

a) Parité fixe entre 41 pays

Actuellement l'euro est, directement ou indirectement, la monnaie de 41 pays dans le monde, soit :

- d'une part, 22 pays en Europe comprenant :
. 16 pays de l'UE (sur 27) ;
. 4 micro-Etats qui ont adopté l'euro dès l'origine : Andorre, Monaco, Saint-Marin, Vatican ;

. 2 autres pays européens : Kosovo et Monténégro, à la suite de circonstances particulières. Le Kosovo, en pleine guerre civile, avait déjà adopté antérieurement comme monnaie le deutschemark. Les autorités européennes ont accepté cette exception, c'est-à-dire l'adoption de l'euro, bien que le pays ne fasse pas partie de l'UE. Les circonstances qui ont conduit le Monténégro à adopter également l'euro ont été proches.
En outre, l'euro est devenu la référence incontournable en Europe pour les 11 autres pays de l'UE, pour ceux des autres pays des Balkans et de l'Europe de l'Est (dont la Russie, la Turquie et les pays du Caucase). Et plus précisément, le lien quasiment fixe qui attache, depuis plusieurs années, la monnaie de 10 pays[44] du Centre-Est européen à l'euro a bien tenu en 2008 et début 2009, malgré la violence de la crise monétaire et de change (voir chapitre VI-E).

- d'autre part, 19 pays d'Afrique et du Pacifique ont créé ou maintenu un lien monétaire fixe avec l'euro (les francs CFA, franc CFP et franc comorien) auxquels s'ajoute la monnaie des Iles du Cap Vert, l'escudo. Et il est à noter que de nombreux pays africains ont connu jusqu'en 2008 une croissance économique forte avec des taux de croissance du PIB se situant entre 5 et 8% par an.

La Zone franc regroupe 14 pays d'Afrique sub-saharienne (en Afrique de l'Ouest :

- 8[45] pays détaillés ci-dessous et membres de l'UEMOA (Union économique et monétaire ouest africain) émetteurs du XOF[46]
- 6 pays en Afrique centrale et au Centre avec les 6[47] pays membres du CEMAC (Communauté économique et monétaire de l'Afrique centrale) émetteurs du XAF.

Par ailleurs, des accords spéciaux permettent la stabilité du franc de l'archipel des Comores avec la monnaie européenne. Cette stabilité des monnaies a pour origine les liens étroits historiques entre les Européens (dont les Français) et ces Africains. Mais également il existe une volonté commune de ces pays de

---

[44] Bulgarie et les 3 pays baltes (membres de l'UE), puis Albanie, Bosnie-Herzégovine, Géorgie, Croatie, Macédoine et même en partie la Moldavie.

[45] Dans ces pays membres de l'UEMOA, franc CFA signifie « *franc de la Communauté Financière Africaine* ».

[46] La communauté financière internationale a instituée une codification des monnaies. Les deux premières lettres sont choisies selon le nom du pays et la dernière selon la dénomination de la monnaie nationale. Ainsi, FRF a été choisi pour « France Franc », DEM pour « Deutschland Mark », USD ou $ pour « United States of America Dollar » et GBP pour « Great Britain Pound » (livre ou £). Le sigle de l'euro (EUR ou €) est une exception.
Pour les monnaies de plusieurs pays, le X est utilisé en premier, soit XOF pour « Afrique de l'Ouest Franc » ou XAF pour «Afrique centrale Franc ».

[47] Dans ces pays membres de la CEMAC, franc CFA signifie « *franc de la Coopération Financière en Africaine centrale* ».

maintenir un cadre institutionnel qui a contribué à la stabilité macroéconomique.

INSTITUTS D'EMISSION ET MONNAIES DES PAYS ET TERRITOIRES DE LA ZONE FRANC

	Institut d'émission	**Monnaie**	**Parité avec l'euro** (Parité avec le franc français pour mémoire)
France métropolitaine Monaco	**Banque de France**	Euro (EUR)	1 EUR = 6,55957 FRF[1]
Guadeloupe Guyane Martinique Réunion Saint-Pierre et Miquelon Mayotte	Institut d'émission des Départements d'outre-mer (**IEDOM**), correspondant de la Banque de France	Euro (EUR)	
Nouvelle-Calédonie Polynésie française Wallis et Futuna	Institut d'émission d'outre-mer (**IEOM**)	Franc CFP (XPF)	1000 XPF = 8,38 EUR (1 XPF= 0,055 FRF)
Bénin Burkina faso Côte d'Ivoire Guinée Bissau Mali Niger Sénégal Togo	Banque Centrale des États de l'Afrique de l'Ouest (**BCEAO**)	Franc CFA[2] (XOF)	1 EUR = 655,957 XOF (1 XOF = 0,01 FRF[3])
Cameroun Centrafrique Congo Gabon Guinée Équatoriale Tchad	Banque des États de l'Afrique Centrale (**BEAC**)	Franc CFA[4] (XAF)	1 EUR = 655,957 XAF (1 XAF = 0,01 FRF[3])
République fédérale islamique des Comores	Banque Centrale des Comores (**BCC**)	Franc comorien (KMF)	1 EUR = 491,96775 KMF (1 KMF = 0,0133 FRF[3])

[1] Depuis le 1er janvier 1999

[2] Franc de la Communauté Financière Africaine

[3] Nouvelle parité depuis le 12 janvier 1994

[4] Franc de la Coopération Financière en Afrique Centrale

Source : Banque de France

L'euro a remplacé le franc français comme ancre monétaire des francs CFA et du franc comorien. Cette substitution a déterminé automatiquement les parités en euro du franc CFA et du franc comorien. Elle n'affecte pas les mécanismes de coopération monétaire de la Zone franc.

Le 31 décembre 1998, le Conseil de l'Union européenne a fixé le taux de conversion irrévocable entre l'euro et le franc français (1 euro = 6,55957 FF). Ce taux a déterminé en conséquence la valeur de l'euro en franc CFA et en franc comorien. Comme le franc CFA s'échangeait en franc français au taux de 100 FCFA pour un 1 FRF, la parité du franc CFA a désormais été fixé à 1 euro = 655,957 FCFA. De la même façon, puisque le franc comorien s'échangeait à un taux de 75 FC pour 1 franc français, sa nouvelle parité est désormais de 1 euro pour 491,96775 FC. La substitution de l'euro au franc français comme ancrage monétaire du franc CFA et du franc comorien n'a donc donné lieu réellement à aucune modification de la parité de ces monnaies.

A cette liste de pays et territoires liés à la France historiquement, se rajoutent les autres RUP (Régions ultrapériphériques) de l'UE : les iles des Açores, des Canaries et de Madère qui ont également l'euro comme monnaie. Enfin, l'escudo des iles du Cap Vert (CVE) a également un lien fixe avec l'euro (rappel).

b) L'euro: une monnaie « faible » ou stable en Europe

De 2003 à 2007, soit sur 5 ans, nous observons en général de faibles variations de change en Europe. Pour les mesurer, nous avons pris le cours moyen de change des jours ouvrés sur les années civiles. Ainsi, les fluctuations quotidiennes erratiques sont-elles modérées pour faire apparaître les tendances de base.

Les données les plus significatives sont les suivantes :

• Pays / Cours moyens :	2003	2007	Variation de l'euro
- Royaume-Uni - GBP	0,6936	0,6847*	-1,2%
- Suisse (exception) - CHF	1,523	1,643	+7,9%
- Norvège - NOK	8,050	8,017*	-0,4%
- Suède - SEK	9,145	9,251	+1,2%
- Pologne - PLN	4,441	3,782	-14,8%
- Tchéquie - CZK	31,90	27,75	-13,0%
- Russie - RUB	34,88	35,01	+ 0,36%
- Roumanie - ROL / RON	3,780	3,337	-11,7%
- Turquie (tensions) - TRL / TRY	1,703	1,786*	+ 4,9%

* Nota : au 31 décembre 2007, la cotation de l'euro était respectivement de 1 € = 0,7356 £ ; 1 € = 7,93 NOK et 1 € = 1,712 TRL.
Source : BNP Paribas – Taux de change moyen annuel. Voir détail en annexe 8.

On peut en tirer rapidement les enseignements suivants :

- Une bonne stabilité de change avec les monnaies de pays importants comme le Royaume-Uni, la Norvège, la Suède et la Russie. Malgré les fortes variations du dollar, cette stabilité s'est confirmée jusqu'à mi-2008, exception faite de la livre anglaise. La livre sterling s'était brutalement dévalorisée fin 2007 et début 2008, de 16% environ pour se stabiliser aux environs de 1 € = 0,79 £, avant de descendre de nouveau fortement, jusqu'à 0,98 £ mi-décembre 2008. La crise immobilière, puis bancaire et financière, a touché particulièrement ce pays où, par ailleurs, les taux d'endettement sont élevés. En conséquence, le gouvernement a été contraint de laisser se dévaluer sa monnaie. La parité de la livre avec l'euro (1 £ = 1 €) a souvent été évoquée en fin d'année. Certains auteurs ont même été jusqu'à suggérer de profiter de cette éventuelle parité providentielle pour la maintenir de façon fixe et permettre ainsi de passer facilement et en douceur (techniquement et politiquement) de la livre à l'euro !

- Une réévaluation de nombreuses monnaies de l'Europe de l'Est (hors celles de la Russie, dont les cours sont restés stables, et de l'Ukraine) par rapport à l'euro. Ces pays en transition avancée ont progressivement fait la preuve de leur performance économique (rappel : avec un doublement et même un triplement de leur PIB mesuré en euro en 8 ans). Les marchés de change en ont tenu compte. Par ailleurs, ils se refinancent désormais souvent en euro, notamment ceux qui sont entrés dans l'UE. Ils ont donc intérêt à ce que les cours de leurs monnaies ne se dévalorisent pas trop par rapport à l'euro, pour ne pas augmenter la valeur de leurs dettes mesurées en monnaies nationale. Cependant, fin 2008 et début 2009, la crise financière a entraîné un décrochage négatif de ces monnaies (temporairement ?), mais à un niveau modéré puisqu'elles ne sont généralement pas sorties des amplitudes qu'elles ont connues depuis dix ans. Une légère sous-évaluation de leurs monnaies leur permettra de mieux traverser la crise et l'attitude trop négative de certains observateurs vis-à-vis de ces pays nous semble excessive. Leurs économies se sont renforcées depuis dix ans. En outre, les mécanismes de solidarité européens sont pleinement activés, afin de limiter les difficultés et les excès du marché des changes.

- Deux cas particuliers sont observés :
. La Suisse a vu sa monnaie se dévaloriser temporairement en 2007 par rapport à l'euro, phénomène qui s'est ensuite inversé en 2008. Sur le long terme, on observe une parité de l'ordre d'environ 1 € = 1,60 FRS, niveau confirmé en 2008 (1 € = 1,587 FRS en moyenne, avec une revalorisation en fin d'année).

. La Turquie a vu sa monnaie attaquée en 2008, surtout en fin d'année et début 2009, infléchissant la tendance de fond du niveau 1 € = 1, 70 à 1,80 TRY environ qui avait été confirmée pendant plusieurs années (moyenne 2008 : 1 € = 1,907 TRY).

Conclusion : On ne peut donc pas dire objectivement que la valeur de l'euro soit trop forte par rapport à celle des monnaies des voisins de la zone euro. On peut même affirmer le contraire pour une bonne partie de l'Europe de l'Est au début du XXIe siècle. Outre des politiques monétaires proches et un développement équilibré, cette stabilité s'explique par le fait qu'une grande partie du commerce de ces pays est effectivement réalisée en euro, ou avec la zone euro, ou dans une monnaie ayant une parité stable avec l'euro.

2) Une stabilité de change avec de nombreux autres pays dans le monde

Après s'être imposé en Europe, l'euro devient progressivement une monnaie mondiale, grâce à la grande activité exportatrice des entreprises européennes, notamment celles de taille mondiale.

a) Stabilité de change avec d'autres grands pays hors Europe

Une analyse détaillée des évolutions de change permet de relever une certaine stabilité de l'euro avec les monnaies des nombreux pays indiqués ci-dessous. Et ceci pendant ces dernières années, en général depuis 2003, mais également plus anciennement. C'est à dire successivement avec les pays suivants :

• Pays de l'OCDE :
Soit les pays de grande taille comme l'Australie et le Canada, ou d'autres plus petits, tels la Nouvelle-Zélande ou Israël (dans le panier de devises de référence de ce pays, l'euro est retenu pour 28%).

• Pays émergents les plus grands :
Le plus notables, dans l'ordre de leur nombre d'habitants, sont : Chine, Inde (jusqu'en 2008), Brésil (soit les quatre BRIC avec la Russie inventoriée ci-dessus avec l'Europe), Nigeria (environ) et Colombie. Ces pays, qui comptent parmi les plus peuplés au monde, ont désormais chacun une économie qui a atteint une taille significative. En conséquence, ils deviennent tant des clients que des fournisseurs majeurs des Européens et en outre, avec une inflation souvent maîtrisée. L'Europe a donc désormais globalement moins à craindre de leurs dévaluations compétitives.

• Pays d'Afrique :
Notamment d'Afrique du Nord, le Maroc et dans d'autres régions, Madagascar. La monnaie des pays qui ont un lien historique avec la Grande-Bretagne n'est généralement pas leur monnaie stable vis-à-vis de l'euro, à l'exception de ceux indiqués ci-dessous (voir infra le chapitre 4 sur les paniers de monnaies).

• Pays d'Asie :
On relève surtout les pays d'Asie de l'Est aux économies performantes, soit : Philippines, Thaïlande, Singapour, Malaisie.

Nota :
- Au Moyen Orient, il existe des risques de décrochage du dollar avec la création d'une monnaie commune entre les six pays du CCG (Conseil consultatif des pays du Golfe persique).

- L'euro a souvent une stabilité de change avec des pays qui ont généralement une politique monétaire rigoureuse, un développement économique équilibré et une balance commerciale excédentaire. Ainsi, l'équilibre devrait se faire par la rigueur vertueuse et la faible inflation intérieure.

b) Stabilité de l'euro par rapport aux monnaies des pays émergents :

Par rapport aux principaux pays émergents non européens, les cours moyens de l'euro sont les suivants :

• Pays / Cours moyens:	2004	2007	Variation de l'euro
- Chine - CNY	10,34	10,42	+ 0,76%
- Inde - INR	56,46	56,59	+ 0,24%
- Thaïlande - THB	50,31	44,31	- 11,9%
- Brésil - BRL	3,641	2,664	- 26,8%
- Colombie – COP	3 259	2 842	- 12,8%
- Mexique - MXN	14,13	14,98	+ 6,0%
- Maroc - MAD	11,07	11,23	+ 1,4%
- Nigeria - NGN	166,5	172,1	+ 3,4%
- Égypte - EGP	7,737	7,734	- 0,4%
NOTA : *États-Unis - USD*	*1,244*	*1,371*	*+ 9,7%*

Source : BNP Paribas, Taux de change moyen annuel (voir détail en annexe 8).

On en déduit les observations complémentaires suivantes :

- Les monnaies des grands pays très peuplés comme la Chine ou l'Inde, mais également des géants africains comme le Nigéria et l'Egypte ont été globalement stables vis-à-vis de l'euro pendant quatre ans. Cependant, à la suite de tensions inflationnistes et d'autres déséquilibres économiques, la roupie indienne a décroché en 2008, (à l'instar de la livre sterling, l'Inde partageant des liens historiques avec la Grande-Bretagne).

- Le Brésil a eu une monnaie « forte » ou stable jusqu'à mi-2008, ce qui n'a pas été le cas pendant de nombreuses années. Il a su rétablir ses grands équilibres économiques en maintenant des taux d'intérêt élevés pendant plusieurs années et en développant des excédents commerciaux, ce qui lui permet maintenant de retrouver un dynamisme économique sans inflation excessive. Pays également très peuplé, la Colombie a su vaincre l'inflation et sa monnaie s'est réévaluée, fortement comparée au dollar et plus modérément par rapport à l'euro. Le temps des dévaluations répétitives des pays latino-américains est révolu, favorisant à terme le pouvoir d'achat des populations.

- Le Mexique a lié sa monnaie, le peso, à son grand voisin du nord, bien que l'on ait observé une moindre dépréciation de sa monnaie par rapport à celle du dollar sur la période prise en considértion (2004-2007). Cependant, le peso mexicain a connu une baisse significative en 2008 et début 2009.

- Le Maroc, ainsi que les autres pays d'Afrique du Nord ont des liens étroits avec l'Europe. D'où une bonne stabilité du dirham marocain avec l'euro, maintenue encore tout récemment.

- Enfin, le baht thaïlandais est devenu une monnaie solide, à l'instar de celles des « tigres d'Asie ».

3) L'euro, monnaie stable et de réserve

Trois indicateurs clés nous permettent de mesurer globalement cette stabilité après avoir vu ci-dessus le détail par pays.

a- L'indice global de la BCE :
La Banque centrale européenne publie dans son bulletin mensuel l'indice moyen du cours des devises des 25 pays commerçant le plus avec la zone euro. Cet indice a pour base 100, calculé selon les cours moyens des 25 devises du premier trimestre 1999, lors du démarrage de l'euro.

Globalement, celui-ci s'est rarement éloigné de l'indice 100, avec des écarts au maximum de plus de plus ou moins 16% autour de sa valeur historique (indices entre 84, creux à fin 2000, et 116, pic au printemps 2008).

Le dernier indice connu est 107 à fin janvier 2009 après 104 à fin octobre 2008 et 112 au mois d'août 2008. Cependant, cette tendance à ne pas trop s'éloigner de sa base 100 peut être contrecarrée par des tensions temporaires comme fin 2008 et début 2009, la défiance due à la dislocation des marchés pénalisant alors les petites monnaies au profit des grandes.

b- Part de l'euro comme monnaie de réserve des banques centrales :

Pour garantir la valeur de leur monnaie, les banques centrales mondiales détiennent de l'or (qui a perdu une grande partie de son rôle historique) et des devises étrangères. En général, elles choisissent des devises « fortes » ou les devises les plus utilisées dans leurs échanges avec les autres pays. Pour les banques centrales qui évaluent leur monnaie selon un panier déterminé de devises, leurs réserves détenues devraient correspondre à ce panier.

Ces réserves ont par ailleurs une symbolique politique forte.

Ces dernières années, les évolutions de la part de l'euro et du dollar sont les suivantes, selon les estimations publiées régulièrement par le FMI.

	euro - €	dollar - $
• fin 2003:	20%	64%
• septembre 2006:	25%	66%
• septembre 2007:	26,4%	63,8%
• juin 2008 :	27%	63%
• fin 2008 :	28%	61%

Actuellement, la part de l'euro a donc manifestement une tendance lourde à croître, alors que celle du dollar baisse (sa valeur de marché a atteint son cours le plus bas niveau historique en juillet 2008). Sa part dans les réserves mondiales reste encore cependant prépondérante à un niveau élevé.

Il est à noter qu'Alan Greenspan, ancien président de la Fed, a écrit: «Il est possible que l'euro remplace le dollar comme première monnaie de réserve mondiale» (dans son livre publié en septembre 2007). Même si cette déclaration à un goût de provocation dont l'auteur était coutumier, cela montre l'état d'esprit de certains dirigeants des Etats-Unis et de la politique monétaire suivie depuis 20 ans. A force de vouloir trop stimuler monétairement l'activité économique, la confiance dans le dollar s'est émoussée.

c- Créances liquides et exigibles internationales privées :
Elles représentent 8 fois le volume des réserves de change évoqué ci-dessus, même si elles n'ont pas la même importance politique. La part de l'euro était en forte croissance pour atteindre 39% en septembre 2006, celle du dollar étant alors de 43%.

4) L'euro, référence utilisée dans de nombreux paniers de devises

Parallèlement aux devises détenues, les banques centrales se réfèrent à un panier de devises qu'elles publient parfois pour évaluer la monnaie de leur pays. Nous pouvons citer les exemples suivants :

• Russie: (400 milliards d'euros de Réserves de change, mi 2008) :
La banque centrale a décidé de faire varier le cours du rouble russe en fonction d'un panier de devises servant de point d'ancrage dont l'euro représente 45%, a-t-elle publiée. La justification de ces 45% consiste dans le fait que :

- d'une part, environ 70% du commerce russe est réalisé avec la zone euro ou avec des pays dont la monnaie est stable vis-à-vis de l'euro ;
- et d'autre part, le rouble est également une « pétro-monnaie », avec des échanges d'hydrocarbures libellés en dollar (peut-être pas pour toujours, si les Européens réussissent à s'entendre avec les Russes pour utiliser l'euro).

• Chine: (1 400 milliards d'euros de Réserves de change, mi 2008) :
La part de l'euro dans la cotation du yuan serait de l'ordre de 25%, la proportion étant maintenue secrète par la banque centrale. La plupart des fluctuations du yuan par rapport à l'euro ont été de plus ou moins 7% autour d'un pivot de 1 € = 10,3 yuans depuis 5 ans (10,23 yuans en moyenne en 2008). Cela n'empêche pas des pics, comme ceux atteints en novembre 2007 et fin 2004 jusqu'à 11 yuans, où la monnaie chinoise avait partiellement accompagné le dollar dans sa baisse. Et des creux, à 9,64 yuans pour un euro comme en septembre 2008 ou 8,68 yuans à fin novembre 2008, avant de remonter à 9,25 yuans fin mars 2009. La puissance de l'économie chinoise devrait favoriser cette tendance à la réévaluation du yuan par rapport à l'euro et limiter la concurrence des produits exportés, notamment ceux bons marchés (d'autant que la Chine va devoir supporter un fort déséquilibre démographique).

Le décrochage du yuan par rapport au dollar depuis le 22 juillet 2005 a entraîné une baisse de 12,3% du dollar mesuré en yuan jusqu'à janvier 2008 (de 1 $ = 8,29 yuans à 1 $ = 7,27 yuans). Fin septembre 2008, cette dépréciation a continué puisque les cotations ont atteint pour le dollar : 1 $ = 6,86 yuans et pour l'euro, 1 € = 9,64 yuans. Cependant, les 6 mois suivants, le yuan et le dollar sont restés stables entre eux.

• L'euro est également présent dans le panier de référence de nombreux pays méditerranéens ou africains (Maroc, Tunisie, Israël où l'euro compte pour 28% du panier de référence, les Seychelles pour 38%, le Botswana et les Vanuatu).

• Dans les pays du Golfe persique, la part de l'euro dans les réserves devrait dépasser 20% ; l'Arabie Saoudite et 5 autres pays voisins envisagent de créer une monnaie commune liée à un panier de monnaies, dont l'euro en fera inévitablement partie.

• Iran, Syrie et Corée du Nord :
Ces pays ont abandonné la référence de leur monnaie par rapport au dollar pour des raisons politiques, c'est-à-dire à la suite de forts différends avec les Etats-Unis. En conséquence, ils utilisent l'euro à la place du dollar pour leurs échanges extérieurs.

Conclusion :

Près de 70 pays ont une monnaie qui a peu fluctué avec l'euro (moins de 3% notamment selon les cours moyens de 2007 par rapport à 2006) sur la période. Cela a été particulièrement notable pendant ces quatre années, de 2004 à 2007, même si cela a été légèrement moins vrai pendant l'année 2008.

Un rapide calcul montre que l'ensemble de ces pays, dont les cours de change monétaire ont été stables entre eux, représente environ les 2/3 des habitants de la planète et les 2/3 du PIB et du commerce mondial. En particulier, ,la monnaie des BRIC (Brésil, Russie, Inde, Chine), c'est-à-dire les pays émergents les plus peuplés de la planète a été stable vis-à-vis de l'euro de 2003 à 2007. Pour une grande partie de 2008, cela a continué, exception faite de l'Inde qui n'a pas maintenu une politique économique rigoureuse. En fin d'année 2008, avec une perte de confiance généralisée favorisant les grandes monnaies et une quasi « guerre » des monnaies, la volatilité a été forte sur les marchés des changes comme on le constate souvent en période de crise. Mais cette volatilité ne devrait probablement qu'être temporaire.

IV - Avec l'euro, l'Europe (re)devient dominante sur le marché financier

En complément de la stabilité de l'euro vis-à-vis d'un grand nombre de monnaies, l'exemple de l'évolution monétaire des pays européens de l'ancien bloc communiste nous montre le rôle d'entraînement qu'a joué simultanément la construction de l'UEM. Elle a permis d'éviter l'enlisement de l'UE dans des élargissements successifs susceptibles de diluer son ambition d'une part, et elle a d'autre part impulsé une dynamique d'approfondissement de l'Union en projetant l'ambition européenne bien au-delà d'un simple marché unique.

Ainsi, l'influence de l'euro ne s'est pas seulement affirmée sur le plan économique et monétaire mais également sur le plan financier.

En effet, globalement, les Européens ont su depuis de nombreuses années mettre une partie de leurs revenus « de côté », en ayant un taux d'épargne largement positif. Cette épargne a fourni hier et alimente aujourd'hui régulièrement le marché financier européen qui est actuellement en grande partie intégré, notamment grâce à l'euro.

A) La domination de l'Europe sur les marchés des emprunts

De loin la première économie mondiale, l'Europe a naturellement besoin de financer son développement par des émissions importantes d'emprunts, alimentés par une épargne abondante.

Les marchés financiers européens se sont fortement modernisés récemment, au point de devenir souvent une référence. Leur taille et leur profondeur, grâce à une unification autour de la monnaie commune, permettent aux emprunteurs de trouver aisément les financements qu'ils recherchent.

1) Emissions et encours de titres internationaux (taux[48])

Pour se financer, les emprunteurs émettent des titres sur des marchés qui sont devenus à la fois multinationaux, comme en Europe, et intégrés dans la

---

[48] *Précision* : le volume (capitalisation) des marchés des taux (monétaire et obligataire) est bien plus important que celui des actions. On en parle moins souvent dans les médias et c'est régulièrement ignoré.

mondialisation, par le fait que l'information financière circule rapidement dans le monde entier.

a) Les émissions de titres internationaux

Rappel :
En volume, une bonne partie du marché financier est composé des marchés monétaire (à court terme) et obligataire (à moyen et long terme), dont les montants dépassent largement celui des actions.

Sur le marché monétaire, les acteurs que sont les banques et les SICAV de trésorerie, mais aussi les trésoriers des grandes entreprises, échangent quotidiennement leurs excédents ou les déficits de trésorerie. Les titres dits « monétaires », c'est-à-dire à moins de deux ans d'échéance, sont les instruments d'échange et de garantie le plus souvent utilisés. Chaque jour, la BCE établit les taux d'intérêt du marché monétaire « Eonia et Euribor [49]», calculés en fonction de l'offre et la demande. Une courbe des taux allant de 1 jour, 2 jours, ...1 mois, 2 mois, ...12 mois est alors diffusée. Les grandes banques publient quotidiennement une telle courbe de leurs taux offerts à leur clientèle, en général à des taux légèrement plus faibles que ceux de l'Euribor pour se garder une marge.

Pour faciliter les transactions, ont été institués pendant les années quatre-vingt et modifiés ensuite, les titres de créances négociables (TCN) en trois catégories :
- CDN : certificats de dépôts négociables, émis par les banques pour une durée allant de un jour à un an,
- BT : Billets de Trésorerie, émis par les organismes non bancaires (Etats et collectivités locales, grandes entreprises, associations mutuelles) pour une durée allant de un jour à un an,
- BMTN : Bons à moyen terme négociables, émis par les émetteurs de CDN ou BT mais pour une durée supérieure à un an et un jour, sans limitation.

Enfin, le marché obligataire concerne les titres de créances à plus de deux ans jusqu'à 30 ans. Les obligations les plus connues ou utilisées sont les « Bund »

---

[49] *EONIA* : Euro Overnight Index Average ou « taux moyen au jour le jour » calculé par la BCE et diffusé par la FBE (Fédération Bancaire de l'Union Européenne). Il résulte de la moyenne pondérée de toutes les transactions au jour le jour de prêts non garantis réalisées par les banques retenues pour le calcul de l'euribor.
EURIBOR : Euro Interbank Offered Rate ou « taux interbancaire offert entre banques » de meilleures signatures pour la rémunération de dépôts dans la zone euro, d'une durée de 1 jour à un an.

allemands ou les « OAT » françaises, c'est-à-dire celles émises par les Etats et qui servent de référence en termes de signature et de taux.

La courbe des taux : en période « normale », la courbe est croissante. Plus la durée des titres est longue, plus les taux d'intérêt sont élevés. Mais leurs cours fluctuent en fonction de l'offre et de la demande et la courbe peut parfois être « inversée ». Les taux d'intérêt évoluent également en fonction de la politique de la banque centrale qui fixe ses taux d'intervention selon la conjoncture et sa stratégie. Les titres sont émis dans une devise, en fonction de la nationalité de son émetteur, ou de plus en plus en fonction des optimisations recherchées par les trésoriers (rencontres entre emprunteurs et prêteurs).

- Les émissions de titres

La banque BNP Paribas a publié une étude en février 2005 intitulée : « L'euro : succès et nouveaux défis » sous la plume de M. Eric Vergnaud (voir en annexe 2 : le tableau des émissions et des encours).

Cette étude souligne qu'en 2004 (sur les 9 premiers mois de l'année) les émissions nettes de titres internationaux (dettes à moyen et long terme) ont atteint la proportion de **59,1% en euro** contre 23,7% pour le dollar.

Même si ces 59,1% représentent un sommet (la proportion de l'euro varie de 31,7% en 1998 à 51,1% puis redescend à 41,3% en 2007 – pour atteindre un point bas au premier trimestre 2008 à 29,2%), cette première place quasi systématique a permis à l'euro de s'imposer comme monnaie internationale et pas simplement européenne.

En effet, si la monnaie unique domine naturellement dans les émissions réalisées en Europe, son poids en Amérique du Nord est loin d'être négligeable (de 10% à 29% entre 1998 et 2004) et elle prend parfois la première place selon les années d'émission dans le reste du monde.

b) Les encours de titres internationaux

En conséquence, la part des encours de titres internationaux en euro (dettes à moyen et long terme) s'est élevée de 25,3% en 1998 à 45% fin 2004 et à **50%** fin mars 2008 (respectivement 45,2%, 39,2% et 33,8% pour le dollar - statistiques partiellement influencées par les cours de change).

La tendance est confirmée en octobre 2007. Lors d'une conférence sur « *le marché européen des services financiers* », M. Jacques de Larosière[50] a précisé :
« *Le marché de l'euro s'est considérablement élargi depuis le début des années 2000, et constitue aujourd'hui pour l'ensemble des sociétés et des gouvernements du monde une source de fonds sûre, d'une taille désormais supérieure à celle du dollar.* »

2) Titrisation des créances et « subprime »

Nous aborderons à la fois les techniques de la titrisation et les conséquences que cette technique mal maîtrisée a engendrées avec la crise des « subprime ».

La technique de la titrisation :
La titrisation de créances consiste à transformer des créances en titres, afin de les rendre plus facilement négociables. Ainsi, lorsque les banques accordent des crédits à leurs clients, sont-ils inscrits à l'actif de leur bilan. Afin de se refinancer et avoir de la liquidité, elles regroupent ces crédits et les vendent sur le marché de la titrisation. Sont acheteurs des clients en recherche de placements, dont OPCVM, sociétés d'assurance, banques et autres institutionnels. Souvent, ces titres sont échangés plusieurs fois.

Le problème de cette technique, c'est que lorsqu'un ou plusieurs débiteurs[51] font défaut, il est difficile de remonter la chaîne et d'évaluer avec exactitude la perte correspondante. Parfois, on a compliqué le système en « démembrant » la détention en trésorerie de la détention des risques correspondants, avec des systèmes de garanties.

En 2007 et 2008, l'écroulement de ce marché de la titrisation, de création récente, a moins atteint l'Europe[52] malgré les placements[53] hasardeux importants de certaines banques du continent (en particulier suisses, allemandes et britanniques). En effet, ces banques avaient beaucoup moins utilisé cette technique que leurs consœurs anglo-saxonnes, ou de façon plus prudente.

[50] Alors conseiller du Président de BNP Paribas, ancien Directeur Général du FMI (1978-1987) et ancien gouverneur de la Banque de France (1987-1993).
[51] C'est-à-dire l'emprunteur d'origine.
[52] Cette technique de la titrisation a été peu développée en Europe continentale, malgré un important débat, du fait de l'absence de maîtrise du « risque crédit ».
[53] Le terme d' « investissement » est souvent utilisé sur le marché financier qui reprend le terme anglais, mais il s'agit d'un abus de langage en français car ce sont la plupart du temps en réalité des « placements » ou de « pures spéculations ». Ces derniers termes sont beaucoup plus précis.

a) La crise de la titrisation et du « *subprime* » : l'éclatement de la bulle.

Cette crise porte un coup très dur à cette technique récente qui facilite le refinancement de crédits accordés par les banques à leurs clients. En effet, une fois le prêt accordé par la banque, prêt qui constitue alors un « actif » pour elle, celle-ci peut le revendre (rapidement ?) ce qui permet en principe à la dite banque :

- de se refinancer en touchant de l'argent frais, c'est-à-dire d'être plus liquide,
- d'alléger son bilan, et donc ses besoins en fonds propres prudentiels,
- d'avoir moins de risques à gérer,
- de réaliser une plus-value éventuellement, parfois rapidement, après avoir accordé le crédit.

D'origine en partie française bien que surtout utilisée dans les pays anglo-saxons, notamment aux Etats-Unis, cette technique a l'inconvénient (c'est ce qui s'est passé pour les crédits « *subprimes*[54] ») de faire oublier les risques inhérents à tout crédit, à savoir la probabilité[55] de non-remboursement appelé « risque crédit ». De plus, aux Etats-Unis, ces opérations se sont avérées très rentables dans un premier temps, par le fait que les coûts du risque ont été largement sous-évalués, comme l'avait souligné Jacques de Larosière en janvier 2007.

Comme lors du développement du système de Law en France (Banque générale et Compagnie des Indes), de 1716 à 1720, une importante spéculation s'est progressivement installée, avant que le marché ne découvre les risques réels et s'écroule à la suite de la perte de confiance des acteurs. C'est un phénomène classique de bulle qui se développe lorsque l'économie libérale

---

[54] Le terme *subprimes* ou *subprime* signifie « crédits sous-primés » ou « crédits sous-cotés », catégorie de crédits à la solvabilité limitée car le risque pris sur l'emprunteur est élevé, plus que pour les « Alt A » ou même les « prime ». On l'utilise au pluriel ou au singulier, car il peut être considéré comme une catégorie de crédit.

[55] Nota : ce qui est « français » dans cette affaire n'est relatif qu'à l'approche probabiliste, non pas seulement du risque, métier des actuaires d'ailleurs assez mal connu par le commun des mortels, mais surtout de la valeur des instruments financiers. L'approche probabiliste de la valeur boursière ou d'échanges d'instruments repose sur des faits incontestables, le problème est que les statistiques reposent sur quelques principes incontournables. D'abord, évidemment, les quantités en jeu doivent être suffisantes pour permettre leur utilisation. Mais l'essentiel est le degré de liberté d'évolution des éléments entre eux. Or cette règle fondamentale n'est plus respectée dès lors que les instruments structurés comportent des pourcentages trop importants d'instruments eux-mêmes incorporés dans l'ensemble objet de l'analyse statistique.

n'est pas assez régulée, notamment sa composante financière, pour prévenir ce type d'événement.

L'hebdomadaire *Le Point* daté du 24 juillet 2008 a publié une étude détaillée et imagée qui décrit l'origine et le processus de la crise.

« Hello mister Mozilo ! Angelo Mozilo, 68 ans, c'est l'homme par qui les *subprimes* ont prospéré. A la tête de *Countrywide Financial,* du temps de sa splendeur on parlait peu de cet Italo-Américain fils d'un boucher du Bronx. Toujours bronzé, tiré à quatre épingles, prisant les cravates et les pochettes colorées, il était devenu depuis son fief de Calabasas, en Californie, le roi du crédit aux Etats-Unis. Petit père des pauvres, il se faisait fort de trouver un logement à tout le monde, même aux plus démunis ou *ninja* pour « *no income, no job and no asset »* (sans revenu, sans travail et sans patrimoine). « *Je veux,* disait-il, *partager ma chance avec ceux qui n'en n'ont pas.»* C'est ainsi que Countrywide Financial est devenu le premier distributeur de *subprimes* dans le pays.

« *Une vraie escroquerie »*, reconnaît aujourd'hui un banquier parisien.

L'astuce pour le prêteur était de miser sur la hausse du prix de la maison achetée. Si l'emprunteur avait du mal à rembourser, on lui octroyait un nouveau prêt garanti par la valeur plus élevée de son logement. Jusqu'au jour où, à partir de 2006, les prix ont fini par baisser. Les subprimes se sont alors écroulées comme un château de cartes.

Surtout, les banquiers et courtiers étaient vraiment peu regardants. On a vu en Floride le cas extravagant d'un couple, Scott et Deanne Hopp, qui achetait maison sur maison. Quand ils en avaient loué une, ils en achetaient une autre. Countrywide répondait toujours présent. Même lorsqu'une gazette locale a révélé que l'une des maisons des Hopp abritait des parties fines dont les participants étaient recrutées sur le Net.

L'exposition de Countrywide étant devenue insupportable, la banque a dû se résoudre dès le mois d'août 2007 à se rapprocher de la Bank of America, qui finira, en juin 2008, par la racheter entièrement pour une bouchée de pain. Angelino Mozilo a dû partir. Amateur de bijoux et de Rolls, il se console en ayant fait fortune.

L'exploitation des pauvres : profitant des bas taux d'intérêt après le 11 septembre, il a prêté à tout-va, devenant le roi des « subprimes ». Il visait tout spécialement les clientèles hispanique, noire et asiatique et voulait procurer un logement aux plus démunis. Aujourd'hui, ses clients sont à la rue. Et lui s'est vendu à Bank of America. Départ : juin 2008.

« Risque de faillite ». A-t-il jamais imaginé, dans ses glorieuses années, se retrouver au cœur d'un tel séisme immobilier ? Car on ne compte plus les petits établissements de crédit qui sont tombés depuis le déclenchement de la crise des *subprimes.* Ownit Mortgage (Californie) a ouvert le bal en décembre 2006. Puis New Century Financial (Californie), American Home Mortgage (New York), la Net Bank (Géorgie), la Miami Valley Bank (Ohio)…

Avec l'accident tout récent qui a frappé IndyMac, on change de catégorie. Il s'agit en taille de la troisième faillite dans l'histoire bancaire américaine depuis la Continental Illinois en 1984 et la Savings & Loans Association (Californie) en 1988. IndyMac était spécialisée dans les *Alt-A,* des prêts un peu moins risqués que les *subprimes,* mais établis avec une connaissance approximative des revenus et du patrimoine de l'emprunteur. Ce qui s'est révélé source d'incidents et ... d'abus. Le matin du 11 juillet 2008, les autorités fédérales ont mis sous cocon la banque de Pasadena (Californie). »

Cet article édifiant montre comment des « non-professionnels » de la banque, aidés de courtiers peu scrupuleux, ont pu monter un système qui, en s'écroulant, a entraîné la plus grave crise bancaire aux Etats-Unis depuis près de 80 ans.

b) Les conséquences financières de cette crise

En juillet 2008, un important plan de sauvetage du marché immobilier a été mis en place aux Etats-Unis, comprenant de multiples aides aux emprunteurs mais aussi aux organismes de refinancement et de garantie. Ce plan apporte notamment des garanties publiques pour 300 milliards de dollars et des subventions aux collectivités locales pour 3,9 milliards.

Ce sont surtout les marchés financiers des Etats-Unis et de Grande-Bretagne qui ont été ou sont affectés, avec la quasi-disparition des nouvelles opérations à partir du 2ème semestre 2007, après la crise de juillet et août 2007. En conséquence, on a assisté à une **forte baisse** des encours de titrisations hors Europe, notamment celles du type *subprime.*

Plus grave, presque la totalité de ce marché étant vendeur, il s'est écroulé. Il n'était plus possible de coter ces titres puisqu'il n'y avait plus d'acheteur. Cette situation a été très gênante, et même catastrophique, tant pour les fonds de placements qui doivent publier une cotation régulièrement, que pour les banques et organismes financiers qui doivent présenter leurs arrêtés de comptes.

En effet, ces derniers doivent, depuis la réforme des normes comptables IFRS (*International Financial Reporting Standards*), valoriser un bonne partie de leurs actifs et passifs selon les cours du marché... Des solutions parfois assez peu satisfaisantes, pas toujours compatibles avec la rigueur comptable, ont dû être mises en place.

Par contre, en dehors de certaines banques (secteur de la Banque de Financement et d'Investissements ou BFI comprenant les opérations sur les marchés financiers et interbancaires) et certains OPCVM[56] qui ont fait des placements dans de tels titres, le marché du crédit immobilier de la **zone euro**

---

[56] Organisme de Placement Collectif en Valeurs Mobilières (essentiellement SICAV et FCP).

est ou a été relativement peu touché. Les établissements bancaires et financiers utilisant ce type de refinancement et de placement, de façon dangereuse, en Europe continentale ne sont pas très nombreux. Mais d'autres secteurs du marché, utilisant la technique de la titrisation de façon plus prudente, ont été également touchés.

En effet, seuls quelques établissements de taille moyenne ou importante ont connu de très lourdes pertes : ce fut le cas en Suisse (UBS et Crédit Suisse), en Allemagne (difficultés d'IKB et de Hypo Real Estate), en Belgique (Fortis), en Irlande et même un peu en France (les plus touchés furent le Crédit Agricole qui est tout de même resté bénéficiaire en 2008 et Dexia). Leur trésorerie avait été placée en titres *subprime,* afin d'augmenter la rentabilité des taux à court terme bas à l'époque (placements monétaires dits « dynamiques » soi-disant plus performants et « sans risque »). Cette stratégie s'est transformée en la réalisation de pertes, parfois énormes. D'autres également fortement touchés avaient acquis des risques (sous la forme de titres, prêts et garanties données) sur des organismes spécialisés aux Etats-Unis.

Le total des pertes publiées par l'ancienne plus grande banque mondiale, Citigroup (Etats-Unis) se monte à 73 milliards de dollars (50 milliards d'euros) du 1er juillet 2007 au 30 septembre 2008, celles de Merrill Lynch à 47 milliards de dollars (32 milliards d'euros) en douze mois. Les deux plus grandes banques suisses qui ont largement « investi », ou plus exactement spéculé dans ce marché de *subprime,* ont perdu également beaucoup (plus de 28 milliards d'euros de dépréciations comptabilisés en 12 mois pour l'UBS). Voir détail en annexes 6.

Cette crise a non seulement révélé le danger d'un surendettement chronique de nombreux acteurs économiques aux Etats-Unis, mais aussi l'existence d'un marché financier pouvant afficher des pertes énormes. Elle a fait la démonstration qu'un minimum de réglementation était nécessaire, notamment pour défendre le consommateur peu averti. Enfin, elle a également accéléré la baisse du dollar.

c) Une faillite financière et une crise grave

Le total de l'endettement des Etats-Unis est non seulement important (9.149 milliards de dollars fin 2007) mais il s'accroissait de plus d'un milliard par jour, avant de s'accélérer à l'automne 2008. Et la crise des *subprimes* a révélé le caractère malsain d'un tel endettement. Le plus grave est de constater que c'est tout le système économique et social qui fonctionne grâce à un endettement généralisé.

En effet, on a fait croire à une population pauvre et peu éduquée qu'elle serait facilement propriétaire de son habitation à des coûts d'emprunts faibles. C'était, si l'on peut dire, de la « vente forcée », sans que le client ne dispose d'aucune protection par la loi (de telles protections du consommateur existent heureusement dans l'Union européenne). On jouait sur l'innocence des clients.

C'est non seulement une faillite financière (en plus des grosses pertes indiquées ci-dessus, quatre banques importantes ont été touchées : Bear Stearns rachetée en février 2008, IndyMac mise en faillite en juillet 2008 ainsi que Lehman Brothers le 15 septembre 2008 et enfin Merill Lynch rachetée), mais aussi une grave crise morale (ce pays nous donne souvent des leçons de morale) et systémique.

Il est en effet choquant de pouvoir légalement « s'en prendre » ainsi à une population pauvre et fragile.

d) L'importance des pertes et leur traitement[57]

Les pertes atteignent des montants d'une telle importance qu'ils touchent toute l'économie nord-américaine, notamment les banques et les fonds de pension, puis l'ensemble des banques et des épargnants du monde entier. A l'exception partielle des banques des pays latins qui ont peu fait confiance et peu pratiqué la titrisation et aux banques des pays émergents. Cependant, si elles ne sont pas directement touchées, ces banques seront indirectement atteintes par la crise économique majeure qui en découle (risque de crédit classique).

<u>Globalement :</u>
Cette crise du crédit immobilier devrait générer des pertes directes considérables, dont les montants évalués sont en constante augmentation :
. de 945 puis 1 400 milliards de dollars (1 100 milliards d'euros) selon l'estimation du FMI (Fonds monétaire international) en avril puis réévaluée en octobre 2008,
. jusqu'à 1 500 milliards de dollars (1 180 milliards d'euros) selon un montant relevé fin 2008 par des spécialistes de ce marché.

Par ailleurs, la banque d'Angleterre a publié une étude début mars 2009 évaluant l'ensemble des produits toxiques (avec un périmètre donc plus large) à 2 800 milliards de dollars environ, soit 2 150 milliards d'euros. Et encore, ces

---

[57] Dans leur livre *Le roman vrai de la crise financière*, Olivier Pastré et Jean-Marc Sylvestre décrivent dans le détail ces montants (Editions Perrin, mai 2008)

montants ne prennent en compte ni la chute des valeurs sur le marché financier, ni les baisses des prix de l'ensemble de l'immobilier.

Le système bancaire et financier :
Le montant des dépréciations comptabilisées par les banques au 25 juillet 2008 s'élevait à 468 milliards de dollars (306 milliards d'euros). Ultérieurement, des dépréciations supplémentaires ont été annoncées telles celles de :
. *Merrill Lynch*: 5,7 milliards de dollars le 29 juillet 2008 qui a dû encore augmenter son capital de 8,5 milliards après l'avoir déjà accru depuis un an de 15,7 milliards. Cette banque d' « investissement » numéro 3 aux Etats-Unis, en fait de spéculation, a annoncé son rachat le 15 septembre 2008 par Bank of America.
. *Citigroup*: 8 milliards de dépréciations en plus.
. *Lehman Brothers*, numéro 4 des banques de « spéculation », qui a déposé son bilan avec 613 milliards de dettes le 15 septembre 2008 (sans tenir compte des engagements hors-bilan et montages financiers complexes qui sont devenus toxiques).

Ce jour du 15 septembre 2008, très noir pour la finance, l'AFP a conclu sa chronique financière ainsi :
« *Le géant numéro 1 de l'assurance AIG, en graves difficultés, a vu son titre s'effondrer de 60,8%, faute d'avoir pu présenter les mesures de restructuration promises avant l'ouverture des marchés.*
Le marché obligataire a fortement monté[58]*. Le rendement du bon du trésor à 10 ans a plongé de 4,483% contre 4,73% la veille, et celui à 30 ans à 4,152% contre 4,326%.* »

En outre, des faillites bancaires (26 au total en 2008, après 3 en 2007 et déjà 18 en 2009, du 1er janvier au 21 mars) sont régulièrement rendues publiques aux Etats-Unis.
A fin 2008, le total des pertes et dépréciations publiées par le système bancaire et financier avait dépassé les 800 milliards de dollars (ou 550 milliards d'euros), soit pratiquement un doublement au 2ème semestre 2008. Début 2009, certains observateurs, tel Jean Peyrelevade, pensent même que globalement le système bancaire aux Etats-Unis, compte tenu des pertes latentes, a d'ores et déjà perdu la totalité de ses fonds propres. D'où un appel massif à l'intervention de l'Etat.
En effet, les pertes se concentrent aux Etats-Unis, celles enregistrées en Europe et surtout en zone euro sont moins massives (voir annexe 6-B).

---

[58] *Rappel :* Quand les taux d'intérêt baissent, la valeur des obligations monte. Cette hausse est due à l'actualisation des flux futurs à recevoir à terme (montants inchangés calculés/actualisés avec un taux d'intérêt plus bas).

Les sociétés de crédits hypothécaires :
Enfin, le gouvernement des Etats-Unis a été obligé de recourir à une solution proche de la nationalisation (achat d'une grande partie des actions) pour les sociétés de crédits hypothécaires Freddie Mac et Fannie Mae, à l'instar de la formule mise en œuvre pour la banque britannique *Northern Rock*. La valeur des actions de ces deux sociétés de refinancement s'était écroulée de 90% en un an. Les nouveaux dirigeants chargés du redressement sont des fonctionnaires nommés par les pouvoirs publics.

La situation n'était plus tenable pour celles-ci : leurs pertes atteignaient un milliard de dollars par mois. Le coût pour les pouvoirs publics devrait atteindre 200 milliards de dollars, aggravant un déficit budgétaire déjà très élevé et le surendettement de l'Etat fédéral. « Le principe libéral de non-intervention de l'Etat est ainsi bafoué par son mentor : Georges Bush » a-t-il été écrit par les observateurs.

Les pertes comparées au PIB et à la richesse nationale :
Par ailleurs, comparées aux PIB des pays des sièges des banques, les pertes enregistrées s'élèveraient à fin 2008 (seule une moitié des pertes seraient prises en compte à cette date?) à :

5,5% (pertes / PIB) aux Etats-Unis,
2,0% pour toute l'Europe dont :
5,1% en Grande-Bretagne,
15,9% en Suisse
2,7% aux Pays-Bas et à
1,5% en France[59].

Cependant, par exemple, les pertes des banques françaises ont été en bonne partie enregistrées sur le territoire des Etats-Unis. Ainsi, les pertes situées aux Etats-Unis pourraient-elles atteindre 7 à 10% du PIB. La comparaison est de cette façon un peu biaisée. Ces montants atteignent des sommes énormes et ces pertes ont un effet négatif à la fois sur le PIB (baisse de la valeur ajoutée) et sur la richesse (baisse des marchés immobiliers et mobiliers). De nombreux marchés immobiliers locaux ont vu les prix baisser de plus de 40% ces deux dernières années.

D'où un important effet richesse négatif sur la conjoncture depuis 2007, après un effet positif précédemment. Les agents ont en effet tendance à consommer plus lorsque qu'ils ont des réserves importantes. Lorsque celles-ci diminuent

[59] *Source* : *Marianne* du 16 août dont les calculs ont été complétés et actualisés.

fortement, ils limitent alors leurs dépenses. Ainsi, les trois grands constructeurs d'automobiles du pays ont-ils menacé de déposer le bilan (et spécialement l'emblématique *Général Motors*) si l'Etat fédéral ne venait pas à leur secours. Par ailleurs, outre les pertes des bourses mondiales (jusqu'à 40 000 milliards de dollars), les fonds de pension sont affectés dans de nombreux pays (estimation à 4 000 milliards de dollars).

Enfin, en général, les banques latines, nordiques (et donc européennes) et asiatiques ont été beaucoup moins touchées que leurs homologues anglo-saxonnes. Si les dépréciations ont été importantes, les résultats nets sont restés souvent positifs. Ce n'est pas le cas de nombreuses banques anglo-saxonnes qui sont fortement affaiblies pour financer les développements économiques futurs, en dépit des aides énormes dont elles bénéficient (25 milliards de fonds propres étatiques pour chacune des quatre plus grandes banques des Etats-Unis dans la première phase du plan de soutien).

Malgré cet important soutien, *Citigroup* a dû être partiellement nationalisée (36%) fin février 2009, avec la transformation des créances en actions ordinaires. L'assureur *AIG* et le constructeur automobile *General Motors* font également l'objet d'une forte intervention étatique, après la publication de 62 milliards de dollars de pertes au 4ème trimestre 2008 pour le premier (avant un démantèlement ?) et 31 pour l'année 2008 pour le second. Pendant les deux exercices 2007 et 2008, ces trois sociétés ont perdu respectivement 75, 107 et 70 milliards de dollars.

La crise est particulièrement sévère aux Etats-Unis puisque le résultat cumulé du 4ème trimestre 2008 de 486 sociétés de l'indice Standard & Poor 500 est une perte nette de 138 milliards d'euros (dont 101 dans le secteur financier), à comparer à une perte de 2,2 milliards d'euros (hors exceptionnel) pour 310 sociétés de l'indice européen DJStoxx 600. Pour toute l'année 2008, les résultats nets cumulés sont respectivement -102 milliards d'euros aux Etats-Unis et +472 milliards d'euros en Europe.[60] En comparaison, les entreprises du CAC40 (France) ont gagné 59 milliards d'euros en 2008 (-41% par rapport à l'exercice 2007).

e) Le modèle européen repris aux Etats-Unis

A la suite de cette crise, l'organisation du marché du financement de l'immobilier a été revue aux Etats-Unis. L'article suivant décrit comment le modèle européen a été pris comme modèle.

---

[60] *Les Echos* du 18 mars 2008.

« - Refinancement immobilier : le modèle européen au secours des Etats-Unis[61]

Fin de partie. Après la déconfiture des deux piliers du financement des crédits à l'habitat par titrisation aux Etats-Unis, Freddie Mac[62] et Fannie Mae[63], Henry Paulson, le secrétaire au Trésor, a annoncé un vaste plan de secours bâti **à partir du modèle des banques européennes des obligations sécurisées** (« *covered bonds* ») : « *Les obligations sécurisées peuvent (...) renforcer la solidité des institutions financières américaines* ». C'est l'issue d'une longue bataille entre promoteurs du refinancement par titrisation adopté par les banques anglo-saxonnes et celui des obligations dites « sécurisées » des crédits immobiliers (modèle de l'Europe continentale à l'instar des *Pfandbrief* prussiennes et autres traditions françaises).

Ces obligations adossées à des crédits immobiliers, en particulier celles régies par un cadre légal, ont l'avantage pour les investisseurs d'être plus protectrices en cas de faillite de la banque émettrice et d'être moins coûteuses en capital. Pour les émetteurs, elles reviennent du coup moins cher, un atout crucial dans le contexte actuel de manque de liquidité et de confiance.

En Europe, des banques avaient soutenu il y a quatre ans le lancement d'une agence européenne de refinancement sur le modèle de Freddie Mac, le projet avait fait un tollé et avait finalement été abandonné.

Aujourd'hui, Bank of America, Citigroup, JP Morgan et Wells Fargo ont annoncé qu'ils seraient des émetteurs phares d'obligations sécurisées. Et BNP Paribas s'est inscrit au rang des membres du tout nouveau comité américain d'émetteurs de ces obligations.

Un marché qui reste très tendu :

Très secoué par la crise, dans le sillage du marché de la titrisation de crédits immobiliers à risque américain, le marché (européen) des obligations sécurisées a tout de même résisté[64]. Mais il reste tendu. Les émissions d'obligations sécurisées, dites « benchmark », de grande taille, sont très volatiles d'un mois sur l'autre. Les émetteurs se contentent d'émissions de courte maturité et de quelques centaines de millions d'euros au maximum. D'autant que ces opérations se paient encore relativement chères. Là où traditionnellement les émetteurs pouvaient financer leur crédit à l'habitat en dessous du coût de l'Euribor, ils doivent parfois payer jusqu'à 80 points de base (supplémentaires).

En France, le *Crédit Agricole*, très attendu sur le marché, et les Caisses d'Epargne, après une présentation auprès des investisseurs en mai, n'ont pas lancé d'opérations. Les émissions depuis le début de l'année restent inférieures à ce qu'elles étaient il y a

---

[61] Titre d'un article des *Echos* du 30 juillet 2008, signé A. Dr., repris et résumé ci-après.

[62] Nom officiel de Freddie Mac : « Federal Home Loan Mortgage Corporation ».

[63] Nom officiel de Fannie Mae : « Federal National Mortgage Association ».

[64] Titrisation contre obligations sécurisées :

- Selon le « European Securization Forum », les titrisations adossées à des prêts à l'habitat se sont effondrées.

. En Europe, de 81,1 milliards d'euros au premier trimestre 2007, les émissions ont chuté à 27,2 milliards au premier trimestre 2008.

. Aux Etats-Unis, elles sont passées de 115,1 milliards d'euros à 4 milliards.

- Selon la Fédération Hypothécaire européenne, les **obligations sécurisées** ont montré (en Europe) un certain dynamisme. Alors que 498 milliards d'euros avait été émis en 2006, 526 milliards ont été placés en 2007. Selon la Société générale, dont les estimations sur 2006 et 2007 avaient été prudentes, les émissions 2008 devraient finalement s'établir autour de 175 milliards, contre une prévision initiale à 230 milliards.

un an (73 contre 83 milliards d'euros) ; mais « *cet écart se réduit de semaine en semaine* », notent les analystes de la *Société générale*.
Aux Etats-Unis, les chances de relance immédiate sont incertaines. Comme en Grande-Bretagne, aucune émission n'a été réalisée depuis le début de l'année. Et l'un des rares émetteurs, *Washington Mutual* vient d'être placé sous surveillance (négative ?) par Moody's. Mais l'avenir pour les obligations sécurisées américaines est peut-être ailleurs qu'auprès des investisseurs classiques.
Henry Paulson a déclaré qu'elles seraient éligibles pour se refinancer auprès de la Fed. Ce qui ouvrira pour les banques une énorme vanne de liquidités[65]. »

Mais, l'attention doit porter à limiter à terme un surendettement déjà chronique. Le piège du cercle vicieux est à éviter. Est-ce possible ?

Nous avons en effet le sentiment que pour combattre les crises et les difficultés économiques, la Fed est régulièrement obligée de maintenir des taux d'intérêt bas trop longtemps, ce qui alimente des bulles spéculatives et l'inflation, sources d'une nouvelle crise future. Il faudrait que la Fed puisse politiquement rétablir des taux d'intervention positifs dès que la crise s'atténue et absorbe rapidement les excès de liquidité.

f) Le taux de change des monnaies

Enfin, cette crise du *subprime* a eu aussi une incidence sur les taux de change du dollar. En effet, alors que la parité euro/dollar était restée dans un tunnel entre 1 € = 1,18 $ et 1 € = 1,33 $ pendant 42 mois entre fin 2003 et juin 2007 (hors quelques pics), à partir de la crise du *subprime* en juillet/août 2007, le dollar a décroché :

1- Une première fois de mi-août 2007 (d'environ 1 € = 1,34 $) à fin novembre 2007 (à 1 € = 1,48 $), suivie d'une stabilisation.

2- Une deuxième fois de début février 2008 (de 1 € = 1,46 $) à fin mars 2008 (à 1 € = 1,58 $ environ, ce cours moyen a été confirmé en juillet 2008).

Et ceci avec 2 pics : les 22 avril 2008 (à 1 € = 1,6016$) et 15 juillet 2008 (à 1 € = 1,6038 $).

Une accalmie temporaire de cette crise, des achats de dollars par les chinois (pour éviter la dévalorisation de leurs créances en dollar et une concurrence commerciale) et une moins bonne conjoncture européenne ont cependant

[65] Ce refinancement des banques commerciales via les TAF (term auctions facilities) émises par la Fed est clairement inspiré de la BCE (Banque centrale européenne) qui pratique cette technique dans la zone euro depuis 1999.

permis une reprise du dollar à partir d'août 2008. Une autre explication peut être trouvée dans des causes géopolitiques avec la crise géorgienne. Enfin, l'aggravation de la crise, devenue entre-temps planétaire en octobre 2008, a augmenté la volatilité sur le marché des changes, avec hausses et rechutes du dollar et un recours aux grandes monnaies.

3) Les variations de taux : une plus grande stabilité en Europe

a) La politique monétaire européenne, « à la germanique[66] »

Selon la conjoncture, les banques centrales font varier les taux directeurs[67] à court terme :
- soit pour combattre les risques d'inflation par une hausse des taux,
- soit pour faciliter la reprise économique, une fois le risque d'inflation surmonté, par une baisse des taux.

La Banque centrale européenne (BCE) maintient la politique rigoureuse traditionnelle de la Bundesbank allemande, mais aussi celle de ses homologues voisins ou nordiques. On peut citer les politiques rigoureuses française et latine, lorsque le franc français était attaché à l'or (années 1960 ou au XIXe siècle avec le franc germinal à la réputation de grande solidité) ; ou encore le cadre de l'Union latine (rassemblant notamment tous les pays du Sud et du Centre de l'Europe de 1860 à 1914).

Rappel : **Pourquoi une politique rigoureuse de la BCE ?**
Aujourd'hui, alors que les références à l'or ont été abandonnées progressivement depuis le 15 août 1971 (fin de l'étalon-or décidée par le Président Nixon puis par les autres pays européens[68]), les monnaies sont devenues uniquement « fiduciaires ». Leurs valeurs ne reposent plus sur le prix

---

[66] Le terme « germanique » est plus large que le terme «allemand », car il comprend l'Allemagne et ses voisins (Pays-Bas, Danemark, Autriche et Benelux notamment). Ces pays ont maintenu traditionnellement à la fin du XXe siècle une politique monétaire rigoureuse permettant la stabilité monétaire (moins d'inflation et pas de dévaluation de la monnaie), contrairement aux autres pays européens de l'Ouest et du Sud.

[67] On utilise le terme « taux directeur » pour dire taux d'intérêt directeur de la banque centrale.

[68] Dans les années 1960, le coût de la guerre au Vietnam et les mauvaises performances de l'économie des Etats-Unis (déficits commerciaux et des paiements) ont entraîné une forte hausse de l'endettement du pays. Les pays créanciers, dont la France, présidée par le Général de Gaulle, ont alors demandé le paiement de cette dette dans l'étalon de référence : l'or.
L'Express, hebdomadaire peu susceptible d'être gaulliste, publiait en 1967 à la une : *L'or du Général.* Sachant que l'or a atteint 1 000 $ au printemps 2008, contre 35 $ à l'époque, l'avenir ne lui a pas donné tort !

d'un métal précieux (or ou argent le plus souvent dans le passé) mais sur un contrat de confiance avec la banque émettrice (monnaie fiduciaire), confiance basée sur les performances fondamentales (dont la formation des prix) de l'économie du pays ou de la zone monétaire en question.

La référence à un métal précieux a toujours été retenue dans l'histoire monétaire mondiale – à l'exception de courtes périodes où les expériences de « monnaie papier » ont toujours été un échec. Ainsi, les assignats à la fin de la Révolution française, l' « argent volant » en Chine au IXe siècle (rapporté par Marco Polo), ou le « Reichmark » en Allemagne dans les années 1920.

L'abandon de l'étalon-or a permis un formidable développement économique, le volume de la monnaie ne dépendant plus du volume de métal précieux existant (ou augmentant en fonction de la production de l'or). Son remplacement par la monnaie fiduciaire **implique cependant que le volume de la monnaie émise ne dépasse pas la contrepartie**, c'est-à-dire **la richesse économique réelle** qu'elle finance. Si ce n'est pas le cas, l'inflation s'installe et la confiance dans la monnaie se dégrade. Une monnaie stable et solide exige de la part des acteurs économiques plus de rigueur et de performance qu'une politique laxiste et rend en conséquence l'économie plus concurrentielle. Celle-ci améliore également la cohésion sociale car ce sont les populations les plus pauvres et les plus fragiles qui souffrent le plus de l'inflation (elles obtiennent plus difficilement des augmentations de revenus).

C'est pourquoi les fondateurs du SME (système monétaire européen) ont donné la priorité à la lutte contre l'inflation[69] et ont institué une banque centrale indépendante (la BCE). Les membres de son Directoire, aux mandats d'une durée de huit ans non renouvelables, sont indépendants des pouvoirs politiques afin d'éviter toute faiblesse ou tout laxisme dans la politique monétaire (dont des taux d'intérêt trop faibles favorisent artificiellement la création monétaire). De plus, la BCE a su instaurer un climat de confiance en la nouvelle monnaie, l'euro, malgré sa jeunesse.

En outre, la BCE et ses dirigeants doivent se garder (et avoir les moyens de la faire) de céder à la tentation démagogique qui consiste à pratiquer des taux d'intérêt plus bas et une monnaie faible afin de montrer des succès immédiats à la population (victoire à la Pyrrhus !), sources de graves problèmes ultérieurement. Les politiciens avides de succès immédiats sont malheureusement souvent trop nombreux !

---

[69] Il est vrai sous l'influence germanique. Mais aussi, les fondamentaux, outre le « vécu » de 30 ans d'inflation dans les autres pays européens, avec les nombreuses difficultés attenantes, les ont poussés à accepter « définitivement » une telle rigueur.

Ainsi, contrairement à la pratique européenne, la Fed des Etats-Unis qui n'est pas (dans la réalité et malgré les textes) assez indépendante du pouvoir, a mis en place une politique monétaire souvent plus laxiste[70] (taux d'intérêt trop bas). Elle a favorisé une croissance économique « droguée » au surendettement avec plus d'inflation (trop de création monétaire), et à terme une dévaluation structurelle du dollar. Et il s'avère que, contrairement à l'Allemagne et à l'Europe, les Etats-Unis ont perdu une plus grande partie de leurs emplois industriels : ils ne peuvent que difficilement répondre à la demande de produits de consommation. Ce fut le cas en 2008, malgré la forte dévaluation de leur monnaie.

<u>Nota : L'importance de la politique monétaire de la BCE sur l'économie mondiale :</u>

Philippe d'Arvisenet, Directeur des études économiques de BNP Paribas a écrit dans le bulletin de la banque du 18 juillet 2008 :

« La zone euro n'est pas un petit pays, son poids dans l'économie mondiale est comparable à celui des Etats-Unis. En resserrant sa politique monétaire, elle apporte sa contribution à la lutte contre l'inflation globale, son action véhicule un message à destination de ses homologues qui restent hésitantes, au premier chef les banques centrales des pays émergents, mais aussi la Fed *qui semble désormais considérer que les avantages d'un dollar bas sont contrecarrés par les inconvénients (on a constaté dans les dernières années la mise en place d'une corrélation forte entre la baisse du dollar liée aux écarts d'anticipation de taux*[71] *et la hausse des cours pétroliers). »*

Début 2008, de nombreux responsables économistes européens disent souhaiter une hausse des taux d'intérêt de la part de la Fed des Etats-Unis afin de lutter plus efficacement contre l'inflation mondiale qui touche bien plus fortement les pays qui ont lié leur monnaie au dollar (dont Asie du Sud et pays du Golfe persique).

Il est indéniable que la hausse du prix des matières premières entre 2005 et 2008 a principalement pour origine l'excès de création monétaire dans la monnaie de transaction et de cotation la plus utilisée : le dollar US. Nonobstant certaines craintes de pénuries, avec la croissance économique.

La première priorité était alors la lutte contre l'excès de l'inflation qui se propageait trop fortement dans la plupart des pays du monde entier. Celle-ci ne pouvait être combattue efficacement que par la hausse de taux d'intérêt sur le dollar, principale monnaie de transaction mondiale.

---

[70] L'ancien président de la Fed (« Federal Reserves » ou Banque centrale des Etats-Unis), Alan Greenspan, est souvent critiqué pour sa politique monétaire qui aurait permis l'installation de bulles spéculatives.

[71] Le marché s'équilibre en fonction des paris sur l'avenir. Dans ce cas, il anticipait des taux d'intérêt plus élevés en euros (ce qui faisait monter la devise) qu'en dollars.

b) Conséquence, des taux d'intérêt plus stables en Europe

La politique monétaire rigoureuse « à la germanique » a fait ses preuves depuis les années 1950 (et même pendant les années 1960 en France sous la présidence du Général de Gaulle) avant la création de l'euro en 1998. Cette politique a permis à l'époque un développement économique sain, sans endettement excessif, avec une monnaie stable. Lors des longues et nombreuses négociations pour la création de la monnaie unique (plus d'une dizaine d'années avec les étapes des serpents monétaires), les Allemands ont toujours insisté pour maintenir cette politique, soutenus par les Hollandais, les Autrichiens et les pays nordiques.

Maintenir des taux d'intérêt à court terme positifs et limiter la croissance monétaire (dans sa définition large M3[72]) sont les principaux objectifs de cette politique.

C'est la raison pour laquelle la BCE a été contrainte de relever ses taux d'intérêt en juin 2008 de 4% à 4,25%, et ceci peu de temps avant qu'*Eurostat* publie une inflation record de 4% pour la zone euro en juin 2008. Cette hausse des taux a été d'autant plus impopulaire que la conjoncture se dégradait. La priorité a été donnée à la lutte contre l'inflation, avant le soutien à la croissance[73]. La Bundesbank et la banque nationale des Pays-Bas procédaient de la même façon antérieurement, malgré le risque d'une réévaluation du deutschemark et de tensions sur le marché des changes[74].

La BCE était d'autant plus incitée à agir que la masse monétaire (dans sa définition élargie, c'est-à-dire M3) connaissait une croissance trop forte depuis plusieurs années : 8,4% en 2006, 11,1% en 2007 (dont 12% au 4ème trimestre) et encore 10,0% en mai (révisé), puis 9,5% en juin 2008 et enfin 5,9% en février 2009. Ces taux élevés étaient inquiétants, sachant que l'objectif de la BCE est au maximum 5% (soit environ une croissance économique de 3% compatible avec son environnement structurel et une inflation de 2%) et que cette variation de la masse monétaire est considérée comme préfigurant l'inflation future.

---

[72] *Masse monétaire M3* = M2 [=*M1 (moyens de paiement* : pièces, billets et comptes à vue) + *quasi-monnaie* (livrets d'épargne, CEL et comptes à terme inférieur à deux ans)] + *OPCVM* (FCP et SICAV réalisable rapidement malgré frais et variations de cours).

[73] *Rappel :* à court terme, la baisse des taux d'intérêt permet de soutenir la conjoncture, la hausse des taux la ralentit. A moyen terme, les effets négatifs de l'inflation l'emportent et peuvent empêcher la croissance.

[74] Cependant, la taille de la zone euro, beaucoup plus grande que la zone mark, limite les effets immédiats de change sur l'économie et sur les prix intérieurs (dans les deux sens).

L'objectif d'une telle politique est donc de limiter l'inflation durablement, voire de l'éradiquer selon le principe « plus tôt on réagit, moins on interviendra pour augmenter les taux d'intérêt ultérieurement »[75].

A plus long terme, cela entraîne une monnaie stable ou forte, caractérisée par un endettement limité des agents, **des taux d'intérêt à court terme plus faibles** (sauf en période de tensions inflationnistes) et **des taux d'intérêt à long terme plus faibles**. Ces taux d'intérêt faibles sont la conséquence de la confiance acquise auprès des investisseurs, qui ne craignent plus d'obtenir un remboursement dévalorisé de leur argent placé.

En conséquence, les Européens bénéficient avec l'euro sur le long terme de taux d'intérêt plus faibles et plus stables. Leurs emprunts leur coûtent moins chers, les hausses des taux de leurs emprunts sont plus faibles et leur épargne est ainsi protégée par des taux d'intérêt réels la plupart du temps positifs.

c) L'avantage de cette politique structurelle en 2007 et 2008 sur les crédits immobiliers à taux variables

Ainsi, fin 2007, un vrai débat est apparu : il était relatif aux difficultés rencontrées par les emprunteurs de crédits immobiliers à taux variables, à la suite de la hausse des taux monétaires.

Ce sont surtout les emprunteurs les moins riches ou disposant des revenus les plus faibles qui, ayant emprunté à taux variables pour acquérir un logement, ont été particulièrement touchés par cette hausse de taux. Surtout ceux habitant les Etats-Unis où la hausse des taux a été la plus forte (cela y a déclenché la crise des *subprimes*) et dans une moindre mesure dans l'Union européenne (dont en zone euro) :

- **en Europe,** la BCE a **augmenté ses taux de 2 points de pourcentage (de 2% à 4%),** la hausse des taux variables (10% des emprunts immobiliers, mais 18% des nouveaux emprunts 2007) étant souvent plafonnée ou « capée ».

- **aux Etats-Unis,** la Fed les a **accrus de 4,25 points (de 1% à 5,25%)** ; la proportion des emprunteurs à taux variables étant plus forte, les taux y sont moins souvent plafonnés et on a assisté à de nombreuses ventes forcées. D'ailleurs, il est assez courant que les organismes prêteurs, banques et sociétés

---

[75] Il est rappelé qu'un ancien président de la Fed, Paul Volker, avait dû porter jusqu'à près de 15% le taux d'intervention pour « casser » l'inflation lors d'un précédent choc pétrolier.

financières, récupèrent automatiquement les logements dont les crédits ne sont pas remboursés. Enfin, la protection des consommateurs y est plus faible.

En conséquence, depuis le début de cette crise, accélérée par la violente hausse des taux de la Fed, les crédits immobiliers européens ont connu beaucoup moins d'impayés en Europe. Il n'y a pas eu de véritable crise de remboursement en Europe continentale, contrairement à ce qui s'est passé aux Etats-Unis.

Cependant, les acheteurs immobiliers européens et français ont souffert de la hausse des taux. Pour la plupart, ils ont vu augmenter leurs mensualités mais dans des proportions bien moindres qu'aux Etats-Unis, et ... ils ont gardé leurs logements[76]. De même, à l'exception des pays où la spéculation a été forte (Grande-Bretagne, Irlande et Espagne), les prix des logements ont nettement moins baissé (ils avaient moins monté précédemment) en Europe qu'aux Etats-Unis.

d) Un historique des taux d'intérêt monétaires différent selon la politique suivie

Nous disposons désormais d'un historique sur dix ans des taux d'intervention de la BCE et de la Fed. Nous avons vu que ces deux banques centrales des plus grandes économies mondiales interviennent essentiellement en fonction des nécessités de la politique monétaire intérieure. Concernant la monnaie japonaise, les taux d'intervention de la Banque centrale du Japon (BCJ) sont depuis longtemps très faibles (inférieurs à 1,0%) en raison d'une stagnation économique lancinante due à un surendettement chronique.

Globalement, si les méthodes des banques centrales divergent, leurs stratégies présentent souvent une certaine convergence, influencées par la conjoncture internationale, que l'on peut résumer en quatre phases monétaires :

. du 1er janvier 1999 à début 2001 : hausse des taux jusqu'à 4,75% (BCE) et 6,5% (Fed),

---

[76] Aux Etats-Unis, les clients qui ne peuvent payer leurs mensualités de remboursement (à cause du chômage ou de la hausse de ces mensualités) vont souvent jusqu'à abandonner leurs logements qui est alors récupéré par la banque créancière. C'est pourquoi, lors des crises immobilières, les banques se retrouvent souvent propriétaires de millions de logements à vendre... mais aussi à entretenir.

. du début 2001 à fin 2004 : baisse des taux puis maintien à un niveau bas à 2,0% (BCE) et 1,0% (Fed [77]),
. de fin 2004 à l'été 2007 : hausse des taux puis stabilisation à 4,0% (BCE) et 5,25% (Fed),
. de l'été 2007 à mars 2009: maintien des taux de la BCE à 4,0%, avec une légère hausse à 4,25% en juin 2008 pour lutter contre l'inflation, alors que la Fed a fortement baissé ses taux à 2,0% pour limiter les effets d'une conjoncture très dégradée et probablement en raison des élections de début novembre 2008. La gravité de la crise, accélérée et amplifiée par la faillite de Lehman Brothers, a contraint la Fed à baisser ses taux jusqu'à une fourchette de 0% à 0,25% début décembre 2008 (un record historique absolu) et la BCE à descendre les siens jusqu'à 1,5% (avec une baisse des taux directeurs à un rythme inégalé), voir 1% attendu.

Des méthodes qui divergent :
Leurs méthodes divergent sur l'importance des variations des taux d'intérêt :
. La BCE n'a fait varier ses taux d'intervention que de 1,5% à 4,75%, avec des périodes de stabilité assez longues, en évitant des taux d'intérêt réels négatifs (sur une période moyenne),
. La Fed, quant à elle, a fait varier ses taux d'intervention de 0,25% à 6,5%, avec des variations assez fortes, surtout à la baisse lorsque la conjoncture se dégradait largement, les hausses de taux s'effectuant plus progressivement.

Les sens des variations de taux ont été souvent les mêmes, avec cependant un décalage dans le temps, la conjoncture aux Etats-Unis étant traditionnellement en décalage avancé sur celle de l'Europe.
Deux divergences sont cependant apparues : une première divergence mi-1999 avec la baisse des taux européens, dans un contexte intérieur de faible inflation et de conjoncture morose et une deuxième en juin 2008 (et même depuis fin 2007) : avec les risques inflationnistes mondiaux, la BCE n'a pas voulu diminuer ses taux (la Fed les ayant baissés depuis l'été 2007, avec une accélération début 2008) et les a même augmentés en juin 2008 (de 4,0% à 4,25%). En dix ans, la BCE n'a jamais eu de taux directeur inférieur à l'inflation.

Le traitement en parallèle de la crise du *subprime* a été différent car les deux zones monétaires n'ont pas été touchées de la même manière et son origine se situe aux Etats-Unis. La BCE a en effet préféré combattre la crise de liquidité interbancaire (à partir d'août 2007) en alimentant le marché en monnaie

---

[77] Ce taux extrêmement bas a été critiqué. Pour certains, il aurait alimenté l'inflation mondiale et la hausse des matières premières, ainsi que généré ou au moins facilité la crise du *subprime* en permettant des financements à des taux trop faibles.

centrale, tout en maintenant des taux d'intervention suffisamment élevés[78] pour combattre l'inflation.

- Sur les dix dernières années, les taux d'intervention de la banque centrale ont été plus faibles pendant environ 5 ans en Europe (zone euro) et pendant 5 ans aux Etats-Unis. Mais en moyenne, on observe que les taux européens ont été plus faibles et ont donc davantage stimulé l'économie. Il est vrai que les taux d'inflation mesurés par la hausse des prix à la consommation ont été quasi systématiquement plus faibles en Europe (limiter la hausse des prix demeure l'objectif principal de la BCE).

Cependant, l'inflation forte de début 2008, aux Etats-Unis et dans le monde, suivie d'une baisse de celle-ci en fin d'année parallèlement à une conjoncture fortement dégradée en Europe a entraîné un rapprochement des stratégies des deux banques centrales. La conjoncture est mondiale, et elle influence de la même façon les politiques de ces deux banques centrales, avec quelques mois de décalage.

Néanmoins, les Etats-Unis souffrent de déséquilibres structurels (surendettement et déficits extérieurs et publics) plus graves que l'Europe.
L'Europe a su être plus raisonnable.

e) Des taux d'intérêt à long terme plus faibles en Europe:

Depuis décembre 1997, un an avant le démarrage effectif de l'euro et jusqu'à décembre 2008, soit sur une période de 11 ans, les taux d'intérêt à long terme mesurés en moyenne annuelle ont été 8 fois inférieurs en Europe à ceux établis par le marché d'outre-Atlantique (et 3 fois cela a été l'inverse). La BCE a acquis progressivement la confiance des marchés notamment grâce à sa capacité et à sa volonté affichée régulièrement de lutter contre l'inflation.

Rappel : Les taux d'intérêt[79] à long terme sont établis par les marchés en fonction de la conjoncture économique, des taux d'intervention des banques centrales et de l'inflation. Plus précisément :

---

[78] Afin de trouver de la trésorerie, les banques peuvent emprunter à la banque centrale (BCE) en apportant des titres en garantie ; le coût de ces emprunts étant fixé selon les taux d'intervention officiels. Selon la conjoncture et les besoins, la BCE prête des volumes plus ou moins élevés. Lorsque les banques ne se prêtent plus entre elles, la vitesse de circulation de la monnaie ralentit ; il faut compenser ce phénomène par des volumes plus importants.

[79] *Rappel :* La valorisation des OAT et autres titres d'intérêt à long terme varie dans le sens inverse des taux d'intérêt de référence. Leur valeur se calcule en fonction de la « valeur actuelle des flux futurs » selon le taux d'intérêt du marché.

- si la conjoncture est bonne, les besoins de financement font monter les taux,
- si les prévisions d'inflation sont élevées, les taux d'intérêt ont tendance à monter afin que les investisseurs se prémunissent contre l'inflation,
- inversement (mauvaise conjoncture, faible inflation), ils baissent.

Cependant, les taux d'intervention de la banque centrale (taux à court terme) influencent également les taux à long terme, parallèlement à la confiance ou à la défiance qui inspirent les investisseurs.

Ainsi, de 2004 à l'été 2007, les taux **d'intérêt à long terme** sont restés **plus faibles en euros** qu'en dollars et ce conjointement à des taux à court terme nettement plus faibles en euros (la Fed a remonté plus fortement ses taux, de +4,25 points de pourcentage, que la BCE, +2,0 points).
On a observé également une moindre volatilité (variations à court terme) des taux d'intérêt en euros.

Ainsi, au premier semestre 2008, les taux des *T-notes* émis par l'Etat fédéral des Etats-Unis sont devenus plus faibles que ceux des Bund européens, de 0,30 à 0,40 points alors que les taux d'intervention y sont plus faibles de 2,25 points de pourcentage.

Enfin, les déclarations du nouveau Président Nicolas Sarkozy élu en mai 2007 contre la « soi-disant » surévaluation de l'euro et ses attaques contre la politique monétaire de la BCE ont eu des conséquences financières tangibles pour les entreprises et les particuliers français. Les différences de taux d'intérêt à échéance de 10 ans entre les OAT français et les Bund allemands sont passées, dans un premier temps, d'environ 1 à 3 centimes de taux d'intérêt à 20 à 22 centimes. Le marché a redouté que la France sorte de la zone euro ou augmente exagérément son endettement. En outre, ces déclarations ont probablement eu à l'époque l'effet inverse de celui escompté : les taux d'intérêt à long terme se sont tendus et, en conséquence, la valeur de l'euro a eu tendance à remonter.

Cette différence de taux à 10 ans s'est accentuée à partir de fin octobre 2008 pour atteindre 40 à 44 centimes (dépassant même parfois 60 centimes avant mars 2009). Le marché a alors été inquiété par les multiples plans de relance et interventions dépensières des pouvoirs publics français, notamment pour « sauver le capitalisme ». Les épargnants craignent alors pour leurs économies.

Rapporté aux 1.400 milliards d'euros d'endettement public en 2009, ce différentiel peut atteindre un surcoût annuel d'environ 5 à 8 milliards d'euros pour les contribuables français.

Si le marché a aussi craint une politique plus laxiste en France, en revanche ce n'est pas le cas pour l'Allemagne qui voit ses taux à long terme diminuer pour être parfois inférieurs à ceux des Etats-Unis. Les taux de référence étaient les suivants :

Taux d'intérêts en :	Allemagne	France	Italie	Etats-Unis	Royaume-Uni
Au 31 octobre 2008 :					
Taux Directeurs (JJ) :	3,75%	3,75%	3,75%	1,00%	4,50%
Titres d'Etat (10 ans) :	3,767%	4,177%	5,040%	3,890%	4,477%
Au 23 mars 2009 :					
Taux Directeurs (JJ) :	1,50%	1,50%	1,50%	0,25%	0,50%
Titres d'Etat (10 ans) :	2,99%	3,525%	4,254%	2,627%	3,071%

Source : BNP Paribas

On remarque que malgré des taux directeurs plus élevés de 2,75 points, les taux à 10 ans en Allemagne sont inférieurs de 12,3 centimes à ceux pratiqués aux Etats-Unis. Malgré le même taux directeur en zone euro, ils sont inférieurs de 41 centimes par rapport à la France (et même jusqu'à 60 centimes ultérieurement), de 127,3 centimes en Italie, et hors zone euro, de 71 centimes au Royaume-Uni. C'est ainsi que se mesure la confiance du marché dans la capacité des gouvernants à maîtriser les dépenses publiques et à protéger les épargnants. Ou exprimé autrement, la défiance des marchés financiers par rapport aux politiques économiques françaises et anglo-saxonnes. Ces marchés réagissent rapidement au respect ou non des objectifs affichés plus ou moins rigoureux.

Au 23 mars 2009, avec une politique monétaire très agressive (JJ très bas et l'annonce d'achats massifs de titres par la banque centrale), le Royaume-Uni et les Etats-Unis ont réussi à faire baisser les taux à 10 ans plus que dans la zone euro. Mais au prix d'une forte baisse de leurs devises et d'un retour probable à terme de l'inflation intérieure et d'une hausse des taux.

Par ailleurs, en fin d'année, ces marges de taux à long terme se sont accrues avec les pays les plus endettés ou en difficulté (Grèce, Portugal et même Espagne et Irlande). Les libéraux anti-euro ont été jusqu'à « souhaiter » ou craindre la sortie de la zone euro de ces pays. Ce risque est à notre avis faible, car les conséquences d'un tel choix seraient catastrophiques pour le pays qui s'engagerait dans une telle voie.

B) Sur le marché des actions, les entreprises européennes sont « numéro 1 »

1) Un environnement favorable

Dynamiques, sachant s'adapter aux besoins de leurs clients, notamment en matière de langue et de culture, les entreprises européennes ont su conquérir la première place dans les classements mondiaux, à l'instar de l'économie européenne[80] dont le PIB est de loin le plus élevé. Parallèlement à un mouvement de concentration et de renforcement en Europe, elles ont réussi à s'imposer progressivement sur les marchés mondiaux.

a) Langues et cultures :

La culture européenne diverse, multiple et multilingue, a largement contribué à cet état de fait. Les peuples européens expérimentés, en particulier ceux de l'Europe continentale, ont montré leur capacité d'adaptation face à ces enjeux. Depuis longtemps, ils ont appris à accepter les différences culturelles. Ainsi, lorsque les entreprises européennes exportent, elles savent s'exprimer dans la langue[81] de la région :

- Vers l'Est : le russe. Ce marché a été en plein boom et de nombreux Européens de l'Est de l'UE-27 connaissent cette langue ;

- Vers le Sud-Est : l'arabe et le turc. De nombreux habitants de l'Europe sont originaires de ces régions linguistiques ;

- Vers le Sud : le français et l'anglais. Environ 300 millions de francophones vivent en Afrique et l'anglais est parlé en Afrique de l'Est et du Sud, ainsi que le portugais ;

---

[80] *Rappel :* Au premier semestre 2008, le PIB de l'UE-27 a dépassé celui des Etats-Unis d'environ 34%, le PIB de la seule zone euro ayant fait à peu près jeu égal avec celui des Etats-Unis au deuxième trimestre 2008.

[81] Les neuf langues les plus parlées au monde en 2008 (estimation) sont dans l'ordre, le mandarin en Chine (environ 1 milliard de locuteurs estimés), l'hindi en Inde (800 millions), l'espagnol (500 millions), l'anglais (450 millions), le français (400 millions), l'arabe, le russe et le portugais (230 millions). Parmi elles, c'est le français qui est la langue qui progresse le plus, grâce à la forte natalité existant en Afrique francophone (la natalité a fortement baissé partout dans le monde - inférieure à 2,5%- sauf en Afrique : 5%).

En Europe, les langues maternelles parlées sont dans l'ordre l'allemand (100 millions de locuteurs), le français (85 millions) et l'anglais (65 millions).

- Vers l'Ouest : l'espagnol, l'anglais, le portugais et le français sont les langues les plus parlées dans cet ordre aux Amériques.

Enfin, les deux langues les plus parlées au monde sont le mandarin (en Chine) et l'hindi (en Inde). Les Européens y ont de nombreuses et anciennes implantations, parfois séculaires, multipliées en raison de la mondialisation (un nombre significatif d'Européens parlent ces langues et côtoient ces cultures). La présence des entreprises européennes dans ces régions au dynamisme économique certain en est facilitée.

b) L'UE-27, première puissance économique mondiale

Par ailleurs, pour toute une série de critères économiques (PIB, exportations, certaines technologies, écologie ou économies d'énergie…), les Européens sont les plus performants. Mais cette domination est rarement mise en avant par les médias et les observateurs (volontairement ou non). Par exemple, c'est l'Europe qui arrive en tête largement dans les classements des médailles olympiques[82], quand on les additionne. Egalement, une totalisation du PIB[83] des pays européens est rarement indiquée. En conséquence, on peut regretter que ce rang ne soit pratiquement jamais reconnu. Qu'elles en sont les raisons ?

De même, les classements relatifs aux entreprises[84] présentant un total européen (ou même un total des périmètres de l'UE-27 ou de la zone euro) sont quasiment inexistants. En conséquence, la perception des données économiques européennes et la taille des entreprises européennes sont trop souvent sous-évaluées par les médias. Les études suivantes témoignent de ce constat.

2) Les entreprises européennes dominent dans les classements mondiaux :

- En novembre 2004, dans le classement publié par *Les Echos*, parmi les 100 premières entreprises mondiales, 46 sont européennes. Ces informations sont régulièrement confirmées, voire accentuées avec la baisse tendancielle du dollar. Mais ce journal ne donne pas de totalisation européenne. Il en est de même pour le magazine L'*Expansion* à travers les études qu'il publie sur le même sujet.

---

[82] Voir l'annexe 5.

[83] Ces totalisations ont été détaillées au chapitre I-A (PIB et population, voir supra).

[84] Inventaire par pays des grandes entreprises et banques mondiales en annexe 4 (selon *Fortune Global 500*).

- La Chambre de commerce des Etats-Unis pour l'Europe[85] indique que 58 des 100 plus importantes multinationales mondiales sont européennes. Par ailleurs, la part des ventes effectuées à l'étranger est aussi importante pour les 100 premières européennes que pour les 100 premières états-uniennes[86]. La mondialisation a récemment profité davantage à l'Europe qu'aux Etats-Unis. Les entreprises européennes ont rattrapé leur retard dans la mondialisation et même dépassé leurs concurrents. L'Europe ne doit plus avoir une attitude de second.

Enfin, les entreprises européennes ont fortement investi et accru leurs ventes à l'étranger : elles sont un vecteur important de l'utilisation de l'euro en dehors de la zone et de l'Union européenne. C'est surtout le cas pour les entreprises allemandes, mais aussi par exemple pour Areva qui a vendu des centrales nucléaires en Chine avec des contrats libellés en euro.

- Dans *Global 500* publié par *Fortune* (en juillet 2008 et détaillé en annexe 4), on relève parmi les 500 premières entreprises mondiales selon les revenus:

. 189 européennes,
. 153 états-uniennes,
. 64 japonaises ;

et aussi, parmi les 100 premières entreprises mondiales :

. 51 sont européennes,
. 31 états-uniennes,
. 9 japonaises.

Parmi ces 51 entreprises européennes, 36 font partie de la zone euro.
Ce classement est établi en fonction des revenus réalisés pendant l'exercice 2007 (le chiffre d'affaires publié). Depuis, le dollar s'est déprécié de 7,3% en moyenne en 2008 par rapport à 2007: l'avantage des Européens en est encore accentué lors de la publication des données 2008.

D'autre part, les résultats nets publiés par ces groupes montrent que les entreprises multinationales européennes font jeu égal avec leurs concurrents

[85] « *Globalization & Europe: Prospering in the new whirled order* » (Center for Transatlantic Relations), étude diffusée par le Medef en juin 2008 (page 11).
[86] Nous préférons ce terme moins usité à celui d' « américain », trop flou. L'Amérique comprend en effet plus de 900 millions d'habitants, plus de 20 pays et 42,2 millions de km². Même si les Etats-Unis sont la première puissance économique du continent, ils ne représentent que le tiers ou le quart de l'Amérique pour de nombreux critères (dont 303 millions d'habitants et 9,6 millions de km²). Les Brésiliens, les Mexicains ou les Canadiens sont aussi des Américains, ce qu'ils nous rappellent souvent en dénonçant cette forme de colonialisme.

états-uniens en matière de rentabilité (montant des profits publiés), et ce alors qu'elles ont enregistré des pertes de change non négligeables[87].

Une plus grande concentration est en outre enregistrée aux Etats-Unis, puisque parmi les 17 premières entreprises, 8 sont états-uniennes, dont les 2 premières places (Walt-Mart et Exxon), devançant 2 européennes (Shell et BP). On peut y voir le reflet des positions acquises antérieurement, mais aussi de la croissance plus forte de sociétés récentes. Cette concentration peut cependant entraîner l'existence de positions monopolistiques, favoriser des rentes de situation et la hausse de l'inflation.

Enfin, en Europe, beaucoup d'entreprises mutualistes[88] ou familiales (particulièrement en Allemagne et en France), ne sont pas cotées et ne sont donc pas prises en compte dans ce type de classement.

Le taux de capitalisation (capitalisation des bourses par rapport au PIB) est plus élevé aux Etats-Unis. Si c'est souvent présenté comme un avantage, ce peut être toutefois source de difficultés, notamment en période de crise boursière et financière ; le capitalisme familial et rhénan[89], « moins froid » comme le décrivent certains auteurs, a aussi fait ses preuves, notamment en Allemagne. Les entreprises obtiennent souvent un meilleur soutien de leurs actionnaires familiaux en cas de besoin de fonds propres.

3) Le classement mondial des banques

a) Trois études selon des critères différents

Le classement de Fortune (détail en annexe 4) :
Toujours en se référant au classement de Fortune sur l'exercice 2007 (Global 500), on constate que parmi les 67 banques inventoriées (sur les 500 premiers revenus mondiaux) :

---

[87] Les produits et les charges des entreprises sont calculés selon les cours de change moyens, le bilan selon les cours de change à la date de l'arrêté des comptes. Ainsi, les grandes entreprises d'un pays dont la monnaie se revalorise doivent comptabiliser des pertes de change latentes ou réelles (dévalorisation des créances et actifs dans les devises dépréciées), alors que celles d'un pays dont la monnaie se dévalorise enregistrent des profits de change (revalorisation de ceux-ci). Mais ces changements sont temporaires, uniquement pour l'exercice comptable concerné ; ils peuvent s'inverser l'exercice suivant, en fonction des variations de change.

[88] Le rachat de la banque Citigroup (7 000 collaborateurs, 340 agences, 7% du marché) en Allemagne par le Crédit Mutuel (français) est caractéristique.

[89] Voir le livre de Michel Albert.

- 34 sont européennes (plus de 50%) dont 21 appartiennent à la zone euro,
- 8 sont situées aux Etats-Unis,
- 4 au Japon,
- 4 en Chine.

Si l'on prend les <u>10 premières</u> banques, 6 se situent dans la zone euro, 2 appartiennent aux autres pays européens (Grande-Bretagne) et 2 sont aux Etats-Unis.

Cela montre la concentration et l'importance des banques européennes, ainsi que leur domination en 2007. Elle a été accentuée par la baisse du dollar en 2008 (en moyenne annuelle) par rapport à l'euro. Par ailleurs, les revenus 2008 des banques aux Etats-Unis ont souffert de la crise du *subprime*. Enfin, certains économistes estiment que, globalement, leurs fonds propres réels sont voisins de zéro, compte tenu des moins-values potentielles.

<u>Une étude des Echos :</u>
Un autre classement publié par *les Echos* du 14 novembre 2007, fondé sur d'autres critères et un exercice plus ancien (publications des données de 2006) fait apparaître que parmi les 14 plus grandes banques mondiales, 6 sont européennes (dont 2 italiennes, 1 française, 1 espagnole - total de 4 en zone euro - 1 britannique et 1 suisse), 4 sont américaines, 3 chinoises et 1 japonaise.

<u>Les banques les plus sûres (selon *Global Finance*) :</u>
Ce magazine économique, basé à New York, analyse depuis 17 ans les 500 plus grandes banques mondiales et leur situation financière. Il a publié le 25 février 2009 une liste des 50 banques les plus sûres dans le monde par pays et nous l'avons reclassé par continents :

- 31 sont européennes, soit 62% des cinquante premières (dont 28 sont situées dans un pays de l'UE, 23 en zone euro et 5 en France),
- 9 sont nord-américaines, (dont 5 au Canada et 4 aux Etats-Unis),
- 5 sont en Océanie (dont 4 en Australie),
- 4 sont en Asie (dont 3 à Singapour et 1 au Japon),
- 1 au Moyen Orient (Koweit).

Enfin, il convient de souligner que deux banques d'Etat arrivent en tête : KfW (Allemagne) et la CDC (Caisse des Dépôts et Consignations – France).

b) Présence dans les pays émergents

Les banques européennes sont plus présentes que leurs concurrentes dans les pays émergents, aussi bien dans ceux en pleine croissance (Europe centrale et de l'Est, Asie du Sud et de l'Est, Amérique latine et Moyen-Orient) que dans ceux qui commencent leur décollage (Afrique). Paradoxalement, cette présence s'est avérée dernièrement beaucoup moins risquée (les crédits classiques n'ont pas connus de graves problèmes de remboursement) avec la crise financière des Etats-Unis de 2007 et 2008. Les banques européennes peuvent capitaliser sur leurs implantations anciennes dans les pays émergents, parfois depuis le XIXè siècle.

c) Le microcrédit et la microfinance

Parallèlement, grâce à ces implantations, les banques commerciales européennes dominent largement (10 premières places) dans les prêts aux institutions de microcrédit (IMF), dont les encours doublent chaque année depuis 2003.

Ce marché, ainsi que celui du refinancement par des fonds spécialisés en microfinance, doublent chaque année et sont essentiellement européens, c'est-à-dire développés par des banques ou organismes européens. Ces derniers savent y prendre des risques mesurés et augmenter l'activité par une connaissance intime de ces marchés particuliers. Mais il ne faut pas oublier les actions efficaces, multiples et complémentaires des nombreux organismes européens, publics, para publics, religieux ou associatifs. Les actions communes se sont récemment largement développées.

Il faut rappeler que l'aide publique au développement (80 milliards d'euros par an environ) est alimentée aux deux tiers par des Etats européens ou par l'Union européenne. L'Afrique, qui a enfin commencé sa phase de développement (5% à 6% de croissance par an depuis plusieurs années), entretient des liens étroits et anciens avec l'Europe. Les conséquences du colonialisme européen devraient faire partie du passé et les pays africains doivent résister aux actions parfois dénoncées comme abusives de la part des Chinois (certains pillages de matières premières sont régulièrement dénoncés).

Enfin, les actions parfois utiles des banques nord-américaines sont très fortes en mercatique. Certains spécialistes les décrivent ainsi : faire beaucoup parler de soi, prendre peu de risque et éventuellement percevoir les commissions d'intermédiaires financiers. Si nous ne cautionnons pas de telles affirmations, nous avons pu constater en travaillant dans ce secteur que certains s'achètent une bonne conscience à moindre coût (et sans prendre de risque de crédit). Cela n'empêche pas de souligner le travail admirable que font de nombreuses associations et intervenants en microfinance, à l'efficacité prouvée, avec désormais le soutien des banques occidentales.

4) Les fusions-acquisitions

L'inventaire de ces opérations dans le monde en 2007 donne, pour la première fois, l'Europe en tête dans le classement avec 40% des 3 300 milliards d'euros de transactions mondiales (36% pour les Etats-Unis), selon *Thomson Financial*. Les montants de ces transactions en 2008 représentent 1 995 milliards d'euros, en baisse de 40% (ou -30% mesurés en dollars). La part de l'Europe, non précisée mais calculée, atteint 51,7%.

Ces résultats reflètent le dynamisme des entreprises européennes qui se restructurent et s'adaptent à la concurrence, ainsi que l'importance des actions de concentrations en Europe. La plupart des grandes entreprises deviennent vraiment européennes, avec une présence significative dans plusieurs pays, même si elles gardent une base nationale forte.

Le classement des banques d'affaires en 2008 :

	dans le Monde		en France	
	Transactions/ en milliards €	Commissions en millions €	Transactions/ en milliards €	Commissions en millions €
1- Goldman Sachs	564,8	1 075		
2- JP Morgan	528,8	900	59,3	77,1
3- Citigroup	479,2	711	50,7	54,6
4- UBS	**389,5**	**758**	**31,4**	**68,7**
5- Morgan Stanley	376,4	722	30,5	61,4
6- Merrill Lynch	345,4	642		
... 10- BNP Paribas	**182,8**		**59,5**	**72,0**
... Rothschild			**45,1**	**107,1**
Total des opérations annoncées:	**1 962,0**	**21 071,0**	**137,0**	**1 563,0**

Sources : *La Tribune* (23.12.2008 - *Thomson Financial*) et *Les Echos* (5.1.2009 - *Thomson Reuters*)

- Selon une autre source, *Dealogic*[90], le total des opérations des fusions-acquisitions (transactions réalisées) en Europe est passé de 1 411 milliards d'euros en 2006 à 1 846 milliards d'euros en 2007. En raison de la crise économique, le volume de ces opérations en Europe a cependant diminué au 1er semestre 2008, pour atteindre 527 milliards d'euros, en baisse de 47% sur le 1er semestre 2007. Cependant, en juillet et août 2008, les grandes entreprises

[90] *Les Echos* du 2 juillet 2008.

industrielles performantes ont multiplié les acquisitions, contrairement aux fonds d'investissement[91].

Sur ce marché, les banques états-uniennes dominent largement :
1- JP Morgan : 111 milliards d'euros de transactions,
2- Deutsche Bank : 99 milliards d'euros,
3- Goldman Sachs
4- Merrill Lynch
5- Citigroup.

En France, le classement est le suivant :
1- Calyon (Crédit Agricole) : 14,8 milliards d'euros,
2- Merrill Lynch : 12,9 milliards d'euros,
3- BNP Paribas : 10,8 milliards d'euros.

Notons que le total des transactions est inférieur à la somme des montants des transactions accordées à une banque, une transaction pouvant être réalisée par plusieurs banques. Par ailleurs, malgré l'ampleur de la crise touchant les banques aux Etats-Unis, celles-ci restent performantes en 2008 dans le monde, grâce à leur bonne implantation en Europe (51,7% du marché mondial en 2008).

Ce métier de banque d'affaires, à la fois technique et politique, s'exerce en relation étroite avec les directions des grands groupes clients, et les banques européennes ont ici à combler leur retard, y compris sur leurs propres territoires. Par ailleurs, une attitude plus éthique dans ce marché difficile s'impose également, notamment en Europe.

« *Le rôle pervers de certaines banques d'affaires* » dénonce M. Alain Godard[92].
« Pour assurer des bonus aux golden boys, elles ont inspiré des restructurations qui n'étaient pas justifiées.
...Sept ans plus tard, la crise financière délie les langues : on peut enfin parler du rôle pervers et malsain des banques d'affaires... Elles sont pourtant à l'origine de nombreuses restructurations ou fusions qui n'avaient aucune justification industrielle réelle. L'approche était fort simple :
1) Les banques mettent au point des produits financiers dérivés qui rapportent au moins 15% par an.
2) Les mêmes banques poussent les actionnaires des groupes industriels à exiger une rentabilité au moins équivalente : comme on en est loin, on incite les entreprises à restructurer, puis à opérer des fusions ou acquisitions sur lesquels les banques prospèrent.

---

[91] *Le Monde* du 15 août 2008.
[92] *Le Monde* du 30 octobre 2008 ; M. Alain Godard a été président de Rhône-Poulenc Agro et d'Aventis CropScience jusqu'en 2001.

3) Puisqu'il faut parallèlement obtenir le soutien ou au moins la neutralité des cadres dirigeants, les cabinets spécialisés sont mandatés pour démontrer que leurs salaires sont en retard sur « le marché » : si j'en juge par mon cas, les salaires des équipes dirigeantes sont multipliés par dix en quinze ans, et l'attribution de stock-options vient doubler la donne.
L'évolution du groupe Rhône-Poulenc, aujourd'hui disparu, est représentative de cette période. En 1997, après une résistance héroïque de son président, Rhône-Poulenc doit céder à la pression des banques d'affaires qui massacrent son cours de Bourse.
... Alors au nom de quoi a-t-on cassé ces groupes, fragilisé leurs sites industriels et licencié des milliers de personnes ? La réponse réside largement dans le bonus... Le mal essentiel du système provient de la soif de spéculation engendrée par cet hyper capitalisme qui a surfé sur le virtuel et affaibli le réel. La solution existe : éradiquer la spéculation à court terme, en la rendant financièrement inintéressante (forte taxation des plus-values à court terme). »

C'est édifiant ! Cependant les banques européennes n'ont joué qu'un rôle secondaire dans ce système aujourd'hui en faillite. Une moralisation s'impose dans un métier fort utile pour répondre à des besoins industriels réels.

Profitant de la crise, les banques européennes doivent prendre toute la place qui leur revient dans ce métier de fusions-acquisitions en pleine transformation, avec l'affaiblissement des concurrentes d'outre-Atlantique. Elles ont pour rattraper leurs retards les compétences, les équipes nécessaires et leurs capacités d'intervention sont peu touchées.

« *Les banques européennes et spécialement françaises résistent bien à la crise* » a déclaré M. Christian Noyer, gouverneur de la Banque de France qui siège au conseil des gouverneurs de la BCE. Heureusement, les banques européennes ont un meilleur rang pour le financement d'acquisitions à effet de levier.

5) Le financement d'acquisitions à effet de levier

Dans ce métier, appelé aussi *LBO* et selon *Thomson Reuters*[93], la *RBS* (*Royal Bank of Scotland*[94]) britannique est devenue au 1er semestre 2008 le numéro un mondial en détrônant JP Morgan (Etats-Unis).

[93] *Les Echos* du 2 juillet 2008.
[94] Banque nationalisée fin 2008 à 57%, à la suite d'une augmentation de capital garantie par l'Etat à laquelle très peu d'actionnaires privés ont accepté de souscrire. Les pertes record de 27 milliards d'euros publiées ultérieurement par cette banque auraient pour origine une « politique de développement aventureuse ».

Sur le marché européen, en baisse de 83% par rapport au 1er semestre 2007, la *RBS* est aussi première (6,7 milliards d'euros de financement), devant la *Deutsche Bank* (2,7), *Calyon* (1,7), *BNP Paribas* (1,3) prenant la 8ème place. Les dix premières places sont occupées par des banques européennes, *JP Morgan* devenant 15ème et *Morgan Stanley* et *Merrill Lynch* étant après la 25ème place.

Si la crise financière et économique a limité les opérations offensives et les moyens pour les réaliser, en revanche elle a multiplié les opportunités ou besoins d'opérations défensives pour les groupes en difficulté. En effet, de nombreuses concentrations se réalisent en période de crise.

6) Les émissions d'obligations et d'actions

Nous indiquons en annexe 2 :
- les encours de titres, y compris interbancaires (ils atteignaient 26.667 milliards d'euros au 31 mars 2008 selon la BRI),
- leurs variations (+ 933 milliards d'euros au 1er trimestre 2008),
- les parts de marché des différentes monnaies depuis 1998 (encours et émissions).

. On peut noter que pour les émissions d'obligations privées (marché primaire), notamment celles émises par les entreprises non financières, la conjoncture a été difficile au 1er semestre 2008 (manque de confiance des investisseurs).

Cependant, les grandes banques européennes (*Deutsche Bank, BNP Paribas, RBS, Société générale*) ont pris les premières places pour le nombre de mandats de chef de file destinés à diriger les émissions obligataires en Europe, devant leurs consœurs d'outre-Atlantique. Ces dernières (*JP Morgan, Morgan Stanley, Lehman Brothers ou Citigroup*) ont effectué le classique retour sur leur terre d'origine justifié par la mauvaise conjoncture[95].

Selon les données de *Dealogic,* les volumes des émissions d'obligations dans le monde ont fondu de 30% sur les six premiers mois de l'année, avec une chute de 43% aux Etats-Unis et de 23% en Europe. Les émissions d'obligations par les entreprises ont souffert au cours des trois premiers mois de l'année 2008, avant une embellie temporaire pour les mieux notées d'entre elles. Mais fin 2008, la crise de confiance sur le marché obligataire a quasiment fermé le marché. Il a cependant repris début 2009, mais en obligeant les sociétés, même les mieux cotées, à emprunter à des taux d'intérêt très élevés (on peut citer Saint-Gobain en janvier ou Vinci en mars 2009 qui a dû émettre à 7,45%), soit

[95] *Le Monde* daté des 13 et 14 juillet 2008.

près de 4 points supérieurs aux taux des emprunts de l'Etat français. Ce n'est pas le cas des petites ou moyennes valeurs qui ont tendance à quitter le marché par le retrait de la cote de leurs titres émis, actions ou obligations.

. Les émissions d'actions, quant à elles, ont globalement reculé de 67% au premier semestre 2008, d'après les données de *Thomson Financial.*

La crise de confiance, liée à celle du *subprime,* impacte fortement les marchés financiers, très euphoriques début 2007. L'Europe semble cependant moins touchée que l'Amérique du Nord.

7) Les salaires et les emplois sur les marchés financiers

Les salaires et les bonus versés par les banques et sociétés financière à leurs opérateurs et dirigeants ont atteint en 2007 et même en 2008 malgré la crise, des records, notamment à la City de Londres et à Wall Street (New York) jugés inacceptables par une grande partie de l'opinion publique, aussi bien en Europe qu'en Amérique du Nord.

- *« Wall Street s'est saoulée (...) et maintenant elle a la gueule de bois »* a dit la président Georges Bush[96], pourtant l'un des plus grands défenseurs de ce néo-libéralisme.

> . Malgré la crise, le gérant de fonds spéculatif *John Paulson* a même empoché personnellement 3,7 milliards de dollars en 2007, un montant historique. Il avait parié sur un éclatement de la bulle immobilière et la baisse des titres de la catégorie *subprime.*
>
> . De 2002 à 2006, et en 2007, les bonus ont triplé pour les personnes travaillant à Wall Street, en passant de 11 à 33 milliards de dollars. Ils ont pu redescendre au seuil de 10 milliards en 2008, ou même plus.

L'étude précise que l'ensemble des rémunérations versées par les banques new-yorkaises pourrait chuter de 18 milliards de dollars, en tenant compte des licenciements et autres baisses de salaires. Ainsi, selon un cabinet de reclassement, les suppressions d'emplois dans la finance devraient-elles dépasser en 2008 le nombre établi l'année précédente de 153.000 environ. Cela va jusqu'à remettre en cause le modèle économique, disent certains. D'autres prétendent sauver ce capitalisme libertaire ... tout en multipliant les interventions publiques et les dépenses étatiques.

---

[96] *Les Echos* du 29 juillet 2008.

Concernant l'immobilier de luxe à Londres et à New-York, la baisse de ces primes a entraîné une forte chute du volume des ventes et des prix pratiqués.

- Les marchés du continent européen n'ont pas atteint de tels excès, malgré certains scandales.

Ainsi, l'affaire Kerviel / Société générale a-t-elle battu un record historique de perte sur les marchés : 6,3 milliards d'euros de pertes en janvier 2008, après un gain antérieur potentiel de 1,4 milliard, soit une perte nette de 4,9 milliards d'euros. Le manque d'encadrement et de contrôle d'un opérateur qui a pu prendre « *en contournant les limites sans être détecté* » une position de 50 milliards d'euros interpelle gravement la communauté financière et bancaire française et européenne. Les pertes réalisées par la Caisse d'Epargne (-755 millions d'euros en octobre 2008) font figure de rappel. L'ensemble des acteurs du système financier doit s'organiser pour éviter de telles prises de risque, qui ne correspondent pas au métier de base de la profession. La Commission bancaire française, chargée du contrôle des banques, devrait donc être beaucoup plus exigeante à l'avenir sur le contrôle interne des établissements. L'UE a évolué dans ce sens et a défendu ce point de vue au G-20, notamment face aux anglo-saxons.

<u>Nota :</u>
On ne peut expliquer de tels dérapages que par un modèle capitaliste néolibéral « sans foi ni loi » et brutal. Trop de bons esprits veulent absolument le vendre aux Européens, à la culture et aux usages plus tempérés, concertés et humanistes. Mais ce modèle est en réalité en quasi faillite morale et financière. Ce « capitalisme libre » (George Bush) prend l'eau de toute part, il doit être abandonné pour une version beaucoup plus régulée, où la réglementation limite les risques, direction vers laquelle se dirige le nouveau président démocrate des Etats-Unis, Barack Obama.

Les Européens s'accordent pour renforcer la réglementation et le contrôle, systèmes de sécurité qui avaient été supprimés à la demande des Etats-Unis à la fin des années 1990 (Loi Gramm-Leach-Bliley de 1999) ou détournés par toute une série d'innovations financières dangereuses (voir annexe 11). Ainsi, à cette époque, les projets de Bâle II qui permettaient d'améliorer et d'adapter le suivi de l'activité bancaire ont été fortement édulcorés, notamment pour le suivi des produits dérivés.

C) Sur le marché des actions, l'Europe reprend sa première place

1) La capitalisation[97] des actions cotées en bourse

- Nous disposons d'une étude récente sur ce sujet mis en avant par un certain nombre d'analystes dénonçant l'idée fausse du « *soi-disant manque de profondeur ou faible taille* » du marché financier européen:

*«Pour la **1ère fois depuis 1914,** début de la première guerre mondiale, la capitalisation des bourses européennes, y compris de la nouvelle Europe et de la Russie, **a dépassé celle des Etats-Unis (11 769 milliards d'euros** à la **fin mars 2007** contre 11.709 milliards d'euros)».*
Ce calcul a été effectué au cours de change de 1€ = 1,3357$, selon une étude de *Thomson Financial* citée par le *Financial Times* et *Le Monde* du 4 avril 2007).
Il y est ajouté :
«Cette information illustre la perte de vitesse des marchés des États-Unis, pénalisés par la hausse de la monnaie européenne, la montée des places de l'Europe de l'Est, mais aussi par le retrait de la cote d'entreprises fuyant la réglementation après le scandale Enron et jugée trop coercitive.»

La crise boursière depuis un an n'a pas changé cette situation : en effet, si certains indices boursiers européens ont encore baissé depuis, la baisse du dollar par rapport à l'euro de 17,2% (de 1€ = 1,336$ à 1€ = 1,567$, moyenne des 50 derniers jours de cotation fin juillet 2008) a eu un effet très défavorable dans la comparaison avec les bourses situées aux Etats-Unis. Autrement dit, cette hausse de l'euro par rapport au dollar avait fin juillet 2008 plus que compensé la baisse plus forte des bourses européennes depuis le début de la crise. En mars 2009, le raisonnement est fondamentalement le même, malgré un rebond partiel du dollar.

Si on veut comparer les performances réelles pour un épargnant, elles se mesurent par la formule suivante :

« Variation des indices x Variation des cours de change des indices »

Enfin, fondamentalement, le cours des actions est dépendant des bénéfices attendus, eux-mêmes influencés par la conjoncture économique du pays ou du continent.

---

[97] La *capitalisation boursière* est le montant représentant la somme des valeurs de toutes les actions cotées sur cette bourse. C'est un indicateur clef pour mesurer la taille d'une bourse, l'autre indicateur utilisé étant le volume des échanges de titres.

- Ainsi, en octobre 2007, la capitalisation totale des bourses (actions) dans les 27 pays de l'UE était de l'ordre de 11 000 Md€ (soit une valeur équivalente à celles des États-Unis, *avec un calcul au taux de change de 1€= 1,43$).*

- Cependant, le taux de capitalisation (rapport capitalisation des bourses / PIB) reste encore favorable aux États-Unis, ce qui est tout à fait logique, pour des raisons historiques connues (guerres, communisme). Cependant, un fort taux de capitalisation présente un risque certain (voir supra) en période de crise, ou lorsque cette dernière est alimentée par un surendettement (cas des Etats-Unis mais aussi du Japon qui n'est pas encore sorti des difficultés plus de 15 ans après l'éclatement de sa crise boursière. Le Nikkei, l'indice de référence de la bourse japonaise, n'a jamais retrouvé les 40.000 points d'alors).

2) Le contrôle des grandes entreprises nationales et européennes, notamment stratégiques

- Les fonds souverains :
L'importance des réserves accumulées par certains pays pétroliers ou émergents permet d'alimenter leurs fonds souverains devenus une puissance financière considérable, évaluée entre 2.000 et 3.000 milliards d'euros. Ainsi, d'importantes entreprises européennes ou des entreprises stratégiques peuvent-elles faire l'objet d'une prise de participation ou de contrôle par ces fonds. C'est la raison pour laquelle certains dirigeants européens veulent créer à leur tour de tels fonds. Il nous semblerait utile de créer un tel organisme au niveau de l'UE, avec bien sûr un cadre et une politique d'intervention bien définis, et un contrôle rigoureux.

- Contrôle et protection du capital des entreprises européennes :
Afin de protéger nos entreprises stratégiques (Airbus, nucléaire, ...), ne serait-il pas nécessaire que l'on institue des actions spécifiques (limitant le pouvoir des actionnaires non européens et non sollicités) avec la création d'une institution financière (« petite CDC ?» ou un fonds souverain) européenne ? Le développement de fonds souverains du Moyen-Orient ou d'Extrême-Orient exige une réaction appropriée au niveau européen. Défendre nos entreprises contre toute prise de pouvoir abusive reste une priorité.

Deux exemples illustrent cette problématique :

. EURONEXT / NYSE :
Une loi aux Etats-Unis interdit à tout étranger de détenir plus de 50% d'une bourse du pays. Ainsi, la bourse de New-York (NYSE) n'a jamais pu être

achetée par des Européens. En conséquence, c'est la bourse paneuropéenne EURONEXT qui est finalement devenue filiale à 100% de la bourse NYSE (cette dernière a profité pour acheter à bon compte les logiciels déjà développés en Europe et rattraper son retard). En matière de contrôle stratégique, exiger la réciprocité des lois entre l'UE et les Etats-Unis, afin de permettre un plus juste équilibre, doit être recherché. Dans le cas présent, ne pourrait-on exiger par voie législative qu'EURONEXT ne soit pas détenue à plus de 51% par des non membres de l'UE-27.

En effet, il y a en jeu le maintien d'une activité de financement primordiale pour les PME françaises et européennes, notamment en province. En effet, depuis qu'EURONEXT est devenue filiale du NYSE, elle a supprimé les équipes commerciales existantes aussi bien en province (ayant pour origine les anciennes bourses régionales françaises notamment à Bordeaux, Lille, Lyon, Marseille, Nantes) qu'à Paris. Ainsi, une PME française qui cherche un financement par l'intermédiaire de la bourse doit désormais s'adresser aux équipes commerciales basées à Londres, avec la pratique de plus en plus obligatoire de parler anglais…

La plupart d'entre elles doivent alors y renoncer. Les pouvoirs publics sont dans l'obligation d'intervenir pour le maintien d'une telle activité en France et notamment dans les grandes villes de province.

. EADS :
Récemment, 5% du capital d'EADS ont été achetés par des milliardaires russes qui ont revendu leurs actions à des organismes paraétatiques. Peut-on accepter que le fabriquant français des lance missiles nucléaires soit contrôlé par l'Etat russe ? Le sujet préoccupe de nombreux dirigeants européens (ils l'abordent régulièrement) et a été évoqué lors des états généraux européens, organisé notamment par le Mouvement européen.

« Nationalisme économique ou patriotisme européen ? [98]

Les réflexes protectionnistes lors des prises de contrôle constituent un phénomène universel. Il faut favoriser les fusions-acquisitions entre entreprises européennes mais la politique de concurrence favorise les alliances avec des entreprises non européennes.
L'Europe ne doit pas être « naïve ».

---

[98] Titre d'un Atelier tenu lors des Etats Généraux de l'Europe (à Lyon le 21 juin 2008). Nous avons repris la synthèse parue dans « *Courrier Européen* » N°10 du 3ème trimestre 2008, page 12.

Le patriotisme est toujours acceptable s'il suit les règles fixées. Il existe un consortium de patriotismes (local, régional, national). L'autosuffisance contre l'indépendance, le concept de préférence communautaire s'estompe (OGE).
Le concept de l'entreprise mondialisée prévaut, si bien qu'il devient très difficile de définir une nationalité.
La mondialisation des grandes entreprises est une réalité incontournable. Les réactions nationales à ce fait sont inadaptées. Un patriotisme européen serait concevable voir souhaitable mais on n'en perçoit pas la réalité, faute d'une entité européenne suffisante au niveau politique et au niveau des populations.
Avoir une politique européenne de concurrence qui prenne davantage en compte la nécessité d'avoir des champions européens. Le patriotisme économique national, notamment en terme d'autosuffisance est dépassé. »

Si une économie libérale ou de liberté est nécessaire pour obtenir une performance économique, il ne faut pas être naïf, aveugle ou innocent. Pour défendre nos entreprises européennes contre toute prise de contrôle inappropriée, il faut se donner les moyens juridiques et politiques. L'Union européenne[99] doit donc disposer d'un arsenal de protections propre comme le font tous les concurrents de l'Europe (surtout les « pays continents », qui ont suffisamment de poids pour imposer leurs propres règles).

Le poids désormais prédominant de l'UE-27 dans l'économie mondiale (28% estimé en 2008 du PIB mondial contre 21% pour son principal concurrent) doit lui permettre de faire appliquer des règles conformes à ses propres intérêts.

D) Conclusion sur le marché financier :

On peut se demander si, plus largement, « Le capitalisme total[100] » décrit par Jean Peyrelevade devrait être limité dans ses abus par des règles de bon sens votées par le Parlement européen.

Le courant « humaniste » des pères fondateurs de l'Union européenne, ayant pour base le refus des guerres en Europe et l'horreur du totalitarisme (nazisme et communisme), doit agir et s'imposer. Ce n'est pas seulement une question de morale, c'est surtout une question de réalisme ; les abus du capitalisme sans limites peuvent mener à la catastrophe. La crise de 2007-2008 le prouve.

---

[99] Il est vain d'avoir une réglementation au niveau de chaque membre de l'UE.
[100] Editions du Seuil, décembre 2005.

Cinq montants symboliques marquent l'actualité financière en 2008 :
- de 700 à 1 200 milliards d'euros de pertes dans la crise du *subprime,*
- de 1 à 2,5 milliards d'euros de salaire ou de rémunération pour les spéculateurs de Wall Street les mieux payés,
- 6,4 milliards d'euros de pertes (hors profits préalables) pour solder les comptes dans l'affaire Kerviel / Société générale,
- 613 milliards de dollars de passifs (sans compter les engagements hors bilan) laissés impayés lors de la faillite de Lehman Brothers,
- 73 milliards de dollars de fraudes pyramidales[101] (les pertes non encore publiées avoisineraient ce montant et plus de 3 millions de personnes seraient touchées) auraient été réalisées par les sociétés de Bernard Madoff, ancien président emblématique du Nasdaq, basées à New-York avec des *fonds spéculatifs* et du Texan Allen Stanford.

La finance actuelle dépasse la démesure… quand on rapproche ces montants de la situation des deux milliards d'êtres humains qui vivent avec moins d'un euro par jour.

Par ailleurs, les épargnants européens n'ont pas été ménagés en 2008 et une meilleure protection de l'épargne est à mettre en place au niveau de l'UE.

Michel Rocard[102] est même beaucoup plus sévère :
« C'est à partir de 2006 à peu près que beaucoup de banques américaines, et notamment la plupart des grandes, se sont trouvées en difficulté.
Au lieu d'annoncer cela aux organes de contrôle, puis d'évaluer et de provisionner, elles ont cherché à cacher le phénomène, deuxième escroquerie (après les crédits immobiliers subprime). Les créances malsaines en subprimes ont été mélangées avec d'autres titres financiers moins frelatés. On a vendu ensuite ces paquets – packages – de créances en partie pourries partout dans le monde, Europe, Asie, Amériques. La quasi-totalité des banques mondiales se trouvent ainsi infestées de titres non fiables, dans des proportions qu'elles ne connaissent pas. Du coup elles se méfient les unes des autres et ne se prêtent plus. Ainsi se trouvent étranglés même les crédits courants pour les fins de mois des entreprises ».

Ainsi, aux Etats-Unis, les banques ont perdu tout sens moral, toute éthique des affaires. Ce néolibéralisme déréglementé progressivement depuis vingt-cinq ans (en fait revenu au capitalisme sauvage du XIXe siècle) doit être encadré pour raison garder. L'Europe doit agir et être plus proche de ses citoyens qui attendent à une large majorité une meilleure réglementation.

---

[101] *Le Figaro* du 13 décembre 2008 a donné 50, complétés ultérieurement (voir annexe 14).
[102] Dans *Notre Europe*, ouvrage collectif réalisé avec Nicole Gnesotto, *Robert Laffont*, septembre 2008.

Le « non » irlandais au referendum de juin 2008 a pour origine, outre un texte trop long et illisible[103], le refus d'un capitalisme exacerbé, accompagné d'une croissance mal vécue. Les nombreuses implantations d'entreprises en provenance de l'étranger (des Etats-Unis, d'Asie et d'autres pays) ont fait craindre à de nombreux électeurs une perte d'identité nationale à laquelle ils sont très attachés. Comme en 2005 en France, la propagande des néo[104] ou ultralibéraux, alliés pour la circonstance aux communistes et aux archéo-socialistes, a très bien fonctionné en s'appuyant sur l'incompréhension et le mécontentement des Irlandais.

N'oublions pas que l'Europe devrait aussi mieux protéger ses citoyens. Elle doit intervenir et être plus concrète, plus proche de la réalité vécue. C'est un enjeu majeur qui demande une meilleure communication.

Elle en a les moyens économiques. A elle d'en prendre les moyens politiques. La déclaration du 4 octobre 2008 (voir annexe 11) à l'issue d'un sommet réunissant certains dirigeants européens prend la bonne direction. Cependant, il est préférable que des mesures plus concrètes soient arrêtées lors d'un sommet officiel de l'UE-27, ce qui a été le cas en mars 2009. En temps de crise, on a besoin de plus d'Europe !

Fin mars 2009, on en prenait la direction pour proposer des mesures concrètes en vue du G-20, combattre la crise et relancer l'activité ; parallèlement des propositions de réforme du système monétaire mondial étaient prévues.

Il faut en fait un « anti Bretton Woods », dont les décisions ne soient plus imposées par un pays dominant (les Etats-Unis), mais concertés par les 25[105] pays mandatés avant d'être ratifiées par l'ensemble des pays membres de l'ONU.

---

[103] En effet, le texte du « Traité de Lisbonne » est malheureusement encore plus illisible que le « projet constitutionnel » de 2005. Pour séduire les électeurs, il aurait fallu un traité simple, lisible et court, compréhensible par chacun (même si des renvois de références étaient nécessaires).

[104] Le milliardaire qui a financé la campagne du « non » en Irlande, a une bonne partie de ses affaires avec le Pentagone, centre névralgique du commandement de l'armée des Etats-Unis.

[105] Au G-20 trop dominé par les anglo-saxons et leurs anciennes colonies, il serait souhaitable d'ajouter au moins l'Espagne (huitième puissance économique mondiale) et des pays africains (dont un représentant des 14 pays des deux zones du franc CFA).

V- Des conséquences très favorables pour l'Europe et la France, malgré des difficultés

Il est important de faire comprendre à nos concitoyens à quel point l'euro est un succès pour l'Europe et les conséquences positives qui en découlent pour les générations présentes et futures.

Ainsi, au-delà des difficultés de mise en œuvre et des débats nécessaires, la création de l'euro a été un extraordinaire outil d'accélération de l'unification de l'Europe, sur des bases concrètes et quotidiennes, parallèlement à la réunification de l'Europe avec les « nouveaux membres ». En outre l'euro, représentant l'une des deux grandes devises mondiales, a un réel impact en matière de sécurité financière sur les pays de l'UE, et en particulier sur ceux de la zone euro. Bien sûr, il ne faut pas oublier également les pays environnants.

A) Les conséquences en Europe

<u>La réponse européenne à la grave crise financière</u>
Face aux défis inévitables, le réflexe d'une réponse européenne se justifie de plus en plus souvent. La taille de l'UE, sa méthode de concertation qui évite toute solution simpliste et sa « puissance douce » lui permettent d'être un acteur incontournable dans le monde d'aujourd'hui. Malgré l'individualisme de chaque Etat, la plupart des solutions valables pour sortir de la crise financière, monétaire et économique de 2007-2009 proviennent de l'Europe.

De nombreux pays européens, de taille plus ou moins grande, regrettent aujourd'hui de ne pas être dans la zone euro :
- Ceux qui n'ont pas voulu entrer dans l'UE :
  L'Islande qui a vu la valeur de sa monnaie divisée par trois et doit combattre rigoureusement l'inflation importée, la Suisse qui a vu sa monnaie varier de 10% en quelques semaines, la Norvège également qui a une « pétro-monnaie » ;
- Ceux qui n'ont pu encore intégrer l'UE :
  La Serbie et les autres pays des Balkans - le Kosovo et le Monténégro qui ont adopté l'euro sont à l'abri de la crise monétaire - puis l'Ukraine dont la situation géostratégique et économique est difficile ;
- Les membres de l'UE qui n'ont pas voulu accepter l'euro :
  Le Danemark, la Suède et la Grande-Bretagne qui doivent pour défendre la valeur de leurs monnaies nationales pratiquer des taux d'intérêt élevés et

ensuite, avec l'aggravation de la crise, pour les deux derniers d'entre eux, baisser leurs taux et laisser filer la valeur de leurs monnaies.

- Les membres de l'UE qui n'ont pas pu encore entrer dans la zone euro :
  Les nouveaux membres de l'Europe de l'Est (à l'exception de la Slovénie et de la Slovaquie) dont certains voient leur monnaie attaquée.

Heureusement, à l'instar de la Hongrie et de la Roumanie, des mécanismes de solidarité européens et du FMI permettent de limiter la crise monétaire (forte chute de la monnaie et ses graves conséquences). Il en est de même des 16 pays membres de la zone euro qui n'ont plus à gérer les tensions de change entre eux et dont l'intérêt bien compris est de maintenir une stabilité de change dans leur environnement immédiat.

C'est en temps de crise que l'Europe se redécouvre solidaire, profite de ce que l'UE a construit depuis 1957 et progresse.

1) Une économie européenne plus performante

a) Un dynamisme non négligeable

Les taux d'intérêt qui sont devenus plus faibles depuis la création de l'euro ont favorisé un plus grand dynamisme économique en Europe. Ainsi, la croissance économique affichée de la zone euro est-elle plus forte que celle des États-Unis pour les années suivantes :
. 2006 : *2,9% pour la zone euro contre 2,8% aux Etats-Unis,*
. 2007 : *2,7% contre 2,0%,*
. 2008[106] (estimation) : *1,0% contre 1,1%,*
. 2009 (prévisions) : *-2,6% contre -2,6% (et -0,6% pour le monde),*
. 2010 : prévisions peu fiables, plusieurs scenarii étant possibles.
Sources: Données et prévisions de la CE, de l'OCDE ou du FMI.

Grâce à son poids économique et à ses étroites relations commerciales avec de nombreux pays émergents, l'Union européenne peut donc parfois bénéficier d'une certaine autonomie conjoncturelle. Ainsi, la performance réalisée au 1er trimestre 2008 (+0,8%) a-t-elle surpris de nombreux observateurs. Les exportations vers les voisins émergents s'étaient maintenues encore à un haut niveau.

---

[106] Pour 2009 et 2010, les prévisions ont été abaissées, mais nous sommes dans l'incertitude. En effet, les statisticiens ont des difficultés à mesurer les effets de la crise financière aux Etats-Unis et la prise en compte des centaines de milliards de pertes des banques dans le PIB. La profondeur de la crise, d'une grande ampleur, n'est encore que partiellement mesurable en Europe et aux Etats-Unis et la date de la reprise incertaine.

La forte augmentation des prix des matières premières début 2008 a entraîné un transfert de richesse et un effet dépressif incontestable. Parallèlement, la grave crise financière aux Etats-Unis a touché le monde entier, y compris l'Europe, conséquence de l'intégration des marchés financiers. Mais les créances toxiques (dont *subprime*) transmises seraient de l'ordre de 300 milliards d'euros dans les comptes des épargnants et banques de la zone euro, soit six fois inférieur aux montants inventoriés aux Etats-Unis. Hors zone euro, c'est-à-dire en Suisse, en Grande-Bretagne et dans les paradis fiscaux d'Europe, ils atteindraient près de 500 milliards d'euros. Bien que la zone euro soit moins touchée, les effets psychologiques sur les acteurs sont réels. Ils les entraînent à limiter risques et dépenses, et à amplifier la crise économique.

Par ailleurs, l'utilisation d'une monnaie unique, grâce à la stabilité de change, a facilité les échanges commerciaux et les échanges de services à l'intérieur de la zone euro. Rappelons que le « marché unique » a été entièrement réalisé en 1992, peu de temps avant l'institution de l'euro.

Ainsi, la plupart des rigidités et blocages[107] empêchant une libre concurrence dans le marché de 500 millions d'habitants de l'Union européenne, et plus particulièrement en zone euro, ont été en principe supprimés.

b) Une forte baisse du chômage

Depuis la création de la zone euro, le taux de chômage a baissé de 2,5 points, soit de 9,7% à 7,2%. Malgré une conjoncture internationale difficile, ce chômage a continué de décroître jusqu'en juin 2008 en zone euro (7,3% contre 7,5% un an auparavant) grâce à l'Allemagne, malgré le score français moins bon (7,4%) selon *Eurostat*[108] (ce taux a remonté début 2009). Il était légèrement plus faible cependant dans l'UE-27 (6,8% contre 7,2% un an avant). Ainsi, avant l'aggravation de la crise à l'automne 2008, le chômage, en décroissance, n'était plus la première préoccupation des citoyens européens.

Eurostat publie également des statistiques sur les taux d'emploi[109] largement aussi significatives (corrigées des variations saisonnières) :

[107] Suppression de la plupart des frontières, des monnaies et des règles différentes, etc.
[108] Publication d'août 2008.
[109] *Eurostat,* communiqué du 22 juillet 2008.

Evolution des taux de chômage et taux d'emploi (Normes BIT/*Eurostat*) :

Années	Taux de Chômage zone €	Taux de Chômage UE-27		Taux d'emploi annuel zone € / UE-27 de 15 à 64 ans	Taux d'emploi annuel zone € / UE-27 de 55 à 64 ans
de 1996 à 2000:		9,7%	en moyenne	- / -	- / -
2000	-	-	année	- / -	62,1% / 36,8%
2006	-	-	année	- / -	64,5% / 43,5%
2007 (mai)	7,5%	7,2%		- / -	- / -
2007 (déc.)	7,2%	6,8%	année	65,7% / 65,4%	43,3% / 44,7%
2008 (juin)	**7,3%**	**6,8%**		- / -	- / -
2009 (février)	8,5%	7,9%		- / -	- / -

Nota : Les taux de chômage sont de 6,5% au Royaume-Uni en février (9% prévu fin 2009) et de 8,5% aux Etats-Unis en mars 2009, récemment en hausse à un rythme record depuis 1945 (jusqu'à 10% prévu fin 2009). En tenant compte des situations de chômage caché contraint ou partiel, on obtiendrait un taux de chômage "réel" de 14,8% en février 2009, contre 13,9% en janvier, relève Nigel Gault, économiste de l'institut IHS Global Insight.

Au total, ce sont **218,5 millions** de personnes qui occupaient un emploi dans l'UE-27 en 2007 ou qui exerçaient une activité. Cet emploi a connu une forte croissance depuis la création de l'euro : environ **18 millions d'emplois supplémentaires** nets ont été créés depuis 1998. L'euro a permis à l'Europe de se remettre au travail. Il est un facteur d'emploi incontestable en raison de la stabilité qu'il a apporté. Nous verrons (voir infra) que les échanges et les investissements à long terme ont été grandement facilités.

Parallèlement, le chômage a décrû significativement, notamment depuis 2000, même s'il tendait à se stabiliser avec environ **16,3 millions de chômeurs dans l'UE-27**, dont 11,3 millions en zone euro, avant de repartir avec la crise économique et financière.

Cependant, pour des raisons scientifiques, les comparaisons entre pays concernant le calcul des taux de chômage sont à considérer avec prudence. En effet, des pays tels la Grande-Bretagne ou les Pays-Bas affichent des taux de chômage très bas. L'exclusion dans les statistiques des personnes considérées comme incapables de tenir un emploi (2,65 millions de personnes en âge de travailler percevaient une prestation d'invalidité en 2008 en Grande-Bretagne) explique pour partie ces résultats. C'est pourquoi la mesure par le taux d'emploi (nombre de personnes exerçant un emploi / total de la population en âge de travailler) est plus significative. Les statistiques d'emploi affichées sont alors comparativement moins favorables à ces pays.

c) Un enrichissement (salaires et patrimoines) plus élevé pour les Européens

La stabilité de l'euro a permis aux habitants de la zone euro de gagner en pouvoir d'achat par rapport à ceux de la zone dollar (Etats-Unis, Golfe persique et autres) ou des pays qui ont vu leur monnaie se dévaluer. Cet effet positif ne se mesure pas facilement. L'hebdomadaire «Time» évoquait fin 2007 un salaire plus élevé de 40% en zone euro qu'en zone dollar, depuis que la parité 1€ = 1$ n'existe plus (elle était de 1€ = 1,46$ à l'époque de l'article).

Lors de leurs voyages, les habitants de la zone euro s'en aperçoivent. En conséquence en 2008, profitant de leur nouveau pouvoir d'achat, le nombre d'Européens qui a voyagé aux Etats-Unis ou dans les pays de la zone dollar a fortement augmenté. Alors que la tendance a été inverse pour les habitants des Etats-Unis. Les Européens ont ainsi pu profiter de leur enrichissement !

Dans une économie ouverte, la force de la monnaie permet aux Européens d'acheter moins cher les produits importés, et donc de gagner en pouvoir d'achat. Cette réalité n'est pas toujours bien perçue par l'opinion publique.

Enfin, dans une économie mondiale assez libérale, les prix sont mondiaux ; ils s'ajustent progressivement aux variations de change, malgré un certain décalage dans le temps (jusqu'à 5 ans). Ainsi, le prix des produits importés a-t-il tendance à baisser sur le long terme dans la zone euro.

d) Les exportations vers les pays de la zone dollar

Une « zone dollar » limitée

Les exportations ont été rendues plus difficiles avec la baisse du dollar et l'existence d'une plus forte concurrence sur tous les marchés mondiaux. Cette concurrence exacerbée est cependant atténuée par la **stabilité de l'euro vis-à-vis des monnaies de nombreux pays émergents** de fin 2003 à mi 2008 (70 pays regroupant les deux tiers de l'économie mondiale, voir chapitre III-D). Cela rend plus supportable la concurrence internationale pour l'Europe.

Cependant, les équilibres fondamentaux des balances extérieures européennes (commerciales et comptes courants) ne sont pas remis en cause, malgré de légers déficits liés à la forte hausse des prix des matières premières au 1er

semestre 2008. Cela s'explique par l'importance des exportations en direction des pays émergents qui ont leur monnaie stable vis-à-vis de l'euro, l'avantage comparatif du coût de la main d'œuvre étant ainsi limité.

Une adaptation nécessaire

Les pays européens qui ont eu des monnaies faibles et régulièrement dépréciées pendant plusieurs dizaines d'années, de 1970 à 2000, se sont cantonnés trop longtemps dans la production et l'exportation de produits où la concurrence internationale était forte, avec un « effet prix » qui jouait alors un rôle important. Les grands pays concernés sont l'Italie, l'Espagne et dans une moindre mesure la France.

Ces derniers doivent transformer leur économie en ayant comme modèle la rigueur germanique (en l'adaptant à leurs propres cultures économiques) qui a depuis soixante ans su jouer sur la qualité des produits, avec un effet prix moindre. L'acheteur, s'il veut un produit de qualité, où la concurrence existe de façon moindre, accordera moins d'importance au prix. Il faut favoriser l'innovation pour élaborer des produits de haute technologie et maintenir cette avance. Des pays comme la Finlande, la Suède et l'Allemagne peuvent servir d'exemple pour les Européens moins performants.

Pour rester compétitif, de nombreuses adaptations sont nécessaires : faire évoluer ou changer les productions, investir dans la haute technologie et la performance, et restructurer les entreprises. En effet, même si la monnaie était plus faible, une organisation optimale est indispensable pour ne pas être dépassée par les pays émergents qui alimentent le marché de produits à bas coûts fortement concurrentiels. Sans cela, leurs salaires plus faibles sont difficiles à concurrencer. Les Européens n'ont en fait plus le choix s'ils ne veulent pas se faire « rattraper » ou plus exactement ne pas voir baisser leur niveau de vie. Ces transformations en cours sont mesurées en fonction des balances extérieures de la zone euro (la qualité et la technologie des produits exportés augmentent), malgré des déséquilibres inquiétants dans certains pays (Grande-Bretagne, Espagne et France plus récemment).

Les balances extérieures des Etats-Unis ont, pour leur part, des difficultés à se redresser ; la hausse significative des exportations due à la baisse du dollar (et favorisant la hausse de son PIB) étant compensée par la hausse des prix des matières premières importées. D'autre part, les Etats-Unis ont également des difficultés à faire face à la concurrence internationale comme le montre le déficit aggravé de juillet 2008, notamment avec les pays de la zone euro, malgré un dollar au plus bas. L'économie états-unienne, et notamment son industrie, a toujours du mal à répondre à la demande mondiale.

2) Les déficits et l'endettement publics sont plus raisonnables

a) Les déficits publics se sont réduits

Le niveau des déficits publics a fait l'objet de nombreux débats dans l'Union européenne depuis longtemps (entre pays rigoureux et ceux plus laxistes) dans le but de permettre un rapprochement des politiques économiques. Mesurés par *Eurostat* et suivis par la Commission européenne, ils font l'objet d'une attention particulière, même si un certain assouplissement a été décidé récemment. Ils font en effet partie des critères de convergence de l'Union décidés en 1992. Grâce à un suivi attentif et bien sûr à une meilleure conjoncture, les déficits publics des pays européens ont eu tendance à fortement se réduire ses dernières années, malgré quelques exceptions comme en France.

En conséquence, l'endettement public des pays européens est devenu plus raisonnable (avant la crise économique de fin 2008). Les données sont les suivantes[110]:

Années	Déficits Zone €	/ UE-27	Endettement Public zone €	/ UE-27
2004	**2,9%**	**2,8%**	69,5%	62,0%
2005	2,5%	2,5%	**70,1%**	**62,6%**
2006	1,3%	1,4%	68,4%	61,2%
2007	0,6%	0,9%	66,3%	58,7%
2008 pr.	*1,7%*	-	*68,0%*	*62,0%*
2009 pr.	*4,9%*	-	*72,0%*	*70,0%*

Nota:

- La France s'est permis d'aggraver son déficit public en 2007, à 2,7% en définitive, ce qui limite d'autant ses possibilités de réaction face à la crise économique ; en 2008, il a atteint 65,9 milliards d'euros, soit 3,4% du PIB. Comme pour l'ensemble de l'Europe, le déficit prévu en 2009 s'aggrave, il est officiellement de l'ordre de 5,6% du PIB en 2009 ;
- Les Etats-Unis ont eu un déficit record de 455 milliards de dollars pour l'exercice budgétaire clos au 30 septembre 2008, montant qui sera largement dépassé en 2009 (1 800 estimé officiellement, soit 13,1% du PIB) et en 2010

[110] *Sources* : *Eurostat*, communiqué de presse du 18 avril 2008 et du 22 octobre 2008 pour les réalisations. Pour 2008 et 2009, déficits selon prévisions de BNP Paribas (mars 2009) et endettement estimé par ailleurs.

(1 400, soit 9,6% du PIB projeté), démontrant la profondeur de cette crise (*source* : bureau du Budget du Congrès) et confirmant ce que de nombreux observateurs prévoyaient. Leur taux d'endettement public fédéral passerait ainsi de 40,8% fin 2008, à 63% fin 2009 et 73% fin 2010, en très forte progression ;

- Un déficit public de 3% du PIB correspond environ en réalité à des dépenses de l'Etat supérieures de 20 % aux recettes de celui-ci. Un tel déficit de 20% n'est pas tenable à terme.

En effet, le chiffre de 3% est un indicateur souvent utilisé mais trompeur : on compare sur un an pour un pays :
- l'excès des dépenses sur les recettes publiques, soit un solde,
- à l'importance du PIB, mesure de la production de richesse, soit un produit.

Ce n'est pas directement comparable.

Il serait donc plus judicieux de retenir comme référence le ratio des dépenses publiques par rapport aux recettes publiques[111]. Le déficit apparaissant serait alors beaucoup plus important ; en 2007 en France, les dépenses publiques dépassaient les recettes publiques de 20% environ. Le problème est d'autant plus sérieux qu'il perdure depuis 27 ans. Et nous sommes face à une crise économique sans précédent, qui risque d'aggraver le déficit public 2009 en le doublant (5,6% de déficit prévu). C'est pourquoi la signature[112] de l'Etat français s'est significativement dégradée depuis le printemps 2007, mesurée notamment par la hausse des taux à long terme plus forte qu'en Allemagne.

b) L'endettement public

La limitation de ces déficits permet une baisse de l'endettement public, une diminution de son coût et donc à terme des impôts. Les taux d'intérêt ont également alors tendance à baisser car le marché est moins sollicité (les autorités publiques empruntent moins). Les entreprises peuvent alors aussi plus facilement emprunter.

L'endettement public des pays de l'Europe de l'Est de l'UE et du Royaume-Uni est aujourd'hui plus faible. La croissance significative qu'ont connue ces pays a

---

[111] En supposant que les dépenses sociales soient équilibrées, le déficit est alors supporté par l'Etat dont les recettes et les dépenses directes sont de l'ordre de 15% à 20% du PIB selon les pays.

[112] On mesure la qualité de la signature d'un Etat par la cotation des taux d'emprunt, conséquence de la confiance qu'il inspire. Plus elle est bonne, plus les taux d'emprunt à long terme sont faibles.

permis de limiter leurs déficits publics depuis une dizaine d'année, à l'exception de la Hongrie qui a abusé de dépenses excessives.

Quant à la France, l'endettement public devient inquiétant. Nous dépassons depuis plusieurs années le plafond de Maastricht (60%) et l'on s'en éloigne encore avec les mesures de relance économique annoncées à l'automne 2008 (pourtant nécessaires). Fin 2008, la dette publique de la France s'est établie à 1 327 milliards d'euros, en hausse de 9,8% et représentant 68% du PIB (*source* : INSEE, mars 2009).

c) Face aux difficultés, les avantages d'un endettement public faible et d'une bonne gestion des fonds publics

Les difficultés préalables à surmonter

Un endettement élevé est d'autant plus préjudiciable dans les pays de l'OCDE qu'ils doivent faire face à de nombreuses difficultés structurelles. Un vieillissement de la population est constaté : les charges de retraite vont augmenter et les jeunes générations seront de moins en moins nombreuses pour supporter une telle charge.

Il existe une concurrence accrue des pays émergents en plein boom économique, certains emplois qualifiés pouvant quitter les régions anciennement développées. Les pays de l'OCDE doivent investir en permanence dans des emplois de haut niveau et dans l'innovation technologique pour maintenir leur avance et leur niveau économique et social. On assiste inévitablement à une raréfaction des matières premières, dont les prix ont tendance en conséquence à augmenter, au delà des effets conjoncturels.

Enfin, nous avons à gérer un environnement pollué, demandant des investissements importants et une plus grande discipline de vie pour diminuer cette pollution.

Les avantages d'un endettement public faible

Un endettement public faible (charges de remboursement et d'intérêts moins élevées) permet à l'économie d'un pays d'être plus efficace et réactive face aux difficultés conjoncturelles. Ce pays garde des marges de manœuvre afin de pouvoir investir sur l'avenir et la compétitivité, et réagir à la conjoncture. C'est pourquoi l'Eurogroupe a décidé de maintenir des objectifs budgétaires rigoureux en tendance, malgré une conjoncture dégradée.

En la matière, l'exemple le plus probant est celui du Canada, mais on peut aussi citer la Suède, la Finlande ou l'Allemagne. En effet, ces pays ont réalisé de lourdes restructurations des dépenses publiques afin de les alléger et de les rendre plus « rentables ». Ainsi, les dépenses publiques peuvent-elles être un instrument économiquement efficace, directement ou indirectement. Si on est pragmatique, on peut même affirmer que l'important n'est pas le niveau des dépenses publiques, mais leur rentabilité économique et sociale. Ainsi, certaines sécurités sociales publiques peuvent s'avérer être plus efficaces que des assurances privées.

d) Les Etats obligés de combattre les paradis fiscaux

Comme on l'a vu, la crise économique 2008-2009 a entraîné les comptes publics dans des déficits très importants, du fait des stabilisateurs automatiques (les recettes diminuent et les dépenses augmentent, surtout en Europe avec les protections sociales) et des plans de relance. Les Etats vont donc être contraints d'augmenter les impôts pour supporter les déficits et rembourser les dettes, en taxant notamment les revenus les plus élevés. Dans les années 1930 et 1940, Roosevelt, ses successeurs et les dirigeants européens avaient été obligés de fortement augmenter les impôts et leurs taux. Dans ce contexte, les paradis fiscaux font l'objet d'une attention particulière, notamment de la part des dirigeants de l'OCDE. C'est une source de revenus que les responsables des pays riches, mais aussi des pays émergents qui ont un Etat à construire, ne peuvent négliger.

Sous la pression des grands Etats européens et nord-américains, l'article 26 de l'OCDE sur l'échange d'informations sur la fraude fiscale a été accepté en mars 2009 successivement par l'Autriche, la Belgique, le Luxembourg et la Suisse (après Andorre, Monaco et Liechtenstein), marquant la fin du secret bancaire dans ce cas. Une grande partie de 37 pays classés comme ayant des « *juridictions suspectes* » selon l'administration des Etats-Unis, aurait donc accepté d'évoluer. La City de Londres et les 11 pays dépendant de la couronne britannique (dont les places de Gibraltar, des iles Caïmans, Jersey, Guernesey, Man, Vierges et des Bermudes) feraient cependant l'objet de résistances de la part de certains milieux financiers anglais[113]. Mais chacun prend conscience qu'il est difficile de rester sur la liste noire de l'OCDE, y compris pour Hong Kong et Singapour. Le 15 mars 2009, l'OCDE s'est félicitée de ces avancées.

L'UE, soutenue par les Etats européens et nord-américains, ne serait-elle pas dans son rôle pour faire appliquer les mêmes règles et le respect du droit dans

[113] *Le Figaro* daté des 13 et 14 mars 2009.

l'ensemble de l'Europe et éviter ainsi aux citoyens honnêtes ou non « voyageurs » de payer pour les autres ? En outre, cette limitation de l'évasion fiscale aurait l'avantage de modérer globalement les taux d'impôts en Europe et d'augmenter les recettes des Etats. Cette problématique concerne également les Etats des pays émergents qui ont besoin de ressources importants. Il est préférable d'éviter les artifices économiques, notamment les paradis fiscaux, pour créer une meilleure cohésion sociale.

3) L'euro, monnaie de transaction internationale

L'euro devient progressivement une deuxième monnaie de transaction internationale reconnue, utilisée comme monnaie commerciale, financière, de transfert des migrants ou par les organismes internationaux, supplantant le dollar dans toute l'Europe, mais aussi en Méditerranée et en partie en Afrique, zones privilégiées d'intervention des Européens.

a) Rappel de l'utilisation du dollar depuis 1945 en Europe

En 1945, l'Europe est ruinée par la guerre et les monnaies européennes sont dévaluées. Les Etats-Unis, dominants avec plus de 50% du PIB mondial, imposent le dollar à la conférence de Bretton Woods.

<u>Période de la reconstruction et du développement : le monopole du dollar (1945-1969)</u>
La période de l'après-guerre a vu un manque important d'argent en Europe et des débouchés insuffisants pour les produits fabriqués aux Etats-Unis : il en résultera le plan *Marshall*. Puis, progressivement, les économies européennes se redressent pendant les années 1950 et 1960, avec des excédents commerciaux retrouvés. Parallèlement, les Etats-Unis développent des déficits extérieurs. En conséquence, les monnaies européennes, notamment germaniques et françaises regagnent de la crédibilité.

<u>Période de troubles monétaires (1970-1995)</u>
Le financement des déficits courants des Etats-Unis par un excès de création monétaire entraîne des difficultés et la suspension de la convertibilité du dollar en or le 15 août 1971, puis sa dévaluation et son flottement. L'inflation gagne alors l'Europe de façon différenciée selon les pays, ce qui entraîne de nombreux ajustements monétaires à l'intérieur du continent, malgré la création de « serpents monétaires », puis du SME et de l'écu en 1978. Cependant, ces solutions trop souvent temporaires sont peu satisfaisantes, et l'on observe de trop nombreuses divergences monétaires, sauf dans la zone Mark.

Depuis 1995 : l'euro remplace le dollar dans toute l'Europe
Les derniers réajustements monétaires dans l'Europe de l'Ouest ont lieu après la crise de 1992-1993, en 1995, avant la fixation définitive du cours de l'euro le 31décembre 1998. Parallèlement, les pays libérés du Centre et de l'Est européen adoptent dans un premier temps comme monnaie de référence le dollar, puis progressivement chacun leur tour, l'euro.

b) Euro : monnaie de transaction commerciale pour la zone euro

On assiste progressivement à une plus grande utilisation de l'euro comme devise de facturation des exportations de la zone euro.

Entre pays de la zone euro
Il était évident que les pays de la zone devaient échanger entre eux exclusivement en euro. Cependant, pendant les premières années, on a encore vu certains pays de la zone euro garder leurs habitudes et effectuer entre eux des facturations en dollar. On a même entendu en 2003 M. Berlusconi, président du Conseil des ministres italien, s'exprimer en dollar dès qu'il parlait du commerce international.

Mais cela n'a pas duré.

Pour les exportations de la zone euro
Les membres de la zone ont bien sûr tendance à utiliser de plus en plus l'euro pour leurs exportations, que celles-ci soient destinées aux autres pays européens ou aux autres zones du monde. Cependant, les usages monétaires évoluent toujours lentement : en 2006, 60% seulement des exportations de la zone euro étaient facturées ou réellement effectuées en euro.

La France est à ce titre l'un des plus mauvais élèves, notamment pour ses exportations hors d'Europe, et ce malgré sa présence historique en Afrique du Nord et dans les zones des francs CFA/CFP. Ces deux régions, hors difficultés particulières, aux nombreux liens commerciaux et économiques avec les Européens voient leur croissance favorisée par la stabilité de change de leurs monnaies vis-à-vis de l'euro. Il est donc tout à fait déconseillé d'utiliser le dollar pour commercer avec eux. Cela entraîne des coûts de change et de transaction supplémentaires. En outre, il ne faut pas oublier que l'Afrique du Nord et l'Afrique sub-saharienne connaissent depuis peu un fort développement économique.

Certains pays européens utilisent beaucoup plus la facturation en euro. Notamment les pays à monnaie traditionnellement forte depuis plusieurs décennies qui ont en général une tendance historique à facturer dans leur propre monnaie, pour se prémunir ainsi d'une dévaluation des autres monnaies. L'Allemagne, les Pays-Bas, le Benelux et l'Autriche entrent dans cette catégorie. La force de leurs monnaies les a également contraints à miser sur des produits de qualité, dont l'effet prix joue moins. Les acheteurs qui veulent absolument ces produits acceptent les conditions des vendeurs, et notamment la facturation dans leurs devises.

D'autres sources plus anciennes (BCE) indiquaient que, pour l'Allemagne, 80% des exportations étaient libellées en euros (et 13% en dollars), soit une proportion beaucoup plus forte qu'en France : 50%. C'est la grande force de l'économie allemande d'avoir su exporter dans sa propre monnaie. L'ensemble de la zone euro ne libellait alors qu'une petite majorité de ses exportations en euros ; cette proportion tout naturellement a augmenté depuis.

Les pays latins, et surtout leurs entreprises, doivent donc continuer à changer leurs habitudes (ils ont commencé depuis dix ans). Le meilleur moyen de se prémunir contre le risque de change est de facturer et de se faire payer dans sa propre devise. L'internationalisation de l'euro ne peut que faciliter cela. Il est à noter que la couverture parfaite du risque de change n'existe pas, et encore moins sur le long terme ou dans des monnaies peu utilisées. En outre, les coûts de transaction des couvertures ne sont pas à négliger.

Par ailleurs, la stabilité de 2003 à 2008 de la valeur de l'euro vis-à-vis des monnaies des pays BRIC[114], de leurs voisins et de nombreux pays européens et africains est également un facteur favorable. Cette stabilité ne peut que faciliter l'utilisation de l'euro à la grande exportation ; la monnaie européenne devient ainsi vraiment mondiale, en utilisant toutes ses potentialités.

c) Euro : monnaie de transaction pour les membres de l'UE hors zone euro

Les nouveaux membres

Même pour les pays qui n'ont pas encore adhéré à la zone, le **taux d'utilisation de l'euro** pour les exportations croît et atteint en 2004 des taux assez élevés : **83%** pour la Hongrie, 69% pour la Pologne[115] et 66% pour la Roumanie. Cela

[114] Soit Brésil, Russie, Inde et Chine (BRIC). Depuis début 2008, c'est moins le cas pour la roupie indienne à la suite de difficultés intérieures.

[115] En septembre 2008, le gouvernement polonais a réaffirmé son objectif d'entrer dans la zone euro en 2012 et donc de respecter rapidement les critères de Maastricht. Leur respect est facilité par une croissance économique continue à environ 5% ou 6%, et maintenue en 2008.

montre que la monnaie unique est largement utilisée par les nouveaux membres en Europe centrale. Que ce soit entre eux ou pour commercer avec leurs voisins est-européens (Russie, Ukraine, Biélorussie et pays du Caucase).

L'euro est également très utilisé dans les transactions financières des nouveaux membres ; ils n'hésitent pas à émettre des bons ou des obligations, notamment d'Etat ou de collectivités publiques, libellées en euros.

La Grande-Bretagne

Ce n'est malheureusement pas encore le cas pour la Grande-Bretagne dont le taux de facturation des exportations en euros atteignait péniblement 23% en 2004. On y voit sa traditionnelle opposition à l'euro, mais aussi les restes de l'utilisation de la livre anglaise comme monnaie internationale et, enfin, ses liens forts avec les Etats-Unis (facturation en dollar). Mais aujourd'hui, à peine 4% des réserves des banques centrales sont libellées en livre sterling.

Cependant, on a vu les cours de la livre sterling se détacher du dollar de 2004 à fin 2007. Est-ce temporaire ? Les Anglais vont-ils enfin s'apercevoir que leur intérêt à long terme est d'entrer dans la zone euro ? On observe que le marché financier britannique n'hésite plus à utiliser l'euro. La grave crise financière et bancaire de fin 2008 / début 2009 va-t-elle faire avancer leur réflexion pour se rapprocher de la zone euro ?

Les pays scandinaves

Très intégré commercialement dans la zone euro (et germanique), le Danemark a décidé que sa monnaie ne fluctuerait qu'avec une très petite marge vis-à-vis de l'euro. Les autorités politiques n'attendent que l'opportunité politique pour organiser un referendum d'intégration à la zone (cela a été évoqué en 2008). Toutes les conditions techniques, dont le respect des six critères de convergence (voir supra), sont réunies. La crise de change d'octobre 2008 a contraint les autorités monétaires nationales à augmenter les taux d'intérêt pour maintenir fixe la parité de la couronne danoise avec l'euro. Cette fausse « indépendance monétaire » coûte en réalité cher à ce petit pays. Mais il garde ce lien fixe avec l'euro, car c'est conforme à ses intérêts.

La Suède, qui laisse sa monnaie flotter mais dans des marges de fluctuation assez faibles, montre moins d'empressement, malgré les coûts de change supportés par son économie. Mais, à l'instar de la monnaie norvégienne, la couronne suédoise est manifestement dans le « giron » de l'euro. Cependant, contrairement au Danemark, les monnaies de ces deux pays n'ont pas été soutenues fin 2008 et se sont donc dépréciées.

d) Euro : monnaie de transaction pour les pays méditerranéens

Les taux de facturation des exportations en euros y atteignent aussi des pourcentages élevés : Tunisie (55%), Turquie et Maroc (49%), etc.

L'euro est ainsi devenu la **monnaie d'échanges la plus utilisée** dans toute l'Europe et dans le bassin méditerranéen, favorisée par la multiplication des transactions à l'intérieur de cet ensemble euro-méditerranéen.

Son rapprochement avec l'Union européenne, avec l'accélération du processus de Barcelone (depuis 1995) et sa transformation en Union pour la Méditerranée (UpM) mi-2008, malgré peu de réalisations concrètes, devrait permettre une plus grande utilisation de l'euro dans cette région importante et une plus grande stabilité monétaire. Cela a déjà commencé pour les pays les plus peuplés, à l'instar des monnaies marocaine, turque et israélienne depuis quelques années. Même la livre égyptienne a connu une certaine stabilité vis-à-vis de l'euro depuis 2004, malgré certains liens avec le dollar dus notamment à sa production pétrolière et à une importante et étroite coopération avec les Etats-Unis.

Les pays du Golfe persique réfléchissent également sérieusement à des évolutions monétaires pour une moindre dépendance au dollar et à l'inflation importée. Le projet de leur monnaie commune, dans le cadre du CCG (Conseil de coopération du Golfe), précise qu'elle serait liée à un panier de devises comprenant bien sûr l'euro et le dollar. En fait, le dollar est encore utilisé aujourd'hui presque exclusivement pour la facturation de leurs exportations. Cependant, ce n'est pas pour cela, au moins dans un premier temps, que leur future monnaie unique deviendrait la monnaie de facturation de leurs exportations d'hydrocarbures.

e) Euro : monnaie de transaction dans le monde

Dans le monde, l'utilisation de notre monnaie est également favorisée par:

- **la grande exportation**, c'est-à-dire en dehors des zones proches de la zone euro. L'euro est de plus en plus accepté grâce à sa réputation et la présence de de nombreux Européens et de leurs entreprises, malgré des usages anciens favorables au dollar ;

- les **échanges touristiques**, où l'euro, avec un fort capital de confiance, est de plus en plus utilisé à l'extérieur de la zone, parfois en remplacement du dollar.
Il est rappelé que la zone euro regroupe 330 millions d'habitants (et bientôt beaucoup plus, contre 300 aux Etats-Unis) ayant un pouvoir d'achat élevé, qui

voyagent dans le monde entier et ont tendance progressivement à utiliser leur monnaie à l'extérieur car elle est désormais de plus en plus acceptée.

Par ailleurs, on peut prendre pour exemple l'origine des touristes en France qui a largement évolué en 2008. Par rapport à 2007, ils sont beaucoup plus nombreux en provenance de l'Europe centrale (Tchèques : +80%) et orientale (Ukraine, Russie : +40%) puis de l'ensemble de l'Europe (+20%), hors voisins immédiats (+4,7%). Ils sont également plus nombreux en provenance des pays émergents, notamment du Moyen-Orient (+24%) et de l'Asie. La clientèle des Amériques est stable, celle du Canada, du Brésil et du Mexique (+20%) compensant celle des Etats-Unis (-20%). Le tourisme se mondialise et les visiteurs de l'Europe apprennent à utiliser l'euro, tout en nous apportant leurs devises.

- les **transferts des migrants** (y compris et surtout vers l'Afrique). Ces derniers dépassent actuellement 200 milliards d'euros par an pour le monde entier. Une part importante de ceux-ci provient de l'Europe et favorise fortement la diffusion de la monnaie fiduciaire en euros (pièces et billets) qui est assez souvent utilisée pour de tels transferts, notamment vers l'Afrique sub-saharienne. Il est encore plus facile et moins cher d'utiliser avec discrétion les transferts en liquide (billets en euros) lors des voyages, malgré les limitations légales. Cependant, le volume des envois varie selon la conjoncture et ceux-ci ont fortement diminué fin 2008.

Il est notable que l'euro a commencé à s'imposer véritablement comme monnaie de transaction à l'international (et parallèlement sa valeur à augmenter) lorsque l'on a pu enfin utiliser les pièces et billets en euro, à partir du 1er janvier 2002. L'euro était enfin devenu une monnaie fiduciaire, et avec cela, une monnaie à part entière.

Les liens étroits entre les pays et citoyens de l'UE et ceux de l'Europe de l'Est, du Moyen-Orient, du Sud méditerranéen et de l'Afrique font que les échanges monétaires en euro, y compris en liquide, se multiplient pour tout type de transaction.

La stabilité de l'euro a permis l'augmentation de la confiance en la monnaie, et donc une plus grande utilisation.

Les liens fixes de l'euro avec les francs CFA et CFP, notamment pour de nombreux pays africains, favorisent les échanges de ces pays aux nombreuses populations pauvres non seulement avec la France, mais aussi avec l'ensemble de l'Europe, et également entre eux, à l'intérieur de l'Afrique. Ce continent est ainsi mieux intégré au système monétaire mondial.

4) Facturation en euro des exportations européennes ?

Pourquoi les entreprises européennes ne facturent-elles pas plus en euro? En dehors de raisons historiques, cela se justifie de moins en moins.

a) Les freins à la facturation en euro

<u>Les habitudes et les usages internationaux</u>
Dans certains secteurs industriels ou de service, il est ou était d'usage d'utiliser le dollar comme monnaie de référence et de transaction. Cependant, la taille de la zone euro remet en cause ces habitudes, ce qui est le cas pour un certain nombre d'acteurs européens depuis dix ans.

<u>Le secteur aérien</u>
Les usages pourraient être changés dans le secteur aérien. Ainsi, quelles raisons poussent les entreprises de transport aérien de la zone euro et assimilée à acheter leurs avions, assemblés en Europe par Airbus, en dollars ? Simplement l'usage.

Par exemple, il nous semble que ce serait l'intérêt d'Air France d'équilibrer ses recettes (billets d'avion) par des dépenses en euros (achats d'avions), même si cette politique de couverture ne peut être complète, du fait des achats de kérosène ou de pièces détachées en provenance de la zone dollar. En effet, c'est l'intérêt des entreprises d'équilibrer au maximum recettes et dépenses dans la même devise. Cela limite les risques de change, le recours à des couvertures financières qui ne sont jamais parfaites et les coûts de transactions. Les comptes d'Airbus reflètent cette problématique.

Augmenter les ventes d'avions facturées en euros serait également dans l'intérêt d'Airbus ce qui lui permettrait de rééquilibrer ses dépenses. Cette facturation en euros serait tout aussi profitable que de délocaliser les dépenses en zone dollar ou assimilée (production de pièces détachées en Tunisie et au Mexique).

Ne serait-il pas dès lors nécessaire de prendre comme mesure de soutien pour Airbus, l'incitation pour les compagnies de transport aérien européennes d'acheter leurs avions en euros ? Ce qui permettrait de faire disparaître progressivement cet usage anormal.

Le secteur des hydrocarbures et des matières premières

Ces secteurs utilisent encore actuellement le dollar comme monnaie de cotation et de transaction. Ainsi, les sociétés pétrolières comme Total vendent-elles leurs hydrocarbures en dollars à des chimistes, tels *Arkéma*, qui travaillent essentiellement en dollar, afin de limiter leur risque de change. Pour changer les usages, plusieurs facteurs doivent être réunis :

- la cotation en euro des hydrocarbures (pétrole, gaz et sous-produits) ;
- les paiements des matières premières en euro, d'abord dans les transactions avec la Russie et les pays d'Afrique, puis avec ceux du Golfe persique ;
- le règlement des entreprises de transports internationaux en euro ;
- que l'euro devienne une monnaie mature, stable et reconnue (sa jeunesse a joué contre lui au début).

De plus, comme nous l'avons dit précédemment, la taille de l'économie de la zone euro le permettrait. Toutefois, d'autres changements seraient nécessaires, par exemple :

- l'adhésion de grands pays est-européens, tels la Pologne ou la Roumanie à la zone euro, en complément des plus petits ;
- l'adhésion de la Grande-Bretagne ou d'autres pays nordiques à la zone euro ;
- l'abandon du lien fixe de leurs monnaies avec le dollar par les pays du Golfe persique (tel le Koweït) en créant leur propre monnaie commune.

Ainsi, outre un changement de mentalité et de comportement nécessaire, la taille de la zone euro est déterminante.

De plus en plus d'exemples vont dans ce sens

AREVA a vendu fin 2007 ses centrales nucléaires à la Chine pour 8 milliards d'euros. Le contrat a été libellé en euro. C'est un avantage pour AREVA comme pour l'acheteur chinois en raison de la relative stabilité de sa monnaie, le yuan, vis-à-vis de l'euro.

De nombreux industriels européens tentent de développer leurs exportations libellées en euro. Par exemple, l'industrie aéronautique européenne essaie de transformer les contrats à long terme avec la Chine (entretien, pièces détachées) en les libellant en euro et/ou en yuan et non plus en dollar. Cette politique demandera du temps, de la persévérance et le soutien de tous.

Il est fini le temps de l'égalité « exportations = dollars » des années 1950, où l'Europe d'après-guerre en général et la France en particulier « criaient misère ». Ainsi, est-il regrettable que certains hommes politiques prétendument responsables continuent de dire l'inverse. En quelque sorte, ils devraient arrêter d'avoir 60 ans de retard dans leurs raisonnements. Un article[116] sur les exportations européennes disait, en résumé, que l'on devait développer celles-ci dans la zone dollar pour gagner le maximum de devises, en oubliant l'Europe et le reste du monde.

En 2008, la monnaie d'exportation des Français et des Européens, c'est avant tout l'euro, bien avant le dollar et les autres monnaies mondiales.

b) Le poids du dollar est cependant encore indéniable

Le dollar reste la première devise du marché de change international, car il est la première monnaie dans laquelle s'effectuent les transactions. Hors Europe, c'est également la « monnaie pivot » pour les transactions financières. C'est pourquoi cette monnaie demeure la plus utilisée par les grands groupes multinationaux, notamment non européens. Par ailleurs, le système bancaire, notamment pour le financement des matières premières, utilise en grande partie le dollar comme monnaie de cotation et de transaction. Mais compte tenu de la taille prise par le marché de l'euro, son utilisation progressive pour le commerce des matières premières n'est pas impossible, après changements des usages et conventions.

Aujourd'hui, le dollar reste encore le pivot et la référence sur les marchés des changes, notamment à Londres, le premier d'entre eux. Mais, cette utilisation trop systématique du dollar va-t-elle durer ? Elle a déjà été remise en cause, en particulier en Europe continentale !

Ainsi, la proportion de multinationales d'origine européenne non anglo-saxonne ou asiatique tend à croître. Leur fidélité au dollar est beaucoup plus faible.

L'article suivant complète le sujet :

*« **Les avantages d'une domination**[117]*(hier du dollar pris dans une spirale négative et demain partiellement de l'euro ? Mais attention au laxisme) *:*

Pourquoi les hommes politiques, les banquiers centraux, les économistes, etc. s'interrogent-ils tant pour savoir quelle devise est susceptible de dominer le système monétaire international ? Parce que, être en mesure d'imposer sa monnaie permet de bénéficier de nombreux avantages.

---

[116] Publié dans *Les Echos* début 2008 et signé Bernard Accoyer.

[117] *Alternatives économiques* n° 272 de septembre 2008 et signé Christian Chavagneux.

Il y a bien sûr le prestige que confère à un pays l'acceptation de sa monnaie partout dans le monde. Mais les avantages sont aussi plus matériels : quand les investisseurs du monde entier vous apportent leur épargne, cela permet de financer des déficits extérieurs pendant longtemps – les économistes considèrent que l'on perd confiance dans une économie lorsque le déficit extérieur est supérieur à 4% du produit intérieur brut (PIB), ce qui est le cas des Etats-Unis... depuis 8 ans ! – et de vous endetter dans votre propre devise, ce qui élimine le problème des conséquences des variations de change. Des variations qui vous importent d'ailleurs assez peu puisque, même lorsque votre devise se déprécie, les financiers internationaux continuent à vous faire confiance (sauf écroulement brutal que l'on a partiellement connu d'août 2007 à septembre 2008*).*

D'une manière générale, votre politique économique (niveau de taux d'intérêt et du solde budgétaire) peut plus facilement être mise au service d'objectifs domestiques : pas besoin d'augmenter les taux d'intérêt tout de suite quand le taux de change se déprécie pour attirer les capitaux ; pas besoin non plus d'équilibrer trop vite les comptes publics ou un excès de consommation qui entraîne des déficits extérieurs. Bref, il est plus facile d'avoir des politiques de croissance forte.

Imposer sa monnaie comporte également des coûts. Lorsque les pays asiatiques décident d'ancrer leur taux de change sur les variations du dollar, les autorités américaines ne peuvent dévaluer par rapport à ces monnaies pour gagner en compétitivité. D'où les demandes incessantes de Hank Paulson, le ministre des Finances américain, pour que les monnaies asiatiques, et notamment le yuan chinois, soient réévalués.

Par ailleurs, au fur et à mesure que les étrangers vous apportent leur épargne, il faut la rémunérer. Les non-résidents détenaient 2.500 milliards d'actifs de plus que ce que les Américains possèdent à l'étranger (mi 2007, à la fin du 3ème trimestre 2008, c'était 3.458 milliards de dollars). *Les Etats-Unis n'en restent pas moins les rentiers du monde en gagnant l'an dernier sur leurs actifs internationaux presque 90 milliards de plus que ce qu'ils doivent verser !* (Temporairement, en faisant des plus-values sur titres et de change grâce à la baisse de leur monnaie en 2007 et des taux d'intérêt bas).

Comment expliquer cette anomalie ? Les investissements les plus anciens rapportent plus et le stock américain est le plus vieux ; les Américains investissent plus facilement dans des secteurs risqués qui rapportent plus ; enfin, les firmes américaines utilisent largement – et efficacement – les paradis fiscaux, eux aussi mis au service du roi dollar, pour accroître le rendement de leurs investissements. » Les emprunts d'Etat et assimilés, aux taux plus faibles, représentent 45% des dettes des Etats-Unis contre 15% des créances.

Nota : Nous avons mis nos commentaires en caractères droits.

Ces soi-disant « avantages » ne durent qu'un temps comme on l'a vu dans l'histoire économique avec la chute des empires monétaires (tel l'empire byzantin[118]). Leur taille leur permet de croire pouvoir vivre au dessus des lois économiques universelles (comme de dépenser plus que ce qu'ils gagnent), lois qui inévitablement les rattrapent.

c) L'influence grandissante des multinationales de la zone euro et des pays émergents

L'importance grandissante des multinationales d'origine européenne (voir chapitre IV), dont les comptes sont établis en euros et qui veulent se couvrir contre le risque de change, est aussi favorable à la monnaie unique. Comme on l'a vu ci-dessus, les entreprises européennes sont contraintes de produire et vendre des produits de haute qualité, réalisés essentiellement en euros, pour se maintenir dans des marchés hautement concurrentiels.

D'autre part, les banques de la zone euro ont accru de façon significative leur taille et leurs activités. Elles sont un facteur important de la diffusion de l'euro, même si elles sont au service de leurs clients.

Enfin, les multinationales des pays émergents voient souvent la monnaie de leur pays d'origine stable vis-à-vis de l'euro. Dès lors, l'attraction du dollar comme seule monnaie internationale s'amoindrit. Elles veulent éviter les risques de pertes de change, à l'instar des entreprises chinoises qui ont vu le dollar perdre plus de 20% en quelques années. Il en est de même des entreprises africaines, ou sud-américaines.

d) Les accords avec les grands pays, à la monnaie stable vis-à-vis de l'euro

De façon plus large, il serait utile de négocier avec les pays BRIC (des sommets entre l'UE et ces pays continents ont désormais lieu régulièrement), une plus grande utilisation de nos devises communes comme monnaies d'échange (utilisation commune successivement de l'euro, du réal brésilien, du rouble russe, de la roupie indienne et du yuan chinois). La forte stabilité de ces cinq monnaies

[118] Le mythe de la richesse de Byzance provient de la solidité de sa monnaie.

entre elles de fin 2003[119] à 2008, devrait faciliter le volume des échanges communs en euro, aussi bien commerciaux que monétaires.

Ce pourrait être la base d'un nouvel ordre monétaire plus équilibré, où chaque monnaie pèserait sur le marché des changes en proportion du volume de son PIB et de son commerce extérieur.

Pourquoi ne pas acheter le pétrole russe en euro ou en rouble russe et leur vendre des Airbus dans ces deux monnaies ? Il est indéniable que, d'une part, l'indépendance monétaire grandissante de l'Europe, et d'autre part la croissance de l'économie russe et son enrichissement,[120] peuvent limiter le recours à une tierce devise entre les deux ensembles.

5) Les systèmes de paiement intra-européens

a) Le SEPA[121], système européen de paiements

Le SEPA est devenu progressivement opérationnel à partir de 2008 (soit néanmoins 9 ans après l'arrivée de l'euro destiné à favoriser les paiements intra-européens), les migrations prévues devant se terminer en 2012. Ce système[122] permet l'automatisation des transactions pour les moyens de paiement les plus utilisés en Europe. Les blocages juridiques et techniques ayant été peu à peu levés, les transferts de fonds devraient se faire aussi facilement en Europe (zone SEPA) qu'à l'intérieur de chaque pays.

Ce sont la création du SME, puis de la monnaie unique et enfin les élargissements progressifs de la zone euro, qui ont favorisé l'Europe des paiements. Une zone euro trop restreinte n'aurait pas pu permettre à l'euro de s'imposer comme monnaie pivot du système.

Les dates clés du SEPA sont les suivantes :
. *28 janvier 2008 :* lancement du virement SEPA, dit « SEPA Credit Transfert - SCT », qui remplace progressivement le virement national et le virement européen classiques.

---

[119] A l'exception mi 2008 d'une dépréciation de la roupie indienne (temporairement ?) à la suite de tensions inflationnistes fortes.
[120] Alimentée par des exportations d'hydrocarbures importantes.
[121] SEPA : "Single Euro Payments Area" en langue anglaise. Il est regrettable qu'il n'y ait pas une version officielle en langue française de ce sigle. En effet, seuls un peu plus de 3 millions d'anglophones font partie de la zone euro à ce jour !
[122] Réalisé avec retards, après de longues négociations et de lourds investissements informatiques.

. *Fin 2009* : mise à disposition du prélèvement SEPA, dit « SEPA Direct Debit – SDD » qui remplacera progressivement les prélèvements nationaux.

. *31 décembre 2010 :* l'ensemble des cartes émises par les banques sera utilisables dans la zone SEPA, conformément au « SEPA Card Framework – SCF ».

. *Fin 2012 :* date prévisionnelle de la fin de la migration vers les instruments SEPA.

b) Les avantages en sont nombreux

Le SEPA va permettre de :

- **transférer des fonds plus facilement** dans toute l'Europe (31 pays : UE-27 + 4 pays : Suisse, Norvège, Islande et Liechtenstein). Les autres pays européens (Balkans et Est) et éventuellement les autres pays méditerranéens (et de la zone franc CFA à terme ?) devraient progressivement s'y joindre, dès lors que les conditions politiques, économiques et juridiques nécessaires seront atteintes ;

- pousser à une **intégration de plus en plus forte** de l'Europe bancaire, malgré des spécificités nationales encore nombreuses ;

- favoriser **l'industrie bancaire** en lui permettant progressivement d'amortir ses investissements (les systèmes d'information sont très coûteux) sur une plus grande échelle (standardisation) et de diminuer ainsi la facturation aux clients. Cette standardisation et cette diminution des prix feront l'objet d'une plus grande concurrence entre les banques européennes.

Certains observateurs d'outre-Atlantique ont indiqué qu'en 2012, selon le mode de transaction utilisé, il pourrait ainsi être plus facile de transférer des fonds à l'intérieur de la zone SEPA qu'à l'intérieur des Etats-Unis. Cela s'explique par les différences de réglementations entre les 50 Etats membres de ce pays.

c) Les retraits d'argent

On trouve désormais facilement des distributeurs automatiques de billets (DAB) dans tous les pays européens. Leur utilisation dans l'Union européenne a un coût limité pour les clients. Ainsi, à la suite des interventions insistantes des autorités européennes, le coût du retrait d'argent ne doit pas être supérieur à celui pratiqué dans le pays d'origine.

Les voyageurs peuvent donc facilement retirer de l'argent dans tous les pays de l'Union européenne sans subir les coûts excessifs antérieurs. Les commissions de retrait ou les commissions de change ont disparu ou ont été minimisées.

d) L'utilisation encore forte de la monnaie fiduciaire

L'utilisation des billets comme moyen de paiement est, en général, de moins en moins pratiquée en France ; on préfère payer par carte bancaire ou par chèque. Ce n'est pas le cas :
- d'une part, dans les pays européens à faible inflation traditionnelle, comme l'Allemagne, où la population a souvent du « liquide » sur elle ;
- d'autre part, à l'Est de l'Union européenne. Ainsi, un Européen de l'Est sur deux n'a pas encore de compte bancaire (60% en Lettonie, 55% en Pologne, 46% en Slovaquie, celle-ci ayant basculé sa monnaie en euro au 1er janvier 2009)[123].

Les personnes n'ayant pas de compte bancaire utilisent l'argent liquide comme moyen de paiement quasi-unique. Dans ce domaine, les banques européennes ont des perspectives de développement et d'investissement indéniables.

6) L'euro, monnaie internationale, détenue par les non résidents

Grâce à sa stabilité et au poids économique et politique de l'Europe, l'euro est devenu une monnaie internationale reconnue. Cela représente des avantages nombreux pour les européens mais aussi des responsabilités plus importantes ; il faut savoir gérer sa monnaie devenue internationale.

Les euros détenus par les non-résidents
La détention des euros par les non-résidents, c'est-à-dire par les agents dont la résidence principale se trouve en dehors de la zone euro, devrait atteindre mi-2008 près de 20% de la masse monétaire (contre 10% en 2004 et 14% en 2006), soit à ce jour de l'ordre :

- **95 milliards** d'euros (estimation) détenus en **monnaie fiduciaire** - billets et pièces (sur les **731 milliards** émis par la BCE en novembre 2008 - selon son bulletin - contre 672 milliards en mai 2008, cette augmentation s'expliquant par

[123] *Les Echos* du 28 mai 2008.

la forte demande des clients en monnaie fiduciaire, probablement liée à la baisse de la confiance dans le système bancaire). Avec ce volume, la monnaie fiduciaire en euro est la première au monde depuis décembre 2006, devant le dollar des Etats-Unis ;

- **100 milliards** d'euros environ détenus dans des **comptes bancaires** par les non-résidents.

Cette part de la masse monétaire en euro détenue par les non-résidents, qui a crû fortement ces dernières années pour atteindre 20% (soit un doublement en quatre ans et après dix ans d'existence), ne rejoint pas encore celle du dollar, dont 60% circulerait en dehors des Etats-Unis.

L'euro, monnaie d'épargne

L'euro est devenu la monnaie d'épargne pour de nombreux non-résidents, notamment ceux situés au Moyen-Orient. L'enrichissement rapide de cette région exportatrice d'hydrocarbures à prix élevés a augmenté fortement sa puissance financière. Les pays du Golfe multiplient les investissements et les placements financiers dans le monde entier, et notamment en Europe dont la monnaie unique inspire confiance. Cela permet aux Européens de recycler les pétrodollars et de compenser la hausse des sorties de devises.

Les effets sur notre monnaie

La croissance excessive de la masse monétaire de la zone euro (variation annuelle supérieure à 11% pendant de nombreux mois, mais heureusement descendue à 9,5% en juin 2008, puis à 8,7% en octobre 2008 et enfin à 5,9% en février 2009) - qui a inquiété longtemps la BCE - provenait en grande partie des dépôts de ces non-résidents. Ceux-ci peuvent accroître les risques d'inflation.

Il faut cependant noter que la force de l'euro permet de limiter les tensions inflationnistes internes et donc d'éviter aux Européens de supporter une partie des hausses préventives de taux d'intérêt. La zone deutschemark et notamment l'Allemagne avait déjà eu à gérer ce type de situation. Une monnaie solide attire aussi la spéculation. Savoir gérer cet afflux de liquidité est impératif.

Par ailleurs, certains observateurs lient le manque de liquidité qu'a connue l'Europe de l'été 2007 à fin 2008 (entraînant une forte hausse des taux d'intérêt à court terme) non seulement à la crise de confiance interbancaire liée aux *subprimes,* mais aussi à la hausse du prix du pétrole qui a entraîné des sorties de fonds massives. Les liquidités auraient ainsi lourdement quitté l'Europe, et ce d'autant plus que les grandes entreprises nord-américaines ou japonaises ont rapatrié leurs fonds. L'Europe devait alors absolument, par l'intermédiaire de ses banques, favoriser les recyclages de ces pétrodollars sur le continent. Fin

2008, avec les retournements conjoncturels, cette question est revenue au second plan.

7) L'euro international. Vers un monde monétaire multipolaire ?

a) L'Europe a retrouvé sa place

• L'Europe a enfin réussi le pari difficile de reconquérir pour la première fois depuis 1940, voire même depuis 1914, une place majeure sur la scène monétaire internationale. Avec l'euro, elle a réussi à retrouver une grande partie de son indépendance monétaire. La place qui lui revient est en cohérence avec son poids économique.

Grâce à l'Union latine[124], le Reichsmark allemand depuis 1870 et à la zone sterling (les colonies anglaises), l'Europe dominait largement le monde monétaire international. La guerre qui a démarré en août 1914, a non seulement ruiné l'Europe mais aussi mis fin à l'Union latine et à la liaison fixe entre les monnaies et l'étalon-or. Pour payer les énormes coûts de la guerre de 1914-1918, les pays européens ont été contraints de dévaluer. Cela aurait dû favoriser les exportations, la production intérieure et la reprise économique. Cependant, la crise de 1929, la surévaluation de certaines monnaies insuffisamment dépréciées et le protectionnisme ont limité la reprise. En revanche, l'Allemagne avait connu une hyper inflation catastrophique, à l'origine de la montée du nazisme.

L'entre-deux-guerres se caractérise aussi par le fait que chaque pays européen, après la crise de 1929, s'est « enfermé » dans le recours à ses colonies et au protectionnisme ; la limitation des échanges internationaux a empêché la reprise économique.

• C'est le **juste retour de son poids économique :** en 2007, l'Union européenne (500 millions d'habitants) représente 28% du PIB mondial environ (les Etats-Unis: 21%, à égalité notamment avec la zone euro au 2ème trimestre 2008).

Le poids international d'une monnaie devrait être fonction de l'importance de l'économie de son émetteur, les grandes monnaies historiques étant favorisées. Le rôle des anciennes puissances dominantes est important par son aspect

[124] Voir le détail au début du chapitre I.

politique. Mais si ces puissances dominantes connaissent de graves déséquilibres financiers et peuvent vivre d'expédients, la confiance dans leurs monnaies se perd peu à peu. C'est pourquoi la Chine, dans le cadre de la préparation du G-20 en mars 2009, a évoqué un usage plus important d'une monnaie internationale émis par le FMI (les DTS, droits de tirage spéciaux, pourraient-ils être réutilisés?) , demandant par là une limitation ou la fin de l'utilisation exclusive du dollar.

L'origine de cette perte de confiance dans la monnaie dominante peut être la conséquence de guerres (pour l'Europe de 1914 à 1945, mais aussi pour les Etats-Unis, engagés dans des guerres au Vietnam et en Irak), mais aussi de déficits commerciaux et de paiements ou de surendettement. Aucun pays ne peut « vivre au dessus de ses moyens ».

Ce privilège est le cas des Etats-Unis depuis 1945, selon de nombreux auteurs. D'où un laxisme « quasi-automatique » de leur politique monétaire qui, disent-ils, les oblige de créer toujours plus de monnaie afin de maintenir leur niveau de vie et de consommation et répondre aux lobbies coûteux (jusqu'au jour où la confiance disparaît).

Ce n'est heureusement pas le cas de l'Europe en 2008. La valeur de l'euro correspond à une économie solide basée sur un modèle européen performant et une faible inflation.

Le modèle humaniste des pères fondateurs de l'Europe, bien qu'imparfait, a fait ses preuves. Certes, il a besoin sans cesse d'être amélioré et adapté. Il doit cependant être conservé. En considérant que le « capitalisme libertaire » a grandement montré ses limites.

b) La Chine a un poids encore limité, mais en forte croissance

Pour sa part, la Chine représente 18% du PIB mondial calculé en parité de pouvoir d'achat PPA, mais environ 6% en valeur réelle ou courante (au taux de change courant).

Certes, la Chine a connu un fantastique développement depuis 30 ans (à la suite des décisions de Deng Xiaoping en 1978 de donner priorité à la croissance économique), avec une bonne partie de l'Asie. Mais, on a tendance à exagérer son poids[125]. Ce pays est en grande partie pauvre, avec un régime totalitaire et

---

[125] Certains auteurs peuvent même ajouter que la Chine n'a pas encore retrouvé son PIB d'avant la prise de pouvoir par les communistes en 1949. La guerre civile a ruiné le pays, les 3 grandes

dont le PIB atteint à peine 20% de celui de l'Union européenne au cours de change actuel. Sa natalité, devenue très faible, entraîne un vieillissement accéléré de la population.

Cependant, la Chine, grâce à ses réserves de change qui dépassent 1.400 milliards d'euros début décembre 2008, devrait devenir à terme un pôle monétaire plus important. On observe en effet une certaine stabilité de change de la monnaie chinoise avec celle de ses voisins. Mais les autorités chinoises restent très prudentes sur le rôle international du yuan, afin de maîtriser le processus d'ouverture.

C'est également le cas des autres « pays continents » (BRIC) qui n'ont cependant pas encore atteint le niveau économique de l'Occident. Ils en sont loin.

c) Vers une monnaie commune dans le Golfe persique ?

Les pays du Golfe persique[126] doivent gérer l'afflux de devises lié à la forte augmentation du prix des hydrocarbures en 2007 et 2008. Cela entraîne un boom économique, mais aussi une forte inflation, supérieure à 10%, car leurs monnaies sont actuellement attachées par un lien fixe au dollar « sous-évalué » et les taux d'intérêt intérieurs sont ceux de la Fed des Etats-Unis. Leurs propres taux d'intérêt d'intervention ne peuvent être relevés pour lutter contre l'inflation.

La solution envisagée serait de créer une monnaie commune dont la valeur aurait pour référence un panier de devises, dont l'euro et le dollar. Selon les observateurs, mi-2008, il en aurait résulté une réévaluation de leurs devises vis-à-vis du dollar d'environ 20%. En attendant, le FMI invite régulièrement l'Arabie saoudite à cesser son arrimage au dollar, car il estime que la lutte contre l'inflation doit être la priorité des pays du Golfe. Mais un tel découplage aurait pour effet de remettre en cause le statut du dollar en tant que monnaie de

---

initiatives de Mao (les cent fleurs, le grand bond en avant et la révolution culturelle) ont contribué à plonger la Chine encore davantage dans un gouffre abyssal.

[126] Le Conseil de coopération du Golfe persique a été créé le 25 mai 1985 à Abu Dhabi, aux Émirats arabes unis. Six pays en sont membres : Émirats arabes unis, Bahreïn, Arabie saoudite, Oman, Koweït et Qatar. Le Conseil a pour objectif de favoriser la coopération et la coordination entre les États membres dans des différents domaines comme l'économie, les finances, le commerce, les douanes, le tourisme et la recherche.

référence. Dès lors, les relations économiques et politiques du royaume avec les Etats-Unis en seraient modifiées, notamment la protection militaire.

Quant au Koweït, pays grand comme deux fois la Corse et à la population peu nombreuse, il est le seul Etat de la région à avoir fait flotter sa monnaie, entraînant une réévaluation du dinar koweïtien d'environ 6,5%. Cependant, son taux d'inflation n'a pas baissé de manière significative, malgré une puissance économique et financière basée sur des réserves d'hydrocarbures considérables.

d) Vers un monde monétaire multipolaire ?

On peut donc raisonnablement envisager un monde monétaire multipolaire autour des pôles suivants : Europe (avec l'Afrique ?), États-Unis, Chine, Inde, pays du Sud-Est asiatique (ANASE), Brésil avec l'UNASUR, Golfe persique, etc.... L'émergence de pôles monétaires serait facilitée par la multiplication des **échanges intra régionaux**, réalisés dans la monnaie régionale commune.

Et ce, parallèlement à la mondialisation qui est incontournable.

Le développement économique rapide des grands pays émergents, notamment BRIC, parallèlement à la multiplication des échanges commerciaux entraîne une forte croissance des échanges de devises de ces pays, notamment avec leurs voisins directs. En conséquence, si elles inspirent confiance grâce à leurs puissances économiques et un développement équilibré de leurs émetteurs, les monnaies de ces « pays continents » s'imposent progressivement à leurs voisins. C'est une leçon de l'histoire monétaire. En conséquence, à l'instar de l'euro dont le pouvoir de référence n'est plus à démontrer, les monnaies des pays BRIC et du Golfe persique (s'il s'y crée l'unité monétaire projetée) deviendront à terme des monnaies de transaction internationales. Ainsi, au lendemain du G-20 où rien n'a été décidé sur ce sujet, le Brésil propose-t-il à la Chine de commercer dans leurs devises respectives et non en dollar.

Le règne du dollar, unique monnaie internationale semble avoir vécu (de 1945 à 2000 environ). Les années 2007-2009 ont vu l'accélération de son déclin, avec la grave crise bancaire aux Etats-Unis, malgré quelques soubresauts. Dans la réalité de début 2009, l'argument de la « confiance » dans le dollar « valeur refuge » et dans l'économie des Etats-Unis semble peu convainquant.

Les comportements économiques reposent sur la confiance. Comme il a été dit, les politiques monétaires laxistes des Etats-Unis sont responsables de cette situation. Les déficits répétés de la balance des paiements ont fait fondre les réserves d'or détenues à Fort Knox. Ils ont altéré la confiance dans une monnaie de référence gérée par un seul pays en fonction de ses intérêts propres et sous la pression des lobbies. Il en a résulté un excès de monnaie et une lutte insuffisante contre l'inflation. Ce n'était pas acceptable à terme pour le monde, particulièrement pour les Européens qui ont des intérêts différents. La lutte contre l'inflation et la stabilité monétaire sont leurs priorités financières.

B) Conséquences pour la France et les Français

1) Une économie plus performante et mieux intégrée grâce à un cercle vertueux

Les engagements pris irrévocablement lors de l'approbation du traité de Maastricht obligent les pouvoirs publics à maintenir la politique économique dans un cadre assez rigoureux. Le respect des grands équilibres fondamentaux doit permettre à terme un meilleur développement économique.

a) Un contexte financier favorable

Les **taux d'intérêt plus bas et plus stables** permettent aux agents économiques de planifier à long terme de leurs projets. Ainsi, des investissements à long terme cohérents, dans un cadre réglementaire approprié, limite la création de bulles financières préjudiciables. De même, des taux d'intérêt plus stables et faibles évitent aux entreprises de subir des niveaux d'intérêt parfois meurtriers. Ils permettent de contenir les frais financiers et facilitent les restructurations en cas de difficultés.

Une **épargne favorisée et protégée,** grâce à une grande stabilité de la monnaie :
- du point de vue extérieur, la valeur de la monnaie est bien défendue, elle ne se déprécie pas à long terme vis-à-vis des autres devises ;
- du point de vue intérieur : l'inflation, qui est la mesure de la dépréciation réelle de la monnaie, est combattue avec détermination (même si les pouvoirs publics français ont parfois tendance à déraper, les partenaires européens – dont les dirigeants allemands, BCE et Commission européenne – les rappellent à leurs engagements).

Ainsi, les agents peuvent-ils épargner sans craindre une dépréciation à terme de leurs placements pour des raisons monétaires, hors fluctuations quotidiennes inévitables. Les filets de sécurité existent et sont nombreux. Et il est peu envisageable qu'un pays sorte de la zone euro.

b) Des échanges facilités

Une **plus forte concurrence intra-européenne et en France** pousse à la performance économique de l'ensemble des agents et à la rigueur. On ne peut plus utiliser des artifices comme l'inflation ou la dévaluation pour surpasser les pays concurrents. On doit ainsi agir « à la régulière ». Une organisation efficace et rigoureuse devient la règle du succès. Ce n'est pas simplement une question de principe. C'est également la réalité vécue par chacun des pays de la zone euro depuis une quinzaine d'années. Les Européens, notamment les Français, ne croient plus à l'efficacité des plans de relance économique par la consommation qui risquent de coûter cher pour une efficacité douteuse, avec un déficit commercial et un endettement aggravés (les échecs aux Etats-Unis et au Japon l'ont démontré).

Les **échanges extérieurs sont ainsi favorisés** avec les voisins directs, membres de la zone euro ou ayant une monnaie stable par rapport à l'euro. Exporter dans sa propre monnaie facilite les échanges également avec l'Afrique du Nord, de l'Ouest ou du Centre. Ces pays partagent avec la France une monnaie stable, souvent la même langue et un système juridique proche. C'est une réalité économique incontournable. Cette tendance forte est démontrée dans les statistiques publiées régulièrement, malgré des hauts et des bas conjoncturels.

Les **investissements à long terme sont facilités** en France, permettant de planifier efficacement les projets et de limiter les coûts intermédiaires, notamment financiers dus aux inévitables retards. Il en est de même pour les investissements dans toute la zone Europe, Méditerranée et Afrique centrale et de l'Ouest. Les investissements physiques et financiers dans ces pays émergents sont sécurisés et donc facilités. Cela favorise les exportations et multiplie l'ensemble des échanges économiques.

c) L'économie française se porte mieux

La meilleure preuve de la santé et du dynamisme de l'économie française est le fait que **2,2 millions d'emplois ont été créés** en France depuis la naissance de l'euro (et **18 millions** dans la zone euro). Le coût du traitement du chômage a donc fortement diminué.

Malgré une conjoncture plus difficile, les entreprises françaises sont devenues plus performantes et plus compétitives. Les bénéfices jugés encore trop faibles[127] en France sont largement compensés par les marges réalisées hors de nos frontières.

Comme on l'a vu au chapitre IV-B (voir supra), les comparaisons mondiales démontrent que le classement des grandes entreprises et banques françaises a progressé significativement depuis dix ans. Cette évolution s'observe tant en termes de chiffre d'affaires et de résultats qu'en termes de fonds propres et de puissance financière. Elles sont désormais à la dimension européenne et l'UE est la première puissance économique mondiale.

d) Les politiques trop laxistes ou démagogiques pratiquement impossibles

Rappelons que les politiques laxistes, démagogiques ou populistes sont devenues **plus difficiles à mettre en œuvre.** Des engagements irrévocables ont été pris. Les politiciens qui promettent des miracles sont heureusement limités dans leurs actions.

Les dirigeants politiques savent qu'ils ne doivent pas aller trop loin, sous peine de faire sortir leur pays de la zone euro. Parfois, certains politiciens français le demandent. Les effets catastrophiques qui en résulteraient, avec notamment des pertes pour les épargnants et les retraités français, entraîneraient inévitablement la chute politique des responsables d'un tel acte[128].

2) Les entreprises françaises favorisées

L'existence de l'euro depuis 10 ans a eu de nombreux effets favorables trop souvent oubliés, notamment :

Le **développement économique est globalement plus stable et plus durable**, car il est moins sensible aux variations monétaires. Les flux de transactions commerciales intra-européens ou avec des monnaies stables par rapport à l'euro représentent 70% à 80% de nos marchés extérieurs. Ainsi, en période de grave crise de change, cette stabilité est maintenue en Europe.

Les **entreprises françaises sont** plus compétitives, car elles **exportent** plus **dans leur propre monnaie,** limitant les coûts de transaction et les risques de change. Le résultat du 1er semestre 2008 des grandes entreprises européennes,

---

127 Voir sur ce sujet l'excellent livre de Jean Peyrelevade, « *Sarkozy : l'erreur historique* », Editions Plon, août 2008.

128 Voir la chronique de Philippe d'Arvisenet, Directeur des études économiques de BNP Paribas (février 2009).

bien qu'affecté par la baisse des cours moyens du dollar (-15,1%), de la livre anglaise (-13,7%) et par le début de la crise économique, le prouve en se maintenant à haut niveau.

Sur ce sujet, *Le Figaro* du 1er août 2008 a réalisé une synthèse des comptes publiés par une partie des entreprises industrielles et commerciales cotées au CAC 40. Pour l'inventaire de la moitié du CAC 40, le résultat net cumulé était en progression de 18%. Le chiffre d'affaires était pour la plupart en réelle augmentation. C'est le reflet d'une part de l'importance de leurs activités en Europe continentale (zone euro notamment) et de l'Est (hausse du cours des monnaies par rapport à l'euro) et, d'autre part, d'une implantation importante et en progression dans les pays émergents, notamment ceux qui ont une monnaie stable vis-à-vis de l'euro (BRIC et voisins notamment). Cependant, une aggravation de la crise au quatrième trimestre 2008 a rendu la gestion des entreprises et les conditions plus tendues.

L'**achat d'entreprises** concurrentes est facilité grâce à la force de l'euro, à sa présence dans de nombreux pays et à son coût de financement plus faible. La zone euro a permis aussi l'émergence de grandes entreprises européennes s'imposant sur les marchés mondiaux.

Un **enrichissement à terme est prévisible**, malgré les difficultés d'adaptation. Les exemples allemand, néerlandais et suisse l'attestent. Ces trois pays ont eu une politique monétaire rigoureuse pendant 50 ans avant l'arrivée de l'euro. Ils sont devenus parmi les plus riches d'Europe, à force de travail, de ténacité, de compétence, mais aussi de rigueur monétaire.

L'avantage d'avoir l'euro comme monnaie de réserve est un atout, il permet de moins emprunter dans une autre monnaie (voir supra). Les banques centrales de nombreux pays font confiance à l'euro, ce qui incite les épargnants à faire de même.

L'utilisation de l'euro, c'est-à-dire de sa propre monnaie dans le monde entier (progressivement) est un avantage comparatif. Les coûts de change pour les voyageurs sont en conséquence supprimés ou réduits (l'euro est une grande monnaie). Les coûts des autres transactions sont également diminués.

Le nombre des distributeurs automatiques de billets (DAB) en euro dépasse désormais 250 000. C'est un service dont les voyageurs français et européens profitent largement.

3) Les avantages pour les citoyens français

Parallèlement à une économie et à des entreprises qui se portent mieux, les Français bénéficient de leurs situations géographique et monétaire avantageuses.

La France métropolitaine : 5 pays frontaliers ont adopté l'euro : Espagne, Italie, Allemagne, Luxembourg et Belgique, ainsi que 2 micro-Etats : Andorre et Monaco.

La Suisse a vu sa monnaie se maintenir pendant longtemps aux environs de 1 € = 1,55 à 1,60 FRS, avec d'importantes forces de rappel (taux d'inflation proches) malgré des périodes de sur et de sous-évaluations.
La monnaie britannique restée hors zone euro s'était stabilisée aux environs de 1 € = 0,675 £ pendant de longues années avant de connaître un accès de faiblesse fin 2007 pour se stabiliser en 2008 un temps au niveau de 1 € = 0,79 £. Elle a retrouvé ainsi des cours des années 1990, avant de plonger en fin d'année jusqu'à approcher de la parité avec l'euro.

Les DOM-TOM se situent dans un environnement bien varié, composé notamment des Antilles françaises aux monnaies voisines « faibles », et de la Guyane, à la une longue frontière avec la Brésil, dont la monnaie s'est réévaluée depuis 10 ans vis-à-vis de l'euro. La Nouvelle Calédonie et les iles du Pacifique bénéficient du niveau des monnaies néo-zélandaise et australienne, relativement stables vis-à-vis de l'euro.

Augmenter les créations d'emplois en France depuis 10 ans :
Selon un bilan[129] publié mardi 19 août 2008 par l'Agence centrale des organismes de sécurité sociale (Acoss), l'emploi dans le secteur privé a progressé en France de 14% entre 1997 et 2001, puis de 3,9% de 2002 à 2007.

L'évolution de l'emploi sur cette période « n'a pas été homogène entre les secteurs », commente l'Agence, observant « une vive progression » (+15%) dans le BTP mais « une croissance modérée » pour le tertiaire (+7,4%), malgré une nette accélération dans les services à la personne et aux entreprises (centres d'appels, nettoyage et sécurité). Le recul de l'emploi industriel – la baisse atteint 10% sur la période - s'est poursuivi à un rythme moins soutenu.

Selon l'Acoss, l'Outre-mer, la Corse et « dans une moindre mesure » un arc Atlantique-Méditerranée ont nettement progressé, les régions du Centre et du

[129] *Le Monde* du 21 août 2008 citant *l'AFP*.

Nord-Ouest ont connu une hausse « médiane » et le quart Nord-Est est resté mal orienté.

Utiliser **sa monnaie** en toute confiance en France et en Europe:
La crainte que sa monnaie ne soit pas acceptée partout a disparu. C'est un réel avantage que l'on a parfois oublié, notamment dans tous les actes de la vie quotidienne. Les voyageurs européens apprécient le pouvoir d'achat de l'euro, les étrangers la facilité de son utilisation dans tout le continent, même lors du franchissement des frontières.

Favoriser le développement touristique :
Si les voyages en Europe ont perdu leur coté exotique à travers l'utilisation de multiples monnaies (malgré le passage au bureau de change à chaque frontière avec un coût non négligeable), l'existence de la monnaie unique permet de multiplier les échanges touristiques.

En effet, les habitants des 22 pays européens[130] qui utilisent l'euro se rendent mieux compte des différences de prix et peuvent dépenser à l'étranger sans s'inquiéter des effets de change trompeurs. D'autre part, les centres touristiques en dehors de la zone euro affichent de plus en plus souvent les prix en euro pour des raisons commerciales évidentes. C'est même le cas dans les pays les plus eurosceptiques (à Prague et à Londres notamment).

Augmenter le prestige de l'Europe et des Européens :
La stabilité de la monnaie est appréciée partout. La BCE a su créer une monnaie solide qui inspire confiance, à l'instar du deutschemark de 1950 à 1998. Le prestige d'un pays est lié à la solidité de sa monnaie. Les Etats-Unis en ont fait largement l'expérience. Parfois même, en ont-ils abusés ? Les étrangers prennent souvent connaissance d'un pays en observant ses pièces de monnaie et ses billets de banque qui en représentent des symboles forts.
Enfin, par l'originalité et la curiosité qu'elle éveille, l'expérience européenne est devenue en quelque sorte un modèle à travers le monde.

---

[130] Soit les 16 pays de la zone euro au 1er janvier 2009 (avec la Slovaquie), auxquels se rajoutent le Monténégro et le Kosovo, sans oublier les quatre micro Etats, tel Monaco.

C) Mais des difficultés

1) En Europe et dans le monde

a) Les Européens ne sont pas toujours d'accord, notamment sur la politique économique à suivre. Mais il émerge une certaine gouvernance malgré tout.

Les nombreux débats sur la politique économique au sein de l'Europe donnent parfois l'impression de divisions difficilement surmontables. Cependant, ces débats existent également dans les autres grands pays (Chine, Etats-Unis, Russie, Brésil), parfois avec moins de publicité puisque la presse européenne en parle peu. Si les Européens semblent afficher leurs divisions, c'est pour l'essentiel lié à un problème de communication ; ils ont le mérite de la transparence. Néanmoins, une bonne compréhension de la politique économique doit impérativement passer par la maîtrise d'une politique de communication et d'explications. La question est importante car les libéraux anglo-saxons, souvent eurosceptiques, jouissent d'un trop fort monopôle sur la presse économique européenne.

Cependant, malgré la mise en place d'une monnaie unique, une véritable politique économique commune n'a pas encore vu le jour. Le débat existe depuis longtemps et n'a été que partiellement tranché avec la création de l'Eurogroupe. Le sujet de la gouvernance en particulier est régulièrement mis en avant par les eurosceptiques, dont les Britanniques. On peut néanmoins s'interroger sur la nécessité d'une véritable gouvernance, au sens keynésien du terme. On a trop connu en France des relances inutiles ou nuisibles à la japonaise, menant au surendettement (en 1981, mais aussi en 2007 pour 15 milliards d'euros). Heureusement, le cadre contraignant des critères de convergence de Maastricht, limite les dérives dangereuses.

Le *traité de Lisbonne* qui remplace de façon moins ambitieuse (parmi les changements, les symboles de l'Europe ont été malheureusement abandonnés) le projet de *traité constitutionnel* rejeté par deux pays en 2005, devrait permettre une meilleure gouvernance de l'Union européenne, et donc une meilleure harmonisation des politiques économiques en Europe.

b) Des mutations difficiles

Les Européens de l'Ouest, notamment les Français, subissent la **double mutation** caractérisée par :

- L'arrivée des pays de la nouvelle Europe, aux salaires plus faibles, a été assez massive, ce qui a exacerbé la concurrence pour les travailleurs. Néanmoins, ces pays de l'Est ont connu depuis dix ans une forte croissance, avec des pénuries de main d'œuvre impliquant une augmentation rapide des salaires pratiqués. Ces tensions s'atténuent donc.

Par exemple, dans l'automobile, le coût du travail a augmenté en 4 ans (de 2004 à 2008) de 7% en France et de très peu en Allemagne, mais de 52% en Tchéquie, de 66% en Slovaquie et 129% en Roumanie. La concurrence intra européenne en termes de salaires devient plus modérée et l'intégration économique se réalise rapidement et dans des conditions bien meilleures que prévues (il en avait été de même lors de l'intégration de la péninsule ibérique dans l'UE). Le chômage dans l'Europe de l'Est est même devenu faible. En revanche, devant une telle hausse de coûts salariaux, les constructeurs automobiles investissent de plus en plus hors de l'Europe, en Afrique du Nord ou plus loin encore.

Les évolutions sont voisines dans le secteur des services informatiques. Toutefois, on assiste à des rapatriements d'activités. L'efficacité d'une organisation bien adaptée, proche des clients ou relocalisée est recherchée au détriment du coût de la main d'œuvre.

- La concurrence moins exacerbée de la part des pays émergents.
Celle-ci est liée à la mondialisation et au développement économique accéléré touchant tous les continents, y compris l'Afrique. Le décollage économique de ces pays rend leurs économies beaucoup plus performantes. Cela se traduit par la vigueur de leurs devises et une concurrence plus modérée. C'est le cas pour le yuan chinois qui a fait preuve d'une bonne tenue aussi bien vis-à-vis du dollar que de l'euro, notamment fin 2008. La puissance économique de la Chine y gagne, mais les prix des produits chinois deviennent moins concurrentiels en Europe et aux Etats-Unis. Pour preuve, un important producteur de jouets a fait faillite en octobre 2008.
Ainsi, les différences de salaires au niveau mondial ont-elles tendance également à s'atténuer, notamment avec les pays en plein boom économique.

c) Innovation et formations universitaires : l'Europe peut et doit mieux faire.

Pour résister à la concurrence internationale et aux effets d'une monnaie forte, la solution économique est d'innover, d'élaborer et de développer des produits de haute technologie, où la concurrence est plus faible. Ainsi, beaucoup de pays européens, pour rattraper leur retard, doivent développer des pôles d'innovation et de compétitivité performants au niveau mondial. C'est l'objet de la stratégie de Lisbonne définie en 2000.

L'Europe devrait mettre en place un classement mondial des universités[131] plus objectif et plus conforme à la réalité de ses performances intellectuelles, ne favorisant pas systématiquement les universités anglophones, dont celles situées aux Etats-Unis.

d) Une démographie chancelante

Par ailleurs, les Européens subissent des déséquilibres démographiques : le nombre de retraités augmente plus vite que le nombre des cotisants (Même le taux français de 2 enfants par femme - le plus élevé d'Europe avec l'Irlande - ne permet pas à terme le renouvellement des générations). Ce qui entraîne mécaniquement une baisse des sommes disponibles pour les retraites. La stagnation ou la baisse de ces retraites ne sont pas à imputer à l'euro.

e) Un avenir pas si difficile pour les Européens?

Grâce au boom économique que les pays émergents ont connu, des milliards d'êtres humains sont sortis progressivement de la pauvreté. Mais cette concurrence nouvelle et le déséquilibre démographique rendent beaucoup de citoyens européens pessimistes quant à l'avenir des générations futures (les Français comptent parmi les plus pessimistes).

Nous sommes actuellement en phase d'adaptation et de mutation. Mais un certain nombre de critères ne justifient pas cet « europessimisme » malgré la conjoncture.

---

[131] Remplaçant les classements qui existent actuellement, tels ceux de *Shanghai* ou de *Times Higher Education.*

2) Les Français mettent trop leurs difficultés sur le compte de l'euro

Selon l'Insee (octobre 2007), on observe :

Un pouvoir d'achat qui stagne et même baisse : malgré une inflation au plus bas (1,2%), le pouvoir d'achat n'a **progressé que de 2,0%** ces cinq dernières années (dont 2005 : 1,7%, 2006 : 2,3% et 2007 : 2,8%), après avoir **crû de 3,4%** de 1998 à 2002. Il a même baissé les neuf premiers mois de 2008, avec le coût des hydrocarbures, puis l'aggravation de la crise en fin d'année.

A moyen terme, la variation du pouvoir d'achat ne peut que suivre la croissance économique ; celle-ci a malheureusement été faible de 2002 à 2005.

La hausse des prix des matières premières fin 2007 début 2008, et notamment des hydrocarbures, a même entraîné une baisse du pouvoir d'achat des ménages. Les coûts ont été supportés par les salariés (augmentations de salaires inférieures à l'inflation). Par ailleurs, les comparaisons de prix ont montré que le système commercial français établissait des prix souvent supérieurs à ceux de nos voisins de la zone euro.

Le poids des revenus d'activité, salaires en tête, a baissé, passant de 77% à la fin des années 1970 à 70% du PIB depuis les années 1990. Les salariés en ont conscience.

Une inégalité en forte croissance : la proportion de salariés rémunérés au SMIC est passée **de 8,6% en 1991 à 15,1% en 2006** (c'est un record). Au total, près de 38% des salariés de tout type perçoivent **moins de 1,3 SMIC**. Parallèlement, les 3 500 foyers les plus riches ont vu leur revenu réel progresser de 42,6% depuis 8 ans (salaires, revenus de capitaux, plus-values boursières et mêmes parfois boucliers fiscaux).

L'euro est-il responsable ?

L'euro n'en est pas la cause comme on entend le dire trop souvent. Les politiques suivies par les pouvoirs publics français et européens, depuis plusieurs années, étaient mal adaptées. La tendance mondiale de la hausse des prix et la crise économique et financière ont également largement contribué à détériorer ces indicateurs. Néanmoins, en novembre 2008, la hausse des prix à la consommation harmonisée de la zone euro (IHPC) était presque redescendue à son niveau habituel : 2,1% sur un an, avant de diminuer encore, à 0,6% en mars 2009. En dix ans, la hausse des prix n'a jamais été aussi modérée qu'aujourd'hui. Et les niveaux plus élevés de début 2008 ont été moindres à l'intérieur qu'à l'extérieur de la zone euro.

On peut donc raisonnablement penser que, sans la mise en place de l'euro, la situation aurait été encore plus dégradée.

3) Difficultés en France: les hausses de prix, les résultats des entreprises

a) Un « ressenti » inflationniste élevé lors du passage à l'euro, malgré une hausse des prix faible (voir les statistiques d'*Eurostat* en annexe 7-A)

L'inflation a été historiquement basse pendant ces dix dernières années (moins de 17% au total, de 1997 à 2007), mais les excès de certains ont laissé une mauvaise image, une impression presque indélébile que l'euro a été source d'inflation alors que c'est objectivement et scientifiquement faux. Cela vient du fait que les prix de première consommation (café, pain, nourriture) ont parfois beaucoup monté ou fait l'objet de hausses de prix abusives.

Des prix qui montent (*source :* Insee, *Le Monde*, pour les années 1998 à 2007):

- Fioul domestique :	+ 126,3 %
- Tabac :	+ 89,9 %
- Carburants :	+ 52,4 %
- Pain et céréales :	+ 16,6 %

Et aussi des prix qui baissent:

- Micro-ordinateurs :	- 82,5 %
- Appareils photo :	- 64,8 %
- Jouets et jeux :	- 12,0 %

L'impression de cette hausse des prix a été largement plus forte que la réalité.

Cependant, il n'en demeure pas moins que des abus, lors de l'introduction de l'euro, ont été constatés, aussi bien en France qu'en Allemagne. Dans ce pays, l'euro a été surnommé en 2002, « teuro », regroupement des mots euro et « teuer », ce qui veut dire plus cher. Par ailleurs, lors du passage à la monnaie unique fiduciaire, l'inflation mondiale a connu une hausse importante de 2000 à 2002, parallèlement à une crise économique. La chance a manqué, d'autant plus que l'euro a connu une baisse sur le marché des changes.

Mais, cette réaction a été temporaire. « Ce phénomène a été négligeable pour l'ensemble de la période de l'euro » a expliqué Christian Noyer, Gouverneur de la Banque de France.

En effet, une fois le basculement réalisé, on a assisté à une période d'adaptation progressive. Aujourd'hui, il semble que les populations soient habituées à l'euro et qu'elles aient confiance dans cette monnaie. L'effet psychologique négatif, pour une large part « artificiellement monté en épingle » par les personnes hostiles, est maintenant en grande partie oublié. La force de l'euro a permis la limitation de la hausse des prix des matières premières importées début 2008. Les effets efficaces de la concurrence sur les prix doivent désormais jouer à plein, pour les 330 millions d'habitants de la zone euro. On le constate en mars 2009 avec un taux d'inflation annuel record de 0,6% seulement.

b) L'inflation depuis 1997 selon *Eurostat* : les données objectives

En annexe 7-A ont été reprises les données statistiques officielles d'*Eurostat* depuis 1997, pour les taux d'inflation annuels moyens harmonisés (IHPC) des pays d'Europe, des Etats-Unis et du Japon.

- Il en ressort que depuis 10 ans, même s'ils ont un peu divergé (taux moyens de +1,47% à +2,99% pour les grands pays européens), les taux d'inflation n'ont pas été fondamentalement différents à l'intérieur de la zone euro et n'ont donc pas remis en cause la cohérence interne des prix dans la zone. En effet, bien que le niveau des prix en Espagne (avec +2,99% de hausse moyenne annuelle en dix ans), ait été plus élevé qu'en Allemagne (+1,47%) ou en France (+1,67%), il reste faible. Le schéma repris en annexe 9 montre à la fois cette faible divergence des taux d'inflation en Europe et leur faible niveau. Ces résultats tangibles sont un démenti aux études suisses ou anglaises récentes évoquant un possible éclatement de la zone euro (thèse défendue par les ultralibéraux se réclamant de Milton Friedman et diffusée en période de crise).

Cependant, l'utilisation de la monnaie unique dans une zone de 330 millions d'habitants fait apparaître des différences entre les régions européennes. Ce manque d'harmonisation a de nombreuses causes, dont les particularités régionales (elles existent aussi aux Etats-Unis). Mais cela démontre des manques de transparence et de concurrence. Ainsi, le gouvernement français a dû récemment changer la loi sur la concurrence entre grandes surfaces. Ces deux critères essentiels dans la formation des prix restent à améliorer.

- Par ailleurs, les taux d'inflation ont été faibles depuis 11 ans, à part quelques exceptions comme début 2008. Ainsi, le taux moyen d'inflation depuis 10 ans de la **zone euro ressort à 1,95%** (très voisin des 2% affichés comme objectif de la zone euro); il ressort à **1,67% en France, soit un record rarement atteint** au cours de son histoire économique récente.

L'Europe a donc su éviter avec l'euro, d'une part l'inflation qui s'est plus développée aux Etats-Unis (+2,60%), et d'autre part, la déflation que le Japon a connue (-0,23%) en raison d'un endettement excessif. L'importance de la zone euro et sa politique rigoureuse a notamment permis de limiter l'inflation interne au 1er semestre 2008, où la hausse des prix de détail a été de près de 2 points de pourcentage inférieure en zone euro à celle des Etats-Unis (4% contre 5,7%). La zone euro a même réellement contribué à limiter cette importante vague inflationniste mondiale, ce qu'elle n'avait pu faire dans les années 1973 et suivantes, l'Europe monétaire étant alors divisée.

Enfin, concernant le passage à la monnaie unique fiduciaire (changement des billets et pièces en euro), on ne remarque pas de poussée inflationniste particulière en Europe (malgré des tensions inflationnistes mondiales et une baisse temporaire de l'euro) durant cette période de 2001 à 2003 dans les principaux pays de la zone euro. Cependant, on peut relever des hausses de taux d'inflation dans trois « petits » pays : Pays-Bas, Irlande et Portugal. Ce n'est manifestement pas le cas en France, où l'INSEE a estimé la hausse de prix liée au passage à l'euro à 0,2 point de pourcentage maximum. En moyenne annuelle, la hausse est passée officiellement de 1,8% en 2001 à 1,9% en 2002, soit à des taux inférieurs à ceux de la zone euro.

c) Un exemple de prix bas : la publicité d' « Ed »

Publiée en décembre 2008[132], cette étude publicitaire donne :

- Un panier de produits courants de 44,67 € en novembre 2008 contre 52,01 € en 2001 pour les mêmes produits (soit une baisse de 14,1%), 2001 marquant l'introduction de l'euro fiduciaire (date de l'arrivée effective de l'euro pour la majeure partie de la population qui l'a perçu dans son portefeuille ou porte-monnaie).

- Une liste de 32 produits courants dont les prix ont baissé sur la période dans la même proportion (-13,7% exactement). Malgré son caractère publicitaire, cette étude, bien que partielle, nous semble éloquente.

A noter que le jambon cuit et le café moulu, souvent évoqués, ont baissé respectivement de 20% et de 24% depuis janvier 2001. Si la plupart des produits bruts ont peu augmenté, ce sont souvent les produits industrialisés ou transformés qui ont crû plus fortement, mettant en cause l'ensemble des

[132] Voir annexe 7-B.

intermédiaires concernés. C'est ce que démontre la BCE, dans son bulletin du mois de novembre 2008 (page 45) qui donne un taux annuel de 3,6% pour les produits alimentaires non transformés et un taux de 6,2% pour les produits alimentaires transformés.

On peut observer que pour le jambon et le café, certains restaurateurs ont augmenté leurs marges exagérément. Que va-t-il se passer avec la baisse prévue du taux de la TVA sur la restauration ? Des mesures appropriées doivent être mises en place de manière à répercuter réellement cette baisse sur la clientèle.

d) Un système commercial français qui parfois exagère sur les prix

De façon complémentaire, des études ont démontré que le système commercial en France n'est pas assez concurrentiel. Les comparaisons avec nos voisins de la zone euro ont montré des prix hors taxes parfois nettement supérieurs en France, de l'ordre de 30%.

Le rapport officiel Besson, publié en décembre 2008 sur la « formation des prix alimentaires », confirme cette analyse concernant les distributeurs[133] :

« *La marge nette du distributeur représente plus de 20% du prix du jambon, 25% pour le rôti.* Un graphique montre que la marge nette distributeur (2,55 € le kilo) est supérieure au prix de l'éleveur (1,40 € le kilo). La grande distribution n'est pas en reste. Non contente de préserver des marges « *assez fortes* », elle retire des produits lorsque ça l'arrange. Quand les pâtes flambent, celles des marques de distributeurs disparaissent des rayons : « *Certains distributeurs ont choisi de déréférencer les produits concernés* », plutôt que d'assumer une forte hausse (en fait, un doublement du prix). Résultat : les pâtes pas chères ont disparu, laissant la place aux *pasta* de marque, plus onéreuses.
Pourquoi un tel pataquès ? Parce que la France manque de concurrence. Une note de bas de page explique qu' « *une situation commerciale plurielle n'existe que sur 13% des marchés. Dans 60% des cas, une enseigne en position de leader distance nettement son second qui favorise la formation de prix de monopole ou duopole.* »

L'organisation de la concurrence a été restructurée pour limiter de tels abus (facilités par les Lois Royer et Raffarin). Une plus grande concurrence entre commerces, notamment ceux à bas prix, devrait faire baisser progressivement les prix aux niveaux de ceux pratiqués en Allemagne. Mais, on en est encore loin en France !

---

133 *Marianne* du 20 décembre 2008.

L'existence de la zone euro a contribué à combattre ce type d'abus manifestes, plus facile à déceler avec la même monnaie. Les pouvoirs publics français ont donc été obligés d'en tenir compte, malgré les fortes résistances des professions plus ou moins protégées. Les citoyens européens font donc pression sur leurs gouvernements.

Même si elles pratiquent parfois des politiques (trop ?) libérales, qui laissent peu de place à l'intervention publique, les autorités européennes ont toujours eu pour constance de favoriser la concurrence au niveau des 500 millions de consommateurs, et notamment des 330 millions d'habitants de la zone euro. Cela permet de limiter les hausses de prix ; cette politique est en parfaite cohérence avec les objectifs de la BCE. Encore faut-il que les pouvoirs publics nationaux favorisent aussi la concurrence entre les commerces par des lois et réglementations appropriées.

e) Les marges des entreprises situées en France sont cependant insuffisantes

Du fait de politiques économiques peu opportunes ou non rigoureuses depuis de longues années, les résultats des entreprises (profits après impôts et intérêts en pourcentage du PIB), qui étaient de l'ordre de **8%** jusqu'en 2003, ont :
. baissé en France au taux de 5% début 2007,
. augmenté en Allemagne à 10%.
(*sources* : BNP Paribas, NATEXIS)

Là encore, une mauvaise adaptation française aux réalités économiques et un certain échec des politiques économiques nationales récentes[134] sont pour partie responsables de cette évolution.

Arrêtons de prendre l'euro comme bouc-émissaire à toutes nos difficultés ! En la matière, les médias et les analystes « eurosceptiques » avancent trop souvent des arguments erronés.

En effet, le taux de marge des entreprises ne dépend pas de la monnaie ou de la politique monétaire, ni même du taux de change de l'euro vis-à-vis du dollar (voir supra). La zone euro est une zone monétaire très importante avec un taux de change fondamentalement stable avec la plupart des pays avec qui elle commerce.

[134] Voir le livre de Jean Peyrelevade : *Sarkozy : l'erreur historique*, août 2008, Plon.

Ces taux de marge dépendent des politiques économiques pratiquées par les pouvoirs publics, de façon structurelle ou conjoncturelle. On peut citer rapidement la façon dont sont favorisés les investissements à long terme, en matériels de production, en recherche appliquée et en innovation, ou bien encore les systèmes de formation. Les dirigeants politiques sont responsables de la façon dont la fiscalité s'applique au système de production, de la politique des dépenses publiques plus ou moins rigoureuse, de la politique salariale compatible avec une économie performante, de la façon dont sont financées les charges sociales et les retraites.
Une gestion efficace demande une implication et un courage aux plus hauts niveaux de l'Etat pour l'expliquer.

Conclusion :

La création de l'euro depuis dix ans, malgré des efforts initiaux importants et des difficultés inévitables dans un monde de forte concurrence, a été favorable aussi bien aux Européens qu'aux Français. Quelles auraient été les conséquences de la forte instabilité monétaire due à la crise financière puis économique si l'euro n'avait pas existé ?

Tout laisse à penser que nous aurions connu, à l'exemple de la grave crise de 1991-1993, de fortes dévaluations compétitives ou des réévaluations inopportunes dans l'UE, gravement préjudiciables à l'économie. Celles-ci existent malheureusement fin 2008, mais de façon beaucoup plus marginale.

Ainsi, tout comme pour la hausse des prix du pétrole, l'euro nous protège des tempêtes monétaires, au moins à l'intérieur de la zone euro.

De nombreux pays européens qui ont refusé de faire partie de l'UE ou de la zone euro lorsque la conjoncture était favorable regrettent aujourd'hui leur manque d'adhésion.

L'UE est généreuse et ouverte, voir « bonne fille » diraient certains ; ce n'est pas trop tard pour y adhérer. Mais entre-temps, le coût pour eux de la crise économique et financière a été élevé et ils devront pour intégrer la zone euro accepter la même rigueur économique. A eux d'en tirer toutes les conséquences et de faire le « bon choix ».

VI - Idées fausses et suggestions ; pour une meilleure communication

Enfin, reconnaître à l'euro son succès et ses aspects positifs pour les populations dont il est la monnaie, nécessite de réfléchir sérieusement aux idées fausses que certains véhiculent sur l'euro, aux erreurs de stratégie en termes de communication dont a souffert l'euro et aux ratés de la gouvernance européenne. Autant de facteurs qui ont masqué trop longtemps les réussites de la monnaie unique et qui ont nui à sa réputation dans la première décennie de son existence.

A) Des idées fausses sur le commerce extérieur

1) Déficits extérieurs : le cours de l'euro n'est pas la seule cause

Selon une étude de la Royal Bank of Scotland (RBS) publiée en octobre 2007, la détérioration du commerce extérieur français à l'époque n'était pas due à la force de l'euro, malgré l'affirmation de nombreux commentateurs. Elle provenait surtout de la faiblesse des exportations vers l'Europe et spécialement en direction de la zone euro, donc dans des directions où le cours des devises ne jouait pas.
Les cours moyens de l'euro étaient à l'époque d'environ 1 € = 1,35 $ ou 1 € = 0,67 £ ou encore stables vis-à-vis de nombreuses devises des pays émergents et est-européens. Les évolutions ultérieures ont confirmé ce point de vue.

Jusqu'en août 2008, on a connu une flambée du prix des matières premières avant une rechute et une évolution inverse du dollar (baisse puis remontée partielle). Ce double mouvement, s'il a permis de limiter l'effet de hausse des matières premières en Europe, a rendu nos exportations plus onéreuses vers les pays de la zone dollar. Cependant, on a tendance à exagérer l'influence du cours des monnaies sur le commerce extérieur et à sous-évaluer l'effet des politiques structurelles, notamment pour les grands pays.

L'exemple du commerce extérieur des Etats-Unis le montre. En juillet 2008, mois où le dollar a battu ses records de baisse avec un cours moyen de 1 € = 1,577 $ après plusieurs mois de faiblesse, le déficit commercial extérieur a atteint le record de 62,2 milliards de dollars (contre 58,8 le mois précédent) dont 11 avec l'UE-27. Les déficits des Etats-Unis avec les pays de la zone euro se sont fortement accrus, notamment avec les pays suivants :

- Allemagne : - 4,6 milliards de dollars (+18% sur le mois précédent),
- Italie : - 2,5 milliards de dollars (+60,3%),
- France : - 1,7 milliard de dollars (+11,5%).

Il est vrai qu'un plan de relance économique de plus de 100 milliards de dollars, avec un important soutien à la consommation des populations, a été décidé au printemps 2008 et avait grandement favorisé l'importation de biens. Début 2009, ce déficit commercial a baissé malgré le rebond de la devise 6 mois plus tôt.

Par ailleurs, le commerce extérieur français a atteint un record négatif au 1er semestre 2008 : plus de 24 milliards d'euros de déficit. Sur la même période, l'Allemagne a battu un record d'excédent (plus de 180 milliards d'euros), grâce notamment à son savoir-faire à l'exportation.

De plus, les dirigeants de l'Etat allemand ont mené depuis toujours et particulièrement ces dernières années une politique économique rigoureuse, ce qui a limité les hausses de salaires et les déficits publics. En revanche, leurs homologues français ont multiplié les promesses électorales et les hausses de salaires difficilement supportables par l'économie du pays. Une meilleure politique structurelle moins laxiste aurait certainement permis de limiter un appauvrissement de la France, constatée par l'aggravation des déficits commerciaux.

Ainsi, une trop grande concentration de nos exportations françaises en produits de grande ou moyenne consommation (produits de bas de gamme ou de moyenne gamme) a pour conséquence que l'effet-prix joue à plein en notre défaveur. Il en est de même de la plupart des autres pays latins. C'est pourquoi certains politiciens de ces pays s'en prennent régulièrement à l'euro. Mais ils oublient souvent qu'ils sont à l'origine de ces médiocres politiques structurelles ou conjoncturelles.

2) La hausse des matières premières a été exagérée par un effet d'optique

Début 2008, la hausse du prix des matières premières a affiché une ampleur trompeuse. L'effet d'optique a été amplifié par la baisse significative du dollar, devise de cotation. Cependant, l'OPEP et le marché pétrolier tiennent compte en partie du cours du dollar pour fixer le prix du pétrole.
Ainsi, lorsque l'instrument de mesure (le dollar) s'est dévalorisé, les cours de matières premières ont affiché des taux de croissance exagérément élevés. Mesurée en euro (stable face à un nombre important de grandes monnaies), la hausse significative apparaît moins forte.

Par ailleurs les pays producteurs de matières premières ont enregistré des croissances et des excédents commerciaux spectaculaires. Les pays dont les monnaies flottent ont vu celles-ci s'affermir, parfois même vis-à-vis de l'euro, ce qui n'a pas été le cas de la plupart des pays du Golfe persique. Leur pouvoir d'achat a ainsi augmenté, leur permettant d'acquérir des produits élaborés ou de haute technologie en provenance de pays riches. Ainsi, pour ces pays qui ont vu leur monnaie s'affermir, la hausse réelle du prix des matières premières a été plus faible qu'affichée en dollar.

Même si l'usage quasi-unique d'une seule monnaie (le dollar) pour les cotations des matières premières facilite les mesures, il n'est pas sûr que l'Europe d'une part et les pays vendeurs d'autre part, acceptent à terme d'utiliser comme moyen de paiement une monnaie qui se dévalorise. Certains économistes vont jusqu'à affirmer que les pays vendeurs ont augmenté leurs prix pour compenser la baisse du dollar. Ainsi, a-t-on pu voir le prix du pétrole et le cours du dollar évoluer en sens inverse. Dès que le dollar baissait, le prix du baril augmentait et vice versa.

B) Le marché des devises et l'utilisation des monnaies

1) L'importance de la zone dollar est surévaluée

a) Une zone dollar qui est devenue moins importante

L'importance actuelle de la zone dollar est trop souvent exagérée par rapport à la réalité de 2007-2008, et ce pour des raisons historiques.

Dans de nombreux pays émergents et pendant des dizaines d'année, le dollar a été utilisé comme monnaie d'échange quasi-unique, dans les échanges extérieurs mais aussi comme seconde monnaie intérieure. La chute des régimes communistes en Europe de l'Est a même accentué ce phénomène en raison de la perte de confiance en la monnaie nationale. L'absence d'une monnaie unique en Europe s'est alors cruellement fait sentir.

Il est en conséquence indéniable que le dollar a été pendant 60 ans (depuis 1944) la seule véritable monnaie internationale, bien que parfois contestée par la livre sterling, le deutschemark et le yen. Il était utilisé également largement dans les pays en difficultés économiques comme deuxième monnaie nationale. Ce fut le cas dans des pays comme le Cambodge qui ont mis longtemps à rétablir leur situation économique. Et le dollar reste encore la principale devise pivot du marché des changes international.

Mais, pour combien de temps ? Vu son instabilité apparente !

En effet, il ne faut pas cacher que l'utilisation du dollar recule dans de nombreux pays émergents. Ce n'est plus la monnaie incontournable. L'euro, mais aussi par exemple le rouble russe, le yuan chinois ou le réal brésilien commencent à jouer ce rôle, au moins au niveau régional, sinon mondial. Cependant, par sa taille et sa diffusion, l'euro a une forte avance sur ces autres monnaies.

En conséquence, le renforcement des économies des pays émergents leur permet de créer un meilleur climat de confiance pour leur propre monnaie. Leurs excédents commerciaux permettent d'accumuler des réserves de change nationales importantes, garantes d'une certaine confiance dans la monnaie. En cas de difficultés, la banque centrale a ainsi les moyens de réagir. Au quotidien, la population des pays émergents utilise de moins en moins une monnaie étrangère.

Peut-on imaginer régler ses achats en dollar dans la zone euro ? Non. C'est désormais la même chose au Brésil. Ou en Inde qui n'a plus autorisé récemment l'utilisation du dollar pour payer l'entrée dans les musées nationaux. C'était bien sûr aussi le cas depuis longtemps en Chine.

On assiste donc à **une « dédollarisation »** dans de nombreux pays, parallèlement à une **« renationalisation » des monnaies**.

b) Des régions où l'euro a une influence significative

Dans l'ancienne UE-15 et en Norvège et en Islande

A cause d'un nationalisme ou d'une volonté d'indépendance d'un autre âge, trois pays ont refusé d'intégrer la zone euro : le Danemark, la Grande-Bretagne et la Suède. Cependant, ces trois pays sont actionnaires de la BCE et membres de nombreux organes de concertation européens. Les conditions techniques sont réunies pour qu'ils adhèrent très rapidement à la zone euro dès que les décisions politiques seront prises, dans le respect des critères de Maastricht. Le gouvernement danois a même envisagé un temps d'organiser un referendum d'adhésion fin 2008. Ce serait l'intérêt de ces pays qui utilisent déjà la monnaie unique dans toutes leurs relations avec l'Union européenne et ses membres.

En raison de l'importance de leur commerce extérieur avec la zone euro et de la taille des marchés financiers, l'euro est présent en permanence dans la vie économique de ces pays récalcitrants. Sauf exception, leurs monnaies sont donc relativement stables par rapport à l'euro :

- Danemark : la couronne danoise est quasiment stable vis-à-vis de l'euro au cours de 1 € = 7,45 DKK ;
- Suède : la couronne suédoise connaît des fluctuations plus fortes que la monnaie danoise, tout en restant dans des limites raisonnables, autour de 1 € = 9,30 SEK depuis 10 ans, malgré une faiblesse récemment aggravée par la crise économique ;
- Norvège : la couronne norvégienne de ce pays « pétrolier » qui a refusé d'adhérer à l'Union européenne a fluctué faiblement autour de 1 € = 8,0 NOK depuis 1999, avant de s'affaiblir fin 2008 ;
- Islande : la couronne islandaise (ISK) a connu un effondrement de la valeur de sa monnaie à la suite des faillites bancaires à l'automne 2008. Alors que son cours fluctuait depuis plusieurs années autour de 1 € = 80 ISK, il est passé brutalement à 1€ = 280 ISK fin novembre 2008 ;
- Grande-Bretagne : bien qu'influencée également par les cours du dollar, la livre britannique s'était relativement stabilisée autour de 1 € = 0,675 £ de 1998 à 2007. Cependant, la grave crise bancaire puis économique que traverse ce pays a fait plonger la livre qui s'était stabilisée aux environs de 1 € = 0,795 £ (-18%) depuis mars 2008, avant de rechuter jusqu'à 1 € = 0,98 £ (ou bien 1 £ = 1,02 € environ).

A noter que ces monnaies ouest-européennes se sont légèrement rétablies début 2009 après leur chute à la fin de l'année 2008.

Dans la « nouvelle Europe » et dans l'Est de l'Europe

Parallèlement à une plus grande utilisation des monnaies nationales, la « dollarisation[135] » a été remplacée en grande partie par une certaine « euroïsation », notamment dans les pays de l'Est de l'Europe.

Ces pays se sont mis à détenir ou à utiliser de plus en plus d'euros au détriment du dollar, en particulier ceux qui ont programmé volontairement leur proche entrée dans la zone euro. C'était l'une des conditions pour entrer dans l'Union européenne et les populations l'ont approuvé par referendum à l'époque, y compris les plus eurosceptiques. Leurs Etats et leurs grandes entreprises nationales (ou celles européennes présentes) n'hésitent pas à emprunter en euros. C'est la raison pour laquelle la plupart de ces nouveaux membres ont

---

[135] Ces termes sont utilisés pour simplifier l'exposé. La « dollarisation » et la « dédollarisation », ainsi que « l'euroïsation » ou dé-euroïsation » sont l'utilisation plus ou moins forte de ces monnaies, en supplément des monnaies nationales.

plus ou moins institué un lien quasi-fixe entre le cours de leurs monnaies et l'euro (Slovaquie, Bulgarie[136] et pays baltes sûrement, Roumanie et Pologne en partie avant fin 2008). Concrètement, ces pays ont quasiment deux monnaies, l'une nationale pour les transactions courantes intérieures, l'autre l'euro, pour une partie des transactions financières et extérieures, comprenant bien sûr le tourisme.

Par ailleurs, dans tout l'Est de l'Europe et dans les Balkans, les échanges de billets sur les marchés à étalages locaux ou municipaux se faisaient souvent en dollars. Les transactions jusque dans les petits commerces entre Russes, Ukrainiens et Polonais ont été souvent réalisées en billets de dollars pendant 15 ans environ (de 1989 à 2004). En 2009, ces dollars ont été remplacés en grande partie par les monnaies nationales ou par les euros.

Pour lutter contre l'invasion de ces dollars, le Président russe, M. Poutine, a fait voter au début du XXIe siècle une loi prévoyant des sanctions très sévères pour toute utilisation en Russie des billets en dollar. L'Ukraine est restée très longtemps un pays largement « dollarisé ». Heureusement, ces pays européens ont connu depuis un spectaculaire redressement économique, ce qui a permis à leurs monnaies nationales d'inspirer de nouveau confiance et de s'imposer alors dans l'activité économique. La grave crise financière de 2008-2009 a cependant refragilisé de nombreuses monnaies nationales et augmenté le recours aux grandes devises refuge.

Sept ans après l'émission des billets et pièces en euro, les transactions en euro ont désormais largement pris le dessus comme monnaie internationale dans toute l'Europe, à l'Est, mais aussi dans les Balkans. Les euros fiduciaires détenus à l'étranger, et spécialement dans cette région, ne cessent de croître. Ils sont devenus une valeur refuge. Grâce aux nombreuses aides versées en euro, la politique de voisinage développée de façon croissante par l'Union européenne à 27 favorise bien sûr les transactions et l'utilisation de l'euro et donc sa diffusion, que ce soit vers l'Est européen ou vers le Sud méditerranéen.

En Méditerranée

A l'instar de l'Europe centrale et de l'Est, les pays méditerranéens, voisins de l'Union européenne, ont vu leurs monnaies s'affermir en gagnant la confiance des marchés, parallèlement à une généralisation de l'euro comme monnaie d'échange internationale dans la région.

---

[136] Une stabilité plus forte existe même avec la Bulgarie et les 3 pays baltes (membres de l'UE), puis Bosnie-Herzégovine, Croatie, Macédoine et en partie Moldavie.

En conséquence, la présence de l'euro a fortement augmenté dans de nombreux domaines. C'est le cas déjà pour le tourisme, le commerce extérieur, les grandes entreprises, le marché financier local ; l'euro est présent via les soutiens au développement versés par l'Union européenne et ses membres. En conséquence, en Méditerranée, l'ensemble des activités économiques en liaison avec l'étranger utilise en grande partie l'euro. Seule l'utilisation du dollar par les pays pétroliers (Algérie, les pays du Golfe persique et un peu l'Egypte) freine cette tendance.

En conséquence, la politique de voisinage de l'Union européenne a une influence significative dans le développement de ces pays, par le versement d'aides. L'implantation des entreprises européennes développe inévitablement les transactions en euro. Ainsi, la banque BNP Paribas a-t-elle décidé que la Méditerranée serait une zone de développement stratégique et a multiplié les implantations d'agences dans l'ensemble du pourtour.

Cependant, il y a lieu de préciser que le cours de change des monnaies méditerranéennes, au flottement souvent contrôlé par les autorités monétaires nationales, est dépendant des évènements économiques et des politiques intérieures de ces pays. Ils ont su stabiliser leurs monnaies et prendre une certaine indépendance monétaire en raison des politiques économiques équilibrées et appropriées.

Les iles de Malte et de Chypre ont intégré l'Union européenne en 2004 et la zone euro le 1er janvier 2008. Ce n'est pas neutre. Ces pays situés au milieu de la Méditerranée sont des centres économiques, touristiques et financiers importants, faisant le lien entre le Sud et le Nord. Anciennes colonies anglaises, des centres « off shore » y sont implantés avec la présence de nombreuses banques internationales, aux relations denses avec l'Afrique du Nord, le Moyen-Orient et même les zones russophones.

Outre le développement économique, le respect des normes européennes a eu pour effet d'obliger à rendre légale une grande partie des activités « grises » réalisées à Chypre, endiguant alors la corruption et les réseaux de mafias, d'origines russes ou autres.

Par ailleurs, la présence de Chypre est très utile pour l'Union européenne. En période de flambée des cours des hydrocarbures, elle permet de recycler les pétrodollars russes de la Mer caspienne et du Moyen-Orient. Pour ce recyclage, Chypre est devenu un redoutable concurrent vis-à-vis du Liban. Ce dernier a développé cette activité avec les pays arabes, lors des deux premiers chocs pétroliers, mais a souffert des guerres civiles et des fortes destructions israéliennes.

Espérons que l'échec des solutions militaires israéliennes et du Hezbollah, et la reprise de relations diplomatiques avec la Syrie, grâce au soutien des Européens, vont permettre d'installer au Liban une paix plus durable. La reconstruction de ce pays est financée par les dollars du Moyen-Orient mais aussi par les euros des Européens dont la présence en tant que forces de maintien de la paix est importante. Ainsi, les militaires français, espagnols et italiens sont-ils nombreux sur place à multiplier les liens entre les Libanais et les Européens, tout en dépensant leurs euros.

Israël, pour des raisons historiques et de proximité, a développé des liens économiques plus importants avec l'Europe qu'avec les Etats-Unis, même si ces derniers gardent une forte influence militaire et politique. Ces liens ont été jusqu'à permettre l'intégration de l'euro dans le panier de devises de référence du shekel israélien (ILS), dans la proportion de 28%.

Le shekel israélien s'est stabilisé vis-à-vis de l'euro depuis début 2004 aux environs de 1€ = 5,60 ILS, avant de s'apprécier vers 5,25 ILS en été 2008. Il s'est en conséquence décroché du dollar de façon significative.

Hors pays de l'Union européenne, l'économie israélienne est la plus développée du bassin méditerranéen, favorisée par un niveau technologique élevé, une population d'un haut niveau de formation et des dépenses de recherche militaire fortes. Comme aux Etats-Unis le système militaro-industriel aide au développement de l'innovation technologique. Cependant, tant que la paix ne sera pas instituée avec ses voisins[137], l'économie israélienne souffrira de coûts militaires élevés.

La Palestine devrait progressivement prendre son indépendance, pour peu que les promesses faites soient tenues et pouvoir battre monnaie. Cependant, outre le problème de la bande de Gaza et sa séparation de la Cisjordanie, les implantations israéliennes se multiplient. Cette situation de fait, en violation avec le droit international (comme pour la Géorgie en 2008) est dénoncée par toute la communauté internationale, y compris les Occidentaux.

---

[137] Avec son territoire quadrillé (occupé ?) par de nombreux chars et soldats de son puissant voisin, trop de Palestiniens se trouvent dans une véritable prison dans la bande de Gaza ou en Cisjordanie, fait dénoncé par de nombreux Occidentaux, et par ailleurs, trop de Chrétiens s'y sentent exclus. En outre, la Palestine voit se multiplier les constructions de colonies israéliennes sur son territoire, implantations qui ont doublé en 2008 par rapport à 2007

L'Union européenne aide financièrement ces populations pauvres en leur versant, quand elle peut les atteindre, plusieurs centaines de millions d'euros par an, de façon complémentaire aux aides très importantes versées en dollars par les pays du Moyen-Orient et financées par les ressources pétrolières. Mais parfois, cet argent sert à des investissements collectifs indispensables qui sont ensuite souvent détruits par son puissant voisin… Dans cette partie du monde, la paix devient urgente et l'Europe doit y jouer un rôle important, en faisant jouer sa « puissance douce ».

La Turquie, avec une population nombreuse mais divisée, est en phase de fort développement économique; ses usines exportant beaucoup vers l'Europe. Une importante bourgeoisie moderne, « occidentalisée », d'un haut niveau de formation (y compris francophone et germanophone) et entreprenante, a multiplié le commerce avec l'Europe, notamment avec l'Allemagne où vit une importante communauté turque. Comme pour les pays latins avec l'Afrique du Nord, l'euro a été largement diffusé en Asie mineure en raison des voyages touristiques des Européens et de nombreux émigrés de retour dans leur pays. Le dynamisme économique de la Turquie, lié à un retour des grands équilibres, a permis à la livre turque de se stabiliser aux environ de 1 € = 1,75[138] livre turque depuis début 2003, malgré quelques tensions temporaires. La crise financière aggravée en octobre 2008 a de nouveau fait baisser la livre turque, jusqu'à 2,20 livres pour un euro. Temporairement ?

L'Egypte, à la population importante, souvent pauvre, et à la natalité significative, est en pleine phase de développement économique. Celui-ci est favorisé par la présence d'une bourgeoisie d'un haut niveau de formation et par un financement issu des ventes d'hydrocarbures. C'est le deuxième géant de la région dont la position géostratégique compte.
La livre égyptienne montre une certaine stabilité par rapport à l'euro depuis 2004 (cours moyen de l'année 2007 à 1 € = 7,73 livres), jusqu'à fin 2008,[139] malgré des fluctuations dues au dollar et aux évènements intérieurs du pays.

Le Maroc et l'Afrique du Nord connaissent un développement économique significatif, bien que le PIB par habitant reste encore à un niveau faible. Les échanges se multiplient avec l'Union européenne, qu'ils soient commerciaux, touristiques, financiers, politiques ou migratoires, d'autant plus que le français est souvent la langue commune. Leurs monnaies sont relativement stables vis-à-

[138] Ce taux de change est celui de fin août 2008.
Il est à noter qu'une réforme monétaire au 1er janvier 2005 a divisé par 1.000.000 le nominal de la livre turque. Ainsi, l'euro est passé de 1 € = 1 831 803 TRL à 1 € = 1,83 TRY ; avec l'engagement des autorités nationales de maintenir les grands équilibres économiques et donc la valeur de la monnaie.
[139] Cours fin août 2008 : 1 € = 7,85 livres égyptiennes.

vis de l'euro depuis 2003, y compris pour l'Algérie et la Libye malgré l'influence du dollar due à la vente des hydrocarbures.

La valeur du dirham marocain évolue aux environs de 1 € = 11 Dh depuis 2003, avec cependant une certaine prise en compte de la valeur du dollar (le panier de monnaie de référence est tenu secret par les autorités monétaires), entraînant une légère diminution tendancielle par rapport à l'euro, pour atteindre un cours moyen 2008 aux environs de 1 € = 11,34 Dh.

Cette tendance à la baisse régulière est plus importante pour le dinar tunisien, selon la volonté politique des autorités tunisiennes de favoriser le tourisme et les industries de main d'œuvre dans ses échanges avec l'Europe. La valeur du dinar tunisien a cependant pour référence principale celle de l'euro, le cours moyen devant passer de 1 € = 1,752 TND en 2007 à 1 € = 1, 805 TND en 2008. Ce qui est logique car la monnaie la plus utilisée pour les exportations de ce pays, à l'instar du Maroc, est l'euro.

En Afrique sub-saharienne

L'Afrique est historiquement la zone d'influence des Européens, malgré une présence chinoise de plus en plus affirmée aujourd'hui. Avec la France et la Grande-Bretagne, mais aussi l'Allemagne, la Belgique, l'Espagne, le Portugal et l'Italie, les Européens y sont présent depuis plusieurs siècles, et spécialement depuis le XIXe siècle. Hors l'Afrique du Nord dont la question a été traitée ci-dessus, l'économie et les monnaies africaines ont tendance à mieux se comporter. On peut raisonnablement espérer un début de décollage économique, puisque le continent a dépassé régulièrement les 5% de croissance récemment. Celle-ci a été facilitée par la hausse des cours des matières premières, inversée fin 2008. Les Africains devraient cependant pouvoir vendre progressivement leurs produits à un stade plus transformé de la chaine de valeur, afin d'en tirer un meilleur parti.

Si quelques monnaies de pays africains sont liées au dollar, les monnaies européennes ont une influence certaine dans la fixation des monnaies africaines, notamment l'euro, grâce à son lien fixe avec le franc CFA (voir supra chapitre III-D-1). Ce dernier est en effet la monnaie de 14 pays africains : à l'Ouest avec 8[140] pays émetteurs du XOF et au Centre avec 6[141] pays émetteurs du XAF. A ceci se rajoute un lien fixe de l'euro avec le franc comorien (KMF) et l'escudo des iles du Cap Vert (CVE). On compte ainsi 16 monnaies africaines qui ont une valeur totalement fixe par rapport à l'euro.

---

140 Bénin, Burkina Faso, Cote d'Ivoire, Guinée Bissau, Mali, Niger, Sénégal, Togo.

141 Cameroun, Centrafrique, Congo Brazzaville, Gabon, Guinée équatoriale, Tchad.

A part une réévaluation en 1948 et une dévaluation de 50% en 1994, ressentie comme un échec manifeste, le franc CFA est resté stable vis-à-vis du franc français, puis de l'euro, depuis sa création le 26 décembre 1945, à la suite des accords de Bretton Woods un an et demi plus tôt. Le Trésor français a donné sa garantie pour assurer la convertibilité totale avec la monnaie française, transformée ensuite en monnaie européenne.

Parités de change du franc CFA depuis 1945:

Création du FCFA, franc CFA	26 décembre 1945	1 FCFA = 1,70 FF
Dévaluation du franc français (FF)	17 octobre 1948	1 FCFA = 2,00 FF
Instauration du nouveau franc français	27 décembre 1958	1 FCFA = 0,02 FF
Dévaluation du franc CFA	12 janvier 1994	1 FCFA = 0,01 FF
Arrimage du franc CFA à l'euro	1er janvier 1999	1 euro = 655,957 FCFA

Ce n'est pas le cas des francs guinéen et malgache qui sont restés indépendants à la suite des décisions politiques de leurs dirigeants. Ils ont ainsi refusé la proposition française de maintenir une valeur fixe de leur monnaie avec le franc français. Ces monnaies ont enregistré ultérieurement de fortes dévaluations. En conséquence, aujourd'hui, ces pays et leurs populations connaissent un niveau de vie plus bas et une pauvreté accrue.

Par ailleurs, la livre sterling a gardé une certain influence historique (mais sans lien fixe) avec les monnaies des anciennes colonies britanniques, telle l'Afrique du Sud. L'Union africaine (ou UA, nouveau nom de l'association continentale qui voudrait se développer de façon propre, mais en s'inspirant du modèle de l'Union européenne) regroupe 53 membres (tous les pays du continent à l'exception du Maroc, à cause du Sahara occidental). Mais un regroupement monétaire continental est encore loin d'être créé, malgré le franc CFA qui pourrait servir de « noyau dur ». L'Union africaine a d'autres priorités actuellement.

Si l'économie de l'Afrique du Sud domine par sa taille l'économie du continent, avec une influence politique indéniable (elle intervient souvent pour calmer les conflits), le Nigeria et la R.D. du Congo[142] sont les pays les plus importants en

[142] La République Démocratique du Congo (nom du fleuve dont le bassin couvre une grande partie du territoire ou ex-Zaïre) est aujourd'hui le premier pays francophone au monde pour sa population (65 millions d'habitants), sa surface (grand comme l'Europe) et pour ses ressources

population et en ressources minières. Cependant, ces pays connaissent de grandes difficultés pour développer leurs économies où la corruption doit être combattue, spécialement pour le second qui ne dispose pas de productions d'hydrocarbures comme le premier (mais dispose d'énormes ressources minières, dont cuivre, métaux rares et diamants).

c) Les monnaies nationales et la présence de l'euro dans les autres zones monétaires

En Asie

Avec une croissance économique élevée et équilibrée, les pays de l'Est asiatique commencent à mettre en place des monnaies solides et stables, grâce aux excédents commerciaux qui leur ont permis d'accumuler des réserves de change importantes. C'est le cas de la Chine qui a accumulé plus de 1.400 milliards d'euros de réserves, mais aussi d'un nombre important d'autres pays comme la Thaïlande ou les Philippines, l'Inde étant en position intermédiaire.

Leur fort développement économique a également déclenché des tensions inflationnistes importantes, combattues par des hausses de taux élevées. D'où un maintien stable de ces devises vis-à-vis de l'euro et des taux de change élevés par rapport au dollar entre 2003 à 2008. Cependant, hors cette stabilité de change notable, l'utilisation de l'euro reste encore limitée en Asie. Rappelons que l'Est de l'Asie effectue des échanges commerciaux, souvent libellés en dollars, avec l'Ouest des Etats-Unis.

En revanche, les transactions intra-asiatiques sont le plus souvent libellées dans les monnaies de la zone. L'ANASE (Association des nations de l'Asie du Sud-Est ou l'ASEAN en anglais), qui regroupe 10 pays[143], envisage une plus grande intégration économique passant par la création d'une monnaie commune, en prenant pour modèle l'Union européenne et le CCG au Moyen-Orient.

Cependant, par leurs poids, l'Inde et surtout la Chine sont des points d'ancrage monétaires incontournables en Asie. Ainsi, le yuan chinois a-t-il montré une grande stabilité vis-à-vis de l'euro (aux cours d'environ 1 € = 10 yuans), malgré des variations ponctuelles. La monnaie chinoise s'est cependant réévaluée d'environ 10% en octobre 2008, limitant la concurrence des produits exportés.

---

minières. Parmi les grands pays du monde, la croissance de son PIB sera en 2008 et 2009 la plus forte, à plus de 9%, devant la Chine, selon le FMI.

[143] Autour de l'Indonésie, la péninsule indochinoise et les Philippines.

En Amérique Latine

Des monnaies comme le réal brésilien et les pesos chilien ou colombien ont désormais acquis une certaine indépendance grâce à un développement économique équilibré. Ces trois monnaies ont montré alors une certaine stabilité vis-à-vis de l'euro depuis 2003. Il n'est pas impossible que la même politique monétaire rigoureuse entraîne les mêmes effets et une stabilité de change entre les monnaies concernées. Nous ne sommes plus dans les années 1950 à 1970, où les Etats-Unis avaient une influence prépondérante, économique, monétaire et également politique, avec des régimes militaires plus ou moins corrompus et la doctrine cynique de Kissinger[144].

L'UNASUR, l'Union des nations sud-américaines ou « Unión de Naciones Suramericanas » a été créée le 23 mai 2008 et regroupe les 12 pays de l'Amérique du Sud (tous les pays du sous-continent à l'exception de la Guyane française), dont les membres du « Mercosur » et de la « Communauté Andine », les deux groupements les plus anciens des pays de l'Amérique du Sud. Outre une communauté économique, le projet actuellement à ses débuts, envisage à terme : une monnaie commune, une citoyenneté et un passeport communs, et un parlement commun. Le tout à l'instar de l'Union européenne. Nous n'en sommes qu'au début, mais on peut imaginer la création progressive d'une monnaie commune autour des monnaies stables indiquées ci-dessus, comme en Europe autour de la zone mark. C'est en tous les cas l'un des objectifs affichés.

L'euro serait alors sûrement un ancrage monétaire pour cette zone en création, notamment il pourrait faire partie du panier de monnaies de référence. L'influence de l'économie européenne est primordiale dans la région. Certaines années, le commerce de l'Amérique du Sud avec l'Union européenne est supérieur à celui avec les Etats-Unis.

Egalement, de nombreux liens culturels et religieux unissent les deux ensembles continentaux.

2) Le développement des marchés financiers locaux

Le développement économique des pays émergents passe par des monnaies fiables (comme on l'a vu au chapitre précédent), mais aussi des marchés financiers locaux significatifs. Outre un marché de change d'une taille

---

[144] Henry Kissinger a été Secrétaire d'Etat des Etats-Unis de 1973 à 1977 sous les présidences de Richard Nixon et de son successeur Gérald Ford. Promoteur de la *Realpolitik*, il a développé pour les Etats-Unis une politique interventionniste, notamment en Amérique latine.

minimum, l'existence de ces marchés est nécessaire (marchés des matières premières, mais aussi marchés monétaires, obligataires et actions), pour développer une économie moderne et performante.

C'est le cas par exemple au Maroc qui a su développer ses marchés financiers locaux à l'aide d'un système bancaire solide composé de plus de 10 banques.

En conséquence, la *Banque Mondiale* avait pour projet de lever mi-2007 un fonds de 3,5 milliards d'euros pour permettre la création et le développement de marchés financiers locaux dans les pays émergents. Cela leur donnerait plus de possibilités pour placer et emprunter dans les devises locales à court terme mais aussi à plus long terme. Malheureusement, cette tentative ne semble pas s'être concrétisée pour le moment. Ce type de projet devrait cependant voir le jour, car il répond à un vrai besoin, dans l'accompagnement du développement économique de ces pays.

C) La valeur des devises et les cours de change entre elles

1) Le flottement des monnaies entre elles est la règle générale.

Depuis l'abandon de l'étalon-or en 1971 et la non-convertibilité du dollar en or en 1973, l'ensemble des monnaies flottent entre elles, sauf lorsque des liens fixes ont été institués. On a vu que progressivement la référence au dollar s'était affaiblie et surtout que l'euro, avec une soixantaine de monnaies dans le monde, avait fondé un pôle de stabilité pendant 5 ans. En conséquence, la référence systématique au dollar n'est plus de mise et les regards des médias devraient changer, car ils ne sont plus conformes à la réalité. Les vicissitudes du dollar, en raison des nombreuses manipulations monétaires depuis 38 ans, font qu'il est de moins en moins une référence fiable.

Prenons quelques exemples :

<u>Surévaluation de l'euro en 2007 ?</u>
Il s'agit plutôt d'une **sous-évaluation du dollar, du yen et du yuan** que d'une surévaluation de l'euro (selon J. Delors et l'Eurogroupe en octobre 2007). C'est statistiquement vrai et l'évolution des monnaies pendant les douze mois suivants en a fait la démonstration. Ainsi, le yuan chinois s'est-il bien réévalué fin 2008, pour dépasser son cours moyen à long terme de 1 € = 10 yuans. Il en est de même des deux autres monnaies face à un panier de devises.

Dollar US très faible mi-2008 ?
Oui, mais il a été plus faible dans les années 1970, le record ayant été atteint au cours de 1 $ = 3,79 FRF, soit mathématiquement avec 1 € = 6,56957 FRF, **1 € = 1,73 $.** Mais, ce n'est pas exact si on prend le deutschemark comme référence et même le panier de monnaies européennes. A l'époque, cette faiblesse était due aux déficits extérieurs et aux difficultés de financement de la guerre du Vietnam.

En 2008, c'est le financement de la guerre en Irak et du suréquipement militaire qui entraîne un fort déficit budgétaire problématique, ainsi que les déficits extérieurs, le surendettement des ménages comme de l'Etat et enfin les crises immobilière et bancaire. Bref, les Etats-Unis semblent vivre au-dessus de leurs moyens et trop soumis à certains lobbies.

Même soutenu par les taux d'intérêt très bas, le consommateur des Etats-Unis est de moins en moins le « cœur du réacteur [145]» de la consommation mondiale et donc du développement économique mondial. Ce consommateur devient beaucoup trop endetté, à l'exemple de son homologue britannique ou japonais. Et les Etats-Unis bénéficient de moins en moins des privilèges du dollar. Certains économistes ont été jusqu'à estimer cet avantage de 0,5% à 1% du PIB, mais il est douteux qu'il puisse perdurer.

2) Un flottement problématique en Europe.

La baisse de la livre anglaise fin 2007 et en 2008 (jusqu'à -25% globalement et même -31% selon les cours extrêmes des deux années) est le reflet de la passe difficile dans laquelle se trouve l'économie britannique, avec un déficit commercial important et une industrie en grande partie sacrifiée au marché financier londonien. Cette baisse de la livre a pour conséquence le dépassement du PIB anglais par le PIB français pour l'année 2008. Précisément, selon les prévisions d'*Eurostat* du 3 septembre 2008, on attend pour l'année en cours un PIB de 1 828 milliards d'euros pour le Royaume-Uni contre 1 967 milliards d'euros pour la France (cours à environ 1 € = 0,80 £). Depuis, la devise britannique a encore baissé jusqu'au taux de 1 £ = 1,0456 € ! Ponctuellement ?

Et cela malgré le fait que la Banque d'Angleterre ait été obligée de maintenir dans un premier temps des taux d'intérêt bien supérieurs à ceux de la Banque centrale européenne, car l'inflation y était plus forte que sur le continent. Ce

---

[145] Selon l'expression utilisée par Olivier Pastré et Jean-Marc Sylvestre dans leur livre : *Le vrai roman de la crise financière.*

n'est plus le cas début 2009, où les taux d'intervention de la banque centrale britannique sont devenus inférieurs à ceux de la BCE.

Certains de nos amis d'outre-Manche doivent commencer à regretter de ne pas avoir adhéré à l'euro ! Cette dévaluation compétitive, si elle est un peu préjudiciable pour la zone euro six à sept fois plus grosse, est fort gênante pour les circuits commerciaux du Royaume-Uni, notamment pour les produits importés. Même si elle favorise les exportations britanniques, elle obligera l'économie à s'adapter profondément. Ces flottements sont défavorables à la construction européenne, comme on l'a vu en 1992 pour la dernière fois en Europe occidentale.

3) Des dévaluations souvent inutiles

De nombreux exemples ont démontré que les dévaluations ont souvent été un échec, notamment celles qui n'ont pas été accompagnées d'une politique rigoureuse et structurelle sur le long terme. Elles favorisent des politiques laxistes qui entraînent à leur tour une nouvelle dévaluation. D'où un cercle vicieux.

Ainsi, les pays de l'Europe latine ont mis 15 ans (depuis 1993) à réaliser une politique économique rigoureuse, à l'instar de la politique monétaire de la BCE. Les changements structurels vers des produits à meilleure valeur ajoutée, où l'effet-prix joue moins par rapport à la valeur intrinsèque, ont enfin commencé à produire leurs effets. Cependant, les pays latins, y compris la France dans un moindre mesure, n'ont pas encore une économie aussi performante que nos voisins germanique ou scandinave. Ce manque d'homogénéité à l'intérieur de la zone euro (taux d'inflation, qualité des produits vendus, etc.) peut entraîner des difficultés. Mais celles-ci sont beaucoup moins graves que des dévaluations en cascade !

De même, la seule dévaluation intervenue depuis 50 ans du franc CFA qui a eu lieu en 1994 a été un échec. En conséquence, les gouverneurs des banques centrales de la zone (UEMOA et CEMAC en Afrique de l'Ouest et Centrale) et de la Banque de France se sont toujours refusés jusqu'à ce jour à recommencer une dévaluation, malgré les difficultés souvent passagères.

Les pays comme la Guinée ou Madagascar qui n'ont pas adhéré à la zone de stabilité s'en sortent moins bien. La confiance y est moins présente et par exemple les prêts accordés par les organismes de microcrédit sont unitairement et globalement plus faibles. De nombreux pays émergents ont donc aujourd'hui constaté qu'il était contreproductif de sous-évaluer leur monnaie. Ils luttent aujourd'hui contre l'inflation globalement de façon efficace, avec parfois des taux d'intervention élevés. D'où une stabilisation de leurs monnaies, à part quelques exceptions. Et une inflation qui tend à se calmer dans une grande partie du monde.

D) Des affichages trompeurs

Les statistiques et la conjoncture internationales diffusent souvent des données exclusivement exprimées en dollar. Or cela engendre des biais trompeurs pour les conjoncturistes. L'impression que le dollar est la seule monnaie mondiale est alors amplifiée.

Il en est de même dans la vie quotidienne. Il a par exemple fallu attendre les jeux olympiques de Pékin en août 2008 pour que la grande presse ou les journaux télévisés commencent à exprimer les prix chinois en yuan, la monnaie nationale appelée aussi « yuan renminbi » ou « monnaie du peuple » et non en dollar. Il est vrai que le taux de change euro/yuan a facilité la conversion. Le taux de change s'était établi à 1 € = 10 yuans environ, son cours pivot depuis de nombreuses années.

1) Une croissance affichée et une croissance réelle

La croissance affichée dans une monnaie dévaluée n'est pas une croissance réelle. Les statisticiens mesurent le PIB en agrégeant l'ensemble des valeurs ajoutées réalisées dans un pays pendant un an. Une fois obtenu ce montant, ils calculent la valeur déflatée pour connaître la croissance du PIB, c'est-à-dire qu'ils neutralisent l'effet de l'inflation ou de la hausse des prix entre les deux années.

Mais, il serait nécessaire de tenir compte aussi de la dévalorisation ou de la revalorisation de la monnaie nationale par rapport à la valeur moyenne des monnaies mondiales pour afficher le taux de croissance réel sur le long terme. Et la hausse réelle de la richesse des habitants doit être mesurée de la même façon. Les effets peuvent alors en être spectaculairement transformés sur le moyen terme. C'est pourtant ce qui se pratique réellement pour déterminer le pouvoir d'achat des populations dans une économie mondiale ouverte, où les prix ont tendance à devenir mondiaux.

L'exemple d'un artifice trompeur :
Afficher une croissance plus forte grâce à une monnaie dévaluée, se révèle dans les statistiques. Par exemple depuis 15 ans (de 1993 à 2007), on observe pour

les zones dollar et euro, avec une baisse de 20% du dollar, l'estimation suivante :

		zone A ($)	zone B (€)
- Croissance du PIB affichée :	(de 100 à 153)	+ 53,0%	+ 39%
- Effet de la baisse de la devise :	(- 20% de 153)	- 30,6%	0%
Croissance réelle du PIB (mesurée en euro):		**+ 22,4%**	**+ 39%**

Ainsi, le (soi-disant) dynamisme des Etats-Unis, cité régulièrement en exemple dans les médias, **n'est en partie qu'une illusion.** Le dynamisme des entrepreneurs de ce pays n'est pas remis en cause. Cela reste un modèle de créativité. Mais c'est la politique monétaire laxiste qui est à revoir. Il est vrai qu'elle facilite le travail des entrepreneurs par l'obtention de financements plus aisée.

Et en déduire que le modèle européen est sous-performant est une contre-vérité. Il est tout aussi performant et même plus si l'on corrige ce biais de mesure !

Dans un rapport officiel[146], les auteurs démontrent qu'une hausse de la parité euro/dollar de 10% entraîne à terme une diminution de la croissance de 2%. Certes, mais ils oublient de préciser que globalement en net et mesuré en dollar, le PIB de la France a crû ainsi de 8%, entraînant une hausse du PIB par habitant et du pouvoir d'achat du même ordre.

A cet égard, on peut s'interroger aussi sur la crédibilité de certaines analyses. Telle la publication début 2008 d'une étude publiée par des responsables de l'école des Sciences Politiques de Paris réaffirmant le « dynamisme de l'économie américaine », alors même que l'on assistait à la chute du dollar. Est-ce à mettre sur le compte de la communication et même de la propagande ? Ces propos sont pour le moins scientifiquement et objectivement erronés. Ils font partie des mythes trop largement diffusés par les médias.

A moyen terme, la variation réelle du pouvoir d'achat suit la croissance nette réelle du PIB, c'est-à-dire qui tient compte de la variation de la valeur de la monnaie, par rapport à la moyenne des monnaies mondiales. Ou mieux, par rapport aux monnaies de pays sans inflation. En économie ouverte, les prix sont mondiaux et s'ajustent sur le moyen terme. Une dépréciation de la monnaie nationale entraîne inévitablement un appauvrissement à terme du pays.

---

[146] Conseil d'Analyse économique : Rapport de Michel DIDIER, Agnès BENASSY-QUERE, Gilles BRANSBOURG et Alain HENRIOT, *Politique de change de l'euro,* La documentation française, décembre 2008

2) Un réel dynamisme en Europe centrale et orientale, et dans les autres pays émergents.

Les statistiques démontrent que le dynamisme économique réel existe plus à l'Est de l'Europe qu'à l'Ouest de l'Atlantique, en dehors des autres pays émergents.

Depuis dix ans, ces zones ont affiché des taux de croissance impressionnants. Ainsi, la croissance en valeur absolue du PIB des pays de l'Europe Centrale et l'Est (y compris la Russie) a-t-elle été supérieure à celle de la Chine de 1995 à 2005. Certes, leurs taux de croissance nominaux ont été plus faibles que celui de la Chine. Mais, du fait de la valorisation de leurs monnaies, parallèlement à la faiblesse de la monnaie chinoise en début de période, la réalité a été inverse !

La tendance à ce fort dynamisme est confirmée, même si les données économiques les plus récentes ont favorisé la Chine, avec la hausse de sa monnaie. Elles sont les suivantes, pour le PIB de 1997 à 2007 :
- Europe Centrale avec les Balkans : de 352 à 955 milliards d'euros,
- Chine : de 790 à 2.509 milliards d'euros.

<u>Nota</u> :
Entre 2005 et 2007, la monnaie chinoise ne s'est plus dévaluée en suivant le dollar mais est restée stable vis-à-vis de l'euro (voir supra), ce qui a favorisé les statistiques chinoises et en outre, limité la concurrence des produits chinois. Il en est de même d'un grand nombre de pays émergents qui ont démarré leur développement économique depuis une dizaine d'années.

Ce rattrapage rapide de la « nouvelle Europe » permet à l'Union européenne de gagner en dynamisme et en homogénéité. La concurrence des salaires devient progressivement moins forte entre ceux versés à l'Ouest et ceux de l'Est et favorise une plus grande cohésion interne au sein de l'UE.

3) Une sur-médiatisation du dollar dans les agences de presse internationales

Le dollar étant (anciennement ?) la seule monnaie pivot, pour des raisons de facilité, on diffuse souvent les statistiques internationales uniquement en dollar.

Ainsi, donne-t-on un effet trompeur via les agences de presse internationales : quand elles diffusent des données économiques sur la Chine, la Russie, le Brésil, etc., les chiffres sont généralement exprimés en dollars, bien que les devises de ces pays soient le plus souvent stables par rapport à l'euro. Cet usage devrait évoluer. Par exemple, les statistiques et les données économiques relatives à l'Europe sont de plus en plus diffusées en euro. On peut espérer que ce soit progressivement le cas pour les autres pôles monétaires régionaux à venir.

4) Une sur-utilisation du dollar dans les journaux économiques ou une sous-utilisation de l'euro ?

Trop souvent, certains journaux économiques (quotidiens, hebdomadaires ou mensuels) reprennent les articles des agences de presse internationales tels quels, avec les montants exprimés en dollar. Le summum a été un article sur le Sénégal, dont la monnaie est le franc CFA, fixe vis-à-vis de l'euro, qui exprimait les données monétaires en dollar pour les retraduire ensuite en euro ! C'était devenu incompréhensible. Malheureusement, cela se passe ainsi trop souvent ! Au lieu de « passer » par le dollar, il serait plus exact d'exprimer les montants dans la monnaie d'origine et de les convertir simplement en euro. Cela faciliterait lecture et analyse.

Plusieurs mensuels diffusent des tableaux statistiques comparant les grandes économies mondiales (montants du PIB, des exportations, des comptes courants, de la consommation intérieure, etc.). Il serait préférable que ces tableaux soient exprimés en euros parce que c'est la monnaie du plus grand nombre de pays du G7 et que les grands pays émergents (BRIC notamment) ont une monnaie relativement stable vis-à-vis de l'euro.

Dans de tels types de données, nous préférons donc le choix fait par le mensuel « *Capital* » qui diffuse ses tableaux en euro, et non comme « *L'Expansion* » ou « *Enjeux-Les Echos* » qui diffusent les statistiques en dollar. D'ailleurs, ce choix exprime vraisemblablement une certaine opinion rédactionnelle vis-à-vis de l'euro, mais aussi de l'Europe. Trop souvent, l'importance de l'Europe est sous-évaluée ; ce qui trompe les lecteurs, en majorité des cadres ou dirigeants français et européens. Trop peu d'entre eux en France ont réellement pris conscience de l'importance de l'euro, contrairement à leurs collègues allemands.

E) Des suggestions pour une meilleure gouvernance et une communication plus performante

1) Des suggestions pour renforcer le rôle de l'euro

Par son poids (28% du PIB mondial), l'Union européenne à 27 pèse sur l'économie mondiale. Même le PIB de la seule zone euro a dépassé celui des Etats-Unis au deuxième trimestre 2008. L'Europe doit donc avoir un rôle dans l'organisation économique et réglementaire mondiale conforme à son poids.

a) Cotation de l'ensemble des matières premières en euro

Le prix des matières premières et des autres produits d'échanges mondiaux devrait être exprimé en euro. La Commission européenne devrait favoriser l'installation de bourses européennes de matières premières opérant en euros, pour faciliter les opérations des importateurs européens, et accessoirement la diffusion de l'euro. En effet, l'Europe, première économie mondiale, est aussi, du fait de son avancée technologique et de l'insuffisance de ressources propres, la première importatrice de matières premières. Elle est peu dotée naturellement de ces matières premières ou les a déjà fortement exploitées. Elle devrait donc pouvoir progressivement, avec l'avènement de l'euro et après que celui-ci ait gagné la confiance des marchés, payer ses matières premières dans sa propre monnaie, à l'instar des Etats-Unis. C'est pourquoi la reconnaissance de l'euro est importante au niveau international.

Une première étape a été franchie dans cette direction le 8 juillet 2008 avec la publication des stocks pétroliers des 27 pays membres de l'U.E. : cela va fortement améliorer la transparence d'un marché tendu. Les Etats-Unis ne seront plus les seuls à publier des statistiques qui influencent le prix du marché.

Mais, il faudrait bien d'autres mesures correctives.

Y compris à terme l'achat du pétrole en euro, à la Russie d'abord puis aux pays du Moyen-Orient. A moins que les pays du Golfe ne vendent leurs hydrocarbures dans leur propre monnaie, comme cela est évoqué.

b) L'euro, monnaie des organisations internationales ?

A l'instar du dollar, l'euro devrait devenir également la monnaie des organismes internationaux où l'UE-27 est influente (ONU, OCDE) ou actionnaire majoritaire (par exemple, FMI : 32%, Banque Mondiale : 28% du capital). Il est anormal que ces organismes multilatéraux privilégient la monnaie d'un seul pays, monnaie qui s'avère instable. Par son poids, sa stabilité et le fait qu'il devienne progressivement la monnaie de plus de 25 pays, l'euro devrait avoir une reconnaissance accrue auprès de ces organismes multilatéraux.

Cependant, les évolutions des usages monétaires sont historiquement lentes. Les Européens paient encore les effets des deux guerres du XXe siècle, de la chute de leurs monnaies et de leurs divisions avant la création de l'euro.

Le débat est ouvert quant à la représentativité de l'Union européenne et de la zone euro dans ces organismes internationaux. Les Européens doivent-ils être représentés par une seule personne ? Ou bien, ont-ils intérêt à garder chacun leur parcelle de pouvoir ? N'est-on pas plus efficace et plus influent en étant « unis » à plusieurs, dans le cadre d'une négociation internationale ?

Il semble que ce soit la deuxième solution qui ait prévalu pour l'instant, au grand regret des partisans fédéralistes.

c) Un atlas économique mondial en euro ?

En effet, dix après la création effective de l'euro et son succès grandissant, on peut se demander pourquoi tous les atlas économiques mondiaux demeurent publiés uniquement en dollar. Avec le temps et des moyens renforcés, *Eurostat* améliore sa communication sur les agrégats économiques et financiers de l'UE, surtout sur internet, mais pas en librairie à notre connaissance.

A quand un authentique atlas en euro ? Avec une large diffusion.

L'organisme statistique européen a commencé partiellement de publier en euro les statistiques de tous les pays européens de l'Ouest, ainsi que ceux des pays des Balkans candidats à l'UE et de la Turquie. Mais il manque les données concernant la Russie, ses voisins de l'Ouest et les pays du Caucase. En revanche, *Eurostat* publie déjà des données en euros sur les Etats-Unis et le Japon.

L'obstacle n'est pas technique, mais il manque une volonté politique pour prouver que l'euro est vraiment une monnaie mondiale. Et les entreprises européennes en tireraient des avantages et les responsables opérationnels des raisonnements moins biaisés.

2) Une meilleure gouvernance en Europe

Avec le traité de Lisbonne, qui devrait être accepté malgré les difficultés causées par un petit pays européen (il a suffit de quelques milliers de voix irlandaises pour faire basculer le résultat du referendum de juin 2008), l'Union européenne disposera d'une meilleure organisation interne. Plusieurs sujets sont d'actualité.

a) La régulation des agences de notation par une autorité européenne

Lors de la crise du *subprime,* la crédibilité de ces agences a fortement souffert. A l'instar des commissaires aux comptes, elles devraient suivre des règles techniques et de déontologie très précises et être habilitées par un organisme *adhoc* européen. De même, les autorités devraient favoriser la création d'au moins deux grandes agences de notation européennes, aux méthodes éprouvées et plus rigoureuses que celles d'outre-Atlantique qui ont échoué. Avec la crise financière, la preuve a été faite que l'autoréglementation a présenté des faiblesses importantes dans ce domaine.

b) Une supervision européenne pour le secteur financier

Les plus grands groupes bancaires et financiers intervenant ont acquis une taille telle que leur contrôle par une autorité nationale ne suffit plus aujourd'hui. En France, ce rôle a été confié à la Commission bancaire, un organisme proche de la Banque de France. Cependant, de plus en plus, les risques sont européens et un contrôleur français ne peut pas maîtriser toutes les opérations effectuées en Europe. On envisage sérieusement de créer un véritable organe de contrôle européen, qui interviendrait pour suivre les plus grands groupes financiers du continent[147].

---

[147] Le rapport de Jacques de Larosière, remis le 25 février 2009, fait une série de propositions pour réformer l'architecture financière internationale. A un renforcement des règles en matière de fonds propres des banques, de supervision et de transparence sur les marchés de dérivés de crédit, s'ajoutent un encadrement strict des systèmes de rémunération, et la régulation des fonds spéculatifs et des groupes de capital-investissement. L'enregistrement des agences de notation serait obligatoire. Par ailleurs, il préconise la mise en place d'un « *système européen de superviseurs financiers* », SESF qui devrait être un réseau décentralisé de superviseurs nationaux chargés de suivre les établissements financiers de l'UE. Enfin, la BCE serait chargée de diriger un « *Conseil européen du risque systémique* » rassemblant les superviseurs de la banque, de l'assurance et des valeurs mobilières. Il serait chargé de rassembler et d'analyser les informations pertinentes concernant la stabilité financière. « *Aucun territoire, Etat ou individu ne doit être en mesure d'y échapper* » a insisté M. Barroso.

c) Les modifications nécessaires des règles comptables

Les dernières réformes comptables réalisées autour des années 2000 ont conduit à de multiples échecs :

- Les règles NCI / IFRS[148] récentes se sont avérées, comme certains le craignaient, pro-cycliques et non contra-cycliques ; c'est-à-dire qu'elles ont tendance à aggraver les crises économiques au lieu de les atténuer ;

- Par ailleurs, par mesure de simplification et pour gagner du temps dans la réalisation de la réforme, les autorités européennes ont repris trop facilement les règles IFRS édictées par l'IASB, un organisme contrôlé par les grands cabinets anglo-saxons. Ces règles ont de nombreux défauts, comme la complexité et l'abandon de la valeur historique au profit d'une soi-disant « valeur de marché ». Or, celle-ci s'avère beaucoup trop volatile, et même elle peut être inexistante si le marché est déséquilibré (sur le marché des *subprime*, tous les acteurs étant vendeurs en même temps, parfois aucune cotation n'a pu être établie). Ces règles IFRS ont aussi gardé des différences avec les normes comptables des Etats-Unis « *US GAAP* » malgré l'objectif de rapprochement affiché à l'origine ;

- L'abandon des évaluations selon les coûts historiques au profit de la valeur de marché (parfois trop aléatoire ou inexistante) a eu tendance à permettre la distribution de dividendes réalisés sur des bénéfices en partie fictifs. Avant ces règles contestables, cela s'appelait un « délit » ;

- L'amortissement des survaleurs a été abandonné au profit d'un test d'évaluation des titres achetés. On a perdu de vue le nécessaire principe de prudence en supprimant cet amortissement. En effet, en cas de crise économique importante, les règles obligent à passer immédiatement des provisions importantes, antérieurement lissées depuis la période d'acquisition. Par exemple, sur les 25 milliards de dollars de pertes publiées au troisième trimestre 2008 par la banque Wachovia aux Etats-Unis, près de 19 proviennent de provisions sur les survaleurs. En procédant de la sorte, les provisionnements hors exploitation aggravent les résultats publiés, au-delà des impacts économiques courants ;

- La titrisation comptabilisée parfois de façon contestable a pu permettre une accélération artificielle de l'enregistrement des marges en résultats dans les

---

148 IFRS : *International Financial Reporting Standards*, soit les *Normes comptables internationales* (NCI).

banques et organismes financiers. Ainsi, en revendant ses crédits accordés sur une longue durée, avec des marges acquises au jour le jour à enregistrer normalement sur la durée de ce crédit, une banque pouvait « capitaliser » immédiatement la plus-value de la revente, et accélérer artificiellement l'expression de ses résultats futurs. Par ailleurs, la possible défaillance des emprunteurs était mal prévue (et mal mesurée). La gestion de ces défaillances, surtout quand elle devient massive, s'avère problématique. En conséquence, des règles prudentielles plus strictes doivent impérativement être mises en place. En outre, dans les schémas comptables, il faut toujours séparer les produits des intérêts acquis au jour le jour (règles du code civil), des plus ou moins-values réalisées en fonction des opportunités de marché, et ceci quelle que soit la nature des titres. La marge sur la durée, fruit de l'exploitation normale, est fondamentalement différente du résultat de la spéculation ;

- Enfin, il n'est pas sain que de grandes différences existent entre les règles appliquées aux grands groupes cotés et celles appliquées aux PME.

La comptabilité, par des règles rigoureuses, incontestables et permanentes sur une longue durée, doit retrouver la crédibilité des acteurs économiques. Il n'est pas acceptable que l'on soit obligé de changer les règles au dernier moment pour « sauver le système bancaire ».

La défiance des investisseurs[149] ou des épargnants:

« Plus personne ne croît à la fiabilité des annonces sur les dépréciations d'actifs ou le montant des dettes. Ensuite, les bilans trimestriels d'actifs financiers n'ont pas grand sens. Il y en a trois types. Ceux de « niveau 1 », calculés sur les prix du marché, sont sans ambigüité. Les produits dérivés – le « niveau 2 » -, estimés en observant les cours des produits sur lesquels les contrats sont rédigés, sont un peu plus virtuels. Ceux de « niveau 3 » - comme les titres subprime – se négocient de gré à gré. On les valorise sur des hypothèses : par exemple quel sera le taux de défaut de remboursement des prêts hypothécaires ? Si ce dernier s'élève fortement, toute la comptabilité du titre est caduque. Il faut « déprécier ».

De combien ? On ne sait pas : il n'y a pas de prix de référence tant qu'un acteur ne liquide pas son portefeuille. Dès lors, la valeur des portefeuilles des banques d'affaires est virtuelle sur une partie de leur activité. Quand un organisme financier déprécie, les investisseurs financiers peuvent penser qu'il reste loin d'une dépréciation réaliste ».

---

[149] *Le Monde* du 18 septembre 2008 : Entretien avec Rama Cont, Directeur du centre d'ingénierie financière de l'Université Columbia de New-York.

Nous sommes malheureusement dans cette situation sur les marchés financiers depuis août 2007, notamment lorsque la dislocation des marchés empêche de fixer une cotation indéniable.

Il faut donc que les autorités européennes prennent leurs responsabilités pour édicter des règles plus réalistes, rigoureuses et prudentes, notamment quand le marché ne peut plus donner une cotation. Même si ces règles risquent de s'éloigner de celles appliquées aux Etats-Unis.[150]

La fin de la « *dictature de la création de valeur* », modèle General Electric ?[151]
« L'idée de fonder une stratégie sur la valeur des actions est insensée ». *L'un des patrons emblématiques de la fin du XXe siècle, l'Américain Jack Welch, ancien PDG de General Electric, fait amende honorable.sur les erreurs collectives de management qui ont conduit à la crise financière. «* Si l'on regarde les choses en face, la valeur actionnariale était l'idée la plus stupide du monde : il s'agit d'un résultat, pas d'une stratégie en soi *» a-t-il déclaré dans un entretien au Financial Times publié hier. En 1981, peu après son arrivée à la tête de General Electric, Jack Welch avait prononcé un discours dans le quel il défendait l'idée de vendre les activités les moins performantes et de réduire les coûts afin d'augmenter les bénéfices et la valeur actionnariale plus rapidement que la croissance économique. Cette stratégie, qui avait fait de General Electric un fleuron de la Bourse américaine, fut largement imitée par les autres multinationales. Plombée par le ralentissement économique, l'entreprise, que Jack Welch a quitté en 2001, a perdu la note maximale « AAA » que lui attribuait depuis plus d'un demi-siècle l'agence de notation Standard & Poor's.* »

d) Une protection des épargnants à renforcer dans l'UE

La crise financière a révélé une protection insuffisante des épargnants dans l'UE, même si ceux-ci semblent bien protégés en France par une réglementation jugée pourtant trop tatillonne par certains. En effet, un certain nombre de réseaux bancaires français proposent à leurs clients de placer leur argent au Luxembourg ou en Irlande sans les avertir des risques supplémentaires qu'ils prennent en souscrivant à de tels fonds par rapport à ceux situés en France.

Les autorités européennes, parallèlement à la réelle suppression des paradis fiscaux dans tout le continent (et ailleurs), doivent faire le nécessaire pour que l'épargnant, qui profite de l'ouverture des marchés, soit le moins possible

[150] Les Etats-Unis ont été les premiers à ne pas respecter les règles IFRS et dont il nous semble malheureusement vain d'attendre une discipline rigoureuse et internationale.
[151] *Le Figaro* du 14 mars 2009.

exposé au risque. Il faut par exemple réellement freiner les possibilités de recourir aux fonds spéculatifs (*hedge funds*) qui ne bénéficient d'aucune protection juridique (à moins de les réglementer suffisamment). Ou empêcher de façon radicale les fonds pyramidaux ou « Ponzi », comme ceux qui ont été développés par les sociétés de l'ancien président du Nasdaq à New-York, Bernard Madoff.

Pouvoir construire un tel système dans la capitale financière de l'Amérique du Nord et « gruger » des millions de clients pour des dizaines de milliards, dont certains milliardaires, doit devenir totalement impossible en Europe. Son marché financier doit donner une image de confiance, en assurant protection et sécurité à l'épargnant.

e) L'entretien avec Patrick Artus (Hors-série Capital de décembre 2008)

Le célèbre chroniqueur économique confirme nos analyses :

« Nous entrons dans une période de sevrage en matière d'endettement. Alors que les épargnants, traumatisés par la crise financière, ne veulent plus entendre parler que d'actifs peu risqués et liquides, l'économie a besoin de fonds propres et de financements à long terme, par définition risqués et peu liquides. Dans le passé, on a résolu ce problème par ce que l'on a appelé l'intermédiation bancaire. Cela présentait l'inconvénient de concentrer les risques de défaut dans les bilans des banques, comme on l'a appris dans les grandes crises bancaires des années 1980 et 1990. Du coup, on a inventé la titrisation, qui était censée fonctionner comme un mécanisme d'assurance en répartissant les risques de défaut sur une base beaucoup plus large, à savoir l'ensemble des épargnants (sans le dire trop souvent !). La crise financière vient de nous montrer que cette solution a, elle aussi, de très gros inconvénients !

Capital : Alors, qui va désormais supporter les risques financiers ?
Normalement, les porteurs naturels des actifs risqués sont les assureurs-vie et les fonds de pension, dont l'horizon financier est à très long terme. Mais le régulateur, croyant bien faire, les a déstabilisés en leur imposant des normes comptables (IFRS) et financières (Solvency II) qui, lorsque le prix des actions baisse, les obligent à comptabiliser instantanément leurs pertes. Cela réduit leurs fonds propres et les pousse à vendre en cas de baisse, pour éviter d'afficher de mauvaises performances qui pourraient nuire à leur crédibilité. Résultat : les fonds et les assureurs ont fini par gérer leurs portefeuilles à l'horizon d'un mois, alors qu'ils verseront des retraites ou des compléments de retraite dans cinq, dix ou trente ans… Phénomène inédit : à cause des nouvelles normes comptables, toute baisse de la Bourse «fabrique » des vendeurs, et non plus des acheteurs comme auparavant. La crise financière l'a montré : elle a provoqué un engrenage à la baisse, au point que l'on observe des écarts considérables et persistants entre la valeur fondamentale des actifs

de certaines entreprises et le prix extrêmement bas de leurs actions. Pour relancer l'économie, il faut donc d'urgence définir un statut de l'investisseur à long terme qui soit régi par d'autres règles. L'objectif : redonner aux grands institutionnels leur rôle naturel d'acheteurs dans les phases de sous-évaluation des actifs boursiers. »

3) Améliorer la communication de la BCE

a) La cotation de l'euro et des monnaies

Les autorités monétaires avaient le choix entre :
- coter l'euro dans les autres monnaies (par exemple : 1 € = 1,43 $),
- coter les monnaies étrangères en euros (c'est-à-dire : 1 $ = 0,70 €).

Cette deuxième alternative aurait été préférable. L'euro, par sa stabilité, joue un rôle central et devient une référence.

Malheureusement, pour des raisons techniques (l'euro a une valeur assez forte et afficher ainsi sa cotation évite beaucoup de chiffres après la virgule), et sous l'influence des courtiers anglo-saxons, la première proposition a été retenue. Ainsi, coté dans une autre monnaie et contrairement à la réalité, **l'euro peut ainsi apparaître instable** aux citoyens européens, ce qui est erroné.

En particulier aux yeux de certains Français, Italiens et eurosceptiques mal intentionnés. En effet, de trop nombreux hommes politiques de ces pays ont tendance à mettre en avant cette prétendue instabilité ; ils tombent dans cette erreur ou l'exploitent de façon malhonnête. Ainsi, rapportent-ils en faux la politique de la BCE.

Or, nous avons démontré (voir supra chapitre III) la stabilité de l'euro qui, grâce à une faible inflation, évite fondamentalement la dépréciation. Ainsi, devient-il un pôle de stabilité et de référence pour de nombreuses monnaies ; l'euro remplacera progressivement le dollar qui inspire moins confiance à la suite d'abus de position dominante et de manipulations monétaires (création excessive de monnaie pour répondre aux envies du consommateur et aux privilèges des lobbies). Comme alternative au dollar, l'euro devient une référence crédible et le sera d'autant plus que les Européens accepteront de lui voir jouer un rôle international. D'où la nécessaire cotation des devises en euro, et non l'inverse comme actuellement.

b) PIB par habitant : en valeur réelle ou parité de pouvoir d'achat (PPA) ?

Le PIB par habitant de la zone euro estimé par *Eurostat*, au premier semestre 2008, est égal à 92% de celui des Etats-Unis (ceux de la France et de l'Allemagne l'aurait même dépassé). Dans sa communication pour son 10ème anniversaire (juin 2008), la BCE évoque le pourcentage de 70% (calcul probablement fait en parité de pouvoir d'achat - PPA). Pour quelles raisons sous-évalue-t-elle la performance européenne réelle ? Pour encourager les Européens à l'effort ? Le rôle de la BCE n'est pas de sous-évaluer les performances des Européens. Il est vrai que les prix intérieurs de la zone euro sont supérieurs à ceux pratiqués aux Etats-Unis.

Mais ceci n'a qu'un temps en période d'ajustement monétaire, quand on lutte réellement contre l'inflation. Ainsi, malgré de nombreuses réévaluations du deutschemark, les prix en Allemagne sont souvent inférieurs aujourd'hui aux prix français. Le système concurrentiel efficace de ce pays a fait baisser les prix intérieurs, les ajustant sur les prix mondiaux.

4) La communication des journaux sur l'économie

Les journaux, toutes presses écrites ou orales confondues, donnent trop souvent des montants en dollar, en reprenant les articles des agences de presse mondiales. Or, la plupart des montants d'origine sont exprimés dans les devises des pays concernés et notamment en euro. Ces journaux devraient soit traduire en euro les montants qu'ils diffusent, soit exiger des agences plus de rigueur. L'euro ayant souvent un cours stable vis-à-vis de la monnaie de 70 pays, est une référence à respecter.

Un exemple d'article[152] que l'on devrait lire plus souvent

« ***GAZPROM va investir 28 milliards d'euros***

ENERGIE. Le groupe gazier russe annonce un nouveau plan pharaonique. C'est un gage donné aux Européens qui réclament des garanties sur une hausse de la production. A Moscou.

Gazprom a fièrement dévoilé aux investisseurs ébahis un joli chiffre tout rond : 1 trillion de roubles d'investissements pour 2008 (27,7 milliards d'euros). L'annonce est tombée jeudi soir des lèvres du vice-PDG de Gazprom Valeri Goloubev, lequel a déclaré à l'agence Interfax que « *le nouveau plan d'investissement 2008 n'a pas encore été entériné* [par le conseil de surveillance], *mais* [qu'il] *a été finalisé et sera voté courant septembre* ». Valeri

[152] *La Tribune* du 26 août 2008.

Goloubev a précisé que le relèvement des dépenses « *représentait grossièrement 25%* » par rapport au plan d'investissement annoncé le mois dernier. Lequel avait déjà été augmenté de 16% par rapport au plan initial...
La nouvelle a littéralement choqué le marché, où le titre a plongé vendredi de 5,85%. Mais le message ne lui était pas destiné. Car le trillion de roubles sera injecté dans de nouveaux projets de production et de transport de gaz, selon la presse économique russe. C'est donc un geste en direction des Européens qui ne cessent d'interpeller le monopole russe sur l'insuffisance des investissements réalisés pour garantir une production croissante. La polémique dure depuis trois ans. Les livraisons de Gazprom à l'Europe (un bon quart de ses besoins) ont grimpé de 22% entre les premiers semestres 2007 et 2008 avec des tarifs également en forte augmentation. (de 252 à 273 euros pour 1.000 mètres cube – *en fait les montants exprimés dans l'article en dollar - de 345 à 410 dollars soit + 18,8% - sont trompeurs sur l'augmentation réelle pour les Européens, + 8,5% en euros).*

LA FILIALE PETROLIERE EN QUESTION
Les analystes sont plus circonspects sur la destination des fonds. « *Etant donné que Gazprom n'a pas précisé si les 5,7*[153] *milliards d'euros ajoutés iront dans les investissements, nous n'excluons pas qu'il s'agisse à nouveau d'acquisitions*, explique Evguenia Dychliouk, analyste chez Rennaissance Capital. *Gazprom peut très bien réaliser son option sur la perte de 20% de Gazprom Neft [détenue par l'Italien ENI], laquelle vaut environ 2,7 milliards d'euros et n'a pas été budgétée jusqu'ici ».* Gazprom n'a jamais caché sa volonté de racheter entièrement sa branche pétrolière bien que les Italiens n'aient visiblement pas l'intention de s'en séparer. D'un autre coté, les énormes dépenses entraînées par le développement des gisements arctiques de Chtokman et de Yamal peuvent aisément engloutir la différence. Gazprom ne souhaite pas commenter les remarques de son vice-PDG. Les experts sont quant à eux fâchés de voir le gazier rectifier sans cesse ses plans, une tradition désormais établie puisque le groupe ajuste ses dépenses en fonction des fluctuations des cours du pétrole. »

Nous nous sommes permis d'exprimer les deux derniers montants en euros, car ils ne concernent que des Européens. Mais les analystes financiers ont quelques retards à s'exprimer dans les monnaies nationales, surtout en euro. La Russie ne s'est pas encore totalement « dédollarisée », contrairement aux vœux de Monsieur Poutine.

Un exemple d'article trompeur

En 2007, *Le Figaro* a diffusé les chiffres comparatifs des grandes entreprises européennes du BTP, aux activités essentiellement européennes, établis par un cabinet d'analystes. Un dirigeant d'une de ces grandes entreprises ne retrouvait pas les montants de sa société, pourtant publiés sous sa responsabilité. Il s'est

[153] Montants exprimés en dollars dans l'article et convertis en euros.

alors aperçu qu'ils étaient anormalement exprimés en dollars, l'étude provenant d'un cabinet de recherche anglo-saxon.

Certains vont jusqu'à dénoncer une forme de colonialisme économique. Seuls les Etats-Unis détiendraient la richesse et la monnaie mondiale. Si on pouvait le penser en 1945, après les ruines de la guerre, en revanche ce n'est évidemment plus vrai en 2009. Faut-il continuer à nier cette réalité face aux clients ?

F) Avec la crise financière, l'euro a gagné en attractivité

L'économie mondiale et européenne traverse l'une des plus graves crises économiques depuis 1945. Même si elle n'en est pas à l'origine responsable, l'Europe est fortement touchée, notamment par la forte baisse de ses exportations et l'absorption de près de 800 milliards de pertes de produits toxiques, en grande partie en provenance d'outre-Atlantique.

1) Historiquement, les crises accélèrent les prises de conscience

Les périodes de crise financière sont impitoyables. Dès que l'on montre une faiblesse, on peut être attaqué par le marché.

Il en est de même pour les monnaies de pays dont l'économie montre quelques faiblesses. De tels pays peuvent voir leurs monnaies fortement attaquées, s'ils présentent un endettement trop élevé, des déficits publics inquiétants ou encore des balances extérieures trop déséquilibrées. Les règles sont alors sans complaisance.

Et c'était le cas dans l'Union européenne avant 1993, dernière crise économique et financière grave avant l'avènement de l'euro. De nombreux pays européens ont vu leurs monnaies littéralement s'écrouler en quelques heures, telles la livre sterling ou la lire italienne en 1992. L'ensemble du commerce interne à l'UE en a été ainsi gravement touché ; les gouvernements ont alors été convaincus de la nécessité de créer la monnaie unique, malgré les efforts demandés aux populations et les changements de mentalité et de culture économique que cela entraînait. En outre, il a été nécessaire d'abandonner définitivement la « drogue » de l'inflation, puis l'échelle mobile des salaires et revenus.

2) La crise de 2008-2009

En 2008, la crise a touché de nombreux pays autour de la zone euro. La monnaie la plus touchée a été la couronne islandaise qui a perdu près des deux-tiers de sa valeur lorsque le système bancaire national s'est écroulé, à la suite de la crise des *subprimes*. Le pays s'est appauvri d'un seul coup. Dans une moindre mesure, nous avons vu également les monnaies britannique et russe, mais aussi suédoise ou hongroise perdre jusqu'à 20% à 30% de leur valeur par rapport à l'euro. Les trois pays membres de l'UE ont ainsi payé durement l'indépendance monétaire qu'ils ont voulu garder à tout prix, dans une logique que l'on peut estimer trop libérale.

Parallèlement, si les pays de l'Est ont connu ces dernières années une forte croissance, à la limite de la surchauffe, elle s'est faite souvent au détriment du déficit courant extérieur (aux pays baltes, en Bulgarie et en Roumanie notamment) qui s'est aggravé au quatrième trimestre 2008 avec le retrait des capitaux privés flottants. Cependant, les ralentissements en 2009 devraient entraîner une résorption de tels déficits. Néanmoins, un nombre important de ces pays connaissent actuellement un problème de liquidité ou de refinancement extérieur. Les autorités européennes s'en préoccupent et sont ponctuellement intervenues ; ainsi, la BCE a-t-elle été amenée à ouvrir une ligne de crédit de 10 milliards d'euros, afin de parer à toute éventualité.

De même, en trois mois, le dollar a repris une partie de la valeur qu'il avait perdue auparavant : du 21 juillet 2008 au 27 octobre 2008, le cours de l'euro est passé d'environ 1,59 dollar à 1,25 dollar, ou plus exactement (l'euro étant une référence plus stable), le dollar est passé de 0,63 € à 0,80 €. Le dollar était devenu (paradoxalement, car l'origine de la crise est aux Etats-Unis) une valeur refuge, parallèlement à l'euro dans une moindre mesure : de nombreux épargnants et entreprises ont voulu mettre à l'abri leurs placements dans ces deux devises.

Cependant, ce réajustement n'a pas été si défavorable à l'euro. En effet, la parité euro/dollar n'était pas stimulante pour l'économie européenne, avec un dollar manifestement sous-évalué. En période de crise, pour faciliter le passage entre les difficultés, il vaut mieux ne pas avoir sa monnaie trop surévaluée, c'est-à-dire à un niveau proche de la parité du pouvoir d'achat (même si cette mesure peut être contestée comme on l'a vu précédemment).
De plus, un nombre important de monnaies européennes est resté attaché à la monnaie unique. On dénombre ainsi une douzaine de monnaies en Europe, grâce à des liens fixes qui ont tenu. Il s'agit des monnaies des pays indiquées dans le tableau (outre les 22 qui ont déjà adopté l'euro) ci-dessous :

Variation du cours des principales monnaies vis-à vis de l'euro
(selon cours de change moyens de janvier 2009 / année 2008)

Monnaies	en Baisse / €		Stables / €	en Hausse / €	
Variations	supérieures à 10%	infér. à 10%, supér. à 2%	inférieures à 2%	supér. à 2%, infér. à 10%	supérieures à 10%
Pour mémoire					(Etats-Unis: 10,8%)
Pays d'Europe :	Biélorussie **Royaume-Uni** Gibraltar Hongrie Islande Norvège **Pologne** **Roumanie** Serbie Tchéquie **Russie** Suède **Ukraine**		Albanie Bosnie-Herzégovine* Bulgarie* Danemark*µ Estonie*µ Géorgie Croatie Lituanie*µ Lettonie*µ Macédoine* Monténégro*€ Kosovo*€	Arménie Suisse Moldavie	Azerbaïdjan
Total Europe	**13**	**0**	**12 dont 9***	**3**	**1**

* Lien fixe de la monnaie nationale vis-à-vis de l'euro (durable ?).
µ Pays membres du Mécanisme de taux de change européens (MTC ou MCE II)
€ : Pays qui ont adopté l'euro

Pays de la Méditerranée :					
	Turquie		Algérie Israël Maroc Tunisie	Egypte Jordanie Mauritanie Liban Lybie	Syrie
Total Méditerranée	1	0	4	5	1
Total pays proches	**13**	**0**	**17**	**8**	**2**

Autres grands pays du monde :

Monnaies	en Baisse / €		Stables/€	en Hausse / €	
Variations	supérieures à 10%	Infér. à 10%, supér. à 2%	Inférieures à 2%	supér. à 2%, infér. à 10%	supérieures à 10%
Grands pays hors d'Europe	**Brésil**	Bengladesh	Ethiopie	Kazakhstan	**Etats-Unis**
	Corée du Sud	Canada	**Inde**	Philippines	**Japon**
	Mexique	Colombie		Arabie Saoudite	
	Nigéria	Congo (RDC)		Thaïlande	
		Indonésie		Vietnam	
Total hors Europe	**5**	**6**	**4**	**6**	**3**

La fin du tableau confirme la position centrale de l'euro qui garde une stabilité moyenne par rapport à l'ensemble des grandes monnaies du monde, et ce malgré le rebond du dollar.

En Europe, on constate dans ce tableau que les pays à monnaie stable par rapport à l'euro sont souvent des pays de petite taille qui ne pourraient pas s'opposer à une spéculation contre leur monnaie. La solution retenue a été de créer un lien fixe avec l'euro, sur lequel la spéculation n'a pas prise. Un an et demi après le début de la crise, ces liens fixes tiennent toujours.

Au nord (Suède et Norvège) et au centre de l'Europe (Pologne, Tchéquie, Hongrie, Roumanie, mais aussi Biélorussie et Ukraine), des pays n'ont pas pu ou pas voulu défendre la valeur de leur monnaie nationale. Ce pouvait être raisonnable si les économies nationales souffraient de déséquilibres plus ou moins graves. Précisons que pour les membres de l'UE, ces dépréciations ont atteint un niveau souvent modéré, inférieur à 15%. Ou bien, elles ont retrouvé des niveaux connus précédemment, dans les dix années antérieures.

Parfois, certains pays font volontairement baisser la valeur de leur monnaie, ce qui peut être appelé la « guerre des monnaies », dans le but (croient-ils) de traverser moins difficilement la crise. Mais des effets pervers comme une dérive inflationniste peuvent apparaître. Plus fondamentalement, ces pays et leurs populations s'aperçoivent que ces dévaluations leur coûtent très cher. Ils ont donc intérêt, malgré certains sacrifices, à s'accrocher à un ensemble monétaire plus important, tel la zone euro. Ils font alors jouer des mécanismes de solidarité européens autour de l'euro. Ainsi, on peut dire que l'euro a gagné en attractivité.

C'est ainsi le cas du Danemark et de la Suède. Le premier, membre du MCE II, antichambre de la zone euro, a maintenu un cours de change fixe avec l'euro. La seconde, qui a refusé également d'entrer dans la zone euro, a laissé sa monnaie flotter. Elle a baissé de 17%, avant de remonter légèrement à -14%. Cependant, les populations de ces pays s'aperçoivent progressivement qu'il aurait été préférable d'intégrer la zone euro. Ils ont les inconvénients de l'indépendance (politique monétaire rigoureuse proche) sans avoir les avantages (coûts de transaction – voir supra étude BNP Paribas chapitre II-D).

C'est le même raisonnement qu'ont tenu certains nouveaux membres de l'Europe de l'Est, soit pour maintenir un lien fixe avec l'euro, soit pour tenter d'accélérer leur propre calendrier d'adhésion à la zone euro. Outre le fait qu'il n'y a plus à s'occuper de défendre la valeur de sa monnaie, il vaut mieux être dans la zone euro et participer aux décisions en défendant ses intérêts. Etre à l'extérieur sous prétexte d'indépendance monétaire peut avoir des conséquences dramatiques. Ce même raisonnement commence à être tenu par un cercle de plus en plus important de Britanniques, inquiets de voir l'écroulement de 25% à 30% de la livre par rapport à l'euro depuis septembre 2007.

Cependant, les textes actuels ne prévoient pas de mécanismes de solidarité monétaire précis entre pays de la zone euro ou de l'UE. Ce sujet a été abordé ainsi par l'AFP[154] :
« *Les difficultés de l'Irlande, ajoutées à celles d'autres Etats comme la Grèce, ont alimenté récemment les craintes d'un éclatement de la zone euro, même si les autorités rejettent ce scénario, et posé la question des outils disponibles au cas où l'un des pays membres n'arrivait plus à faire face à ses obligations financières. Interrogé sur la manière concrète dont le reste de la zone euro pourrait aider l'Irlande, le président de la BCE a toutefois renvoyé Dublin à ses responsabilités, estimant que l'Irlande avait déjà droit à* « un degré considérable de solidarité » *par son appartenance même à l'Union monétaire.*
Le ministre irlandais a refusé de son coté l'option d'une aide spéciale, comme l'émission d'euro-obligations, des emprunts d'Etat que souscriraient ensemble plusieurs pays avec l'Irlande pour partager les risques et lui permettre d'emprunter à un tarif abordable. « Nous devons assumer nous-mêmes nos responsabilités pour nos finances, nous ne pouvons pas chercher à obtenir de l'argent bon marché d'autres pays » *a dit M. Lenihan, en se félicitant de*

[154] Dépêche *AFP* du 3 avril 2009.

l'appartenance de l'Irlande à la zone euro. Si ce n'était pas le cas, la situation serait « beaucoup plus difficile *» a-t-il ajouté.* »

3) Une solidarité à développer : pour un FME

Même si le sommet du 1er mars 2009 a refusé un plan spécifique aux pays de l'Europe de l'Est, pour la raison que chaque pays a une situation différente et qu'il faut traiter les problèmes de la même façon pour les 27, certains mécanismes de solidarité se développent dans la zone euro et l'UE, par nécessité :

- Intervention des trois banques d'aide au développement (BEI, BERD et BM[155]) qui ont lancé jeudi 27 février 2009 ensemble un programme de 25 milliards d'euros (respectivement 11, 6 et 7,5 milliards d'euros) destiné à aider les institutions financières du Centre et de l'Est de l'Europe ;

- L'éclatement de la zone euro n'est pas pour demain. En effet, ce n'est pas parce que les risques mesurés par les différences de taux d'intérêt à dix ans se sont dépréciés, avec la dégradation de la signature[156] de quatre pays, que ceux-ci ont intérêt à sortir de la zone euro. De plus, certains taux d'inflation comme celui de l'Espagne sont devenus inférieurs au taux moyen de la zone euro, augmentant ainsi la cohésion interne en matière d'inflation ;

- Enfin, de plus en plus de voix s'élèvent pour demander une meilleure solidarité européenne, que ce soit par l'émission d'un grand emprunt avec la signature des Etats de la zone euro ou, plus largement, pour la création d'un véritable FME (Fonds monétaire européen).

---

[155] Respectivement Banque européenne d'investissement, Banque européenne pour la reconstruction et le développement et Banque mondiale. On peut remarquer que cette dernière, la BM, utilise l'euro et non le dollar pour son intervention : c'est l'une des première fois.

[156] La notation de l'Espagne, la Grèce, l'Irlande et le Portugal a été dégradée fin 2008 ou début 2009 ; en conséquence, leurs primes de risque sont de plus en plus élevées, ainsi que celle de Malte. Ce sont des pays en difficultés économiques plus graves que leurs voisins ou qui ont un endettement public élevé.

Stéphane Cossé et Guillaume Klossa ont publié l'article[157] suivant :
Constatant que « *La zone euro s'est en fait constituée sans créer un outil essentiel à son fonctionnement, un mécanisme de solidarité financière conjoncturel* », ils concluent alors :
« *Le conseil européen extraordinaire du 1er mars est l'opportunité d'ouvrir enfin le débat sur la création d'un* ***Fonds monétaire européen****. De nombreuses options sont possibles. Mutualiser partiellement les emprunts souverains, comme l'a proposé Jean-Claude Juncker, permettrait de diminuer les charges d'intérêt au niveau communautaire et national. A défaut, on pourrait envisager de créer une facilité exceptionnelle pour la Banque centrale européenne, d'autoriser un emprunt spécial de la Banque européenne d'investissement, d'allouer une enveloppe spécifique à la Commission européenne dans le cadre d'un fonds de stabilisation conjoncturel... Quel que soit le mécanisme établi, il faudra bien entendu assortir le soutien financier de conditions analogues à celles des programmes du FMI.*
La crise actuelle montre à quel point la zone euro se trouve à une étape névralgique de son existence : une monnaie unique, mais pas de politique économique, pas de budget, pas de solidarité. Pour être en mesure de prouver son utilité, l'Union européenne doit pouvoir aider directement les Etats les plus fragiles et financer des plans de soutien mutuellement bénéfiques. La consolidation de la zone euro requiert de passer à la vitesse supérieure en matière d'ambition politique et de gouvernance économique. »

L'Europe peut et doit apporter des solutions. C'est aux organismes européens spécialisés, tel ce FME proposé, et pas aux Etats d'intervenir pour les pays en difficulté. Très touchée par la crise, bien qu'elle ait des réserves financières, l'Allemagne ne peut et ne veut pas jouer aux pompiers pour les petits pays, la France, étant déjà en situation financièrement tendue.

Les crises sont souvent un accélérateur de la construction européenne, nécessité faisant loi et entraînant plus d'intégration.

Avec la crise financière, l'euro a donc gagné en attractivité.

---

[157] *Les Echos* du 27 février 2009. Stéphane Cossé est ancien haut fonctionnaire au Fonds monétaire international et Guillaume Klossa a été président du Conseil scientifique d'*EuropaNova* et ancien conseiller du Secrétaire d'Etat chargé des Affaires européennes pendant la présidence française de l'Union européenne.

Conclusion générale

L'euro, monnaie commune des 500 millions de citoyens de l'UE, s'est progressivement imposé dans toute l'Europe et même au-delà. Il constitue un atout pour les démocraties européennes et un facteur de paix.

Mais également, il est désormais présent dans la « tête » et les réflexes de nos concitoyens, qui ont abandonné leur ancien système de valeur monétaire, malgré les difficultés. On a de moins en moins tendance à convertir en franc. L'adaptation s'est réalisée, progressivement.

En effet, l'avènement de l'euro a entraîné de forts changements dans les habitudes et dans les traditions économiques et culturelles : les avantages sont progressifs mais les fruits apparaissent nettement en période de crise. Ils doivent cependant être confortés par la stabilité de l'euro qui doit être soutenue **par un climat de confiance.**

Nos recherches pour réaliser ce bilan ont été riches d'enseignements et de découvertes. Il est rarement écrit que le PIB de la zone euro[158] rattrape celui des Etats-Unis, permettant à certains grands pays de l'Ouest européen d'avoir un PIB par habitant équivalent à celui des deux grands pays anglo-saxons. Il en est de même pour la stabilité de change de l'euro avec les monnaies d'un grand nombre d'autres pays du monde, au développement équilibré et rigoureux. Le prisme du dollar cachait la réalité. A ces atouts, on peut ajouter également la domination « discrète » des entreprises et banques européennes, réelle par leur taille et leurs résultats.

<u>L'euro assure la stabilité et la sécurité financière dans un monde instable</u>
L'Europe monétaire s'est réunifiée selon le modèle germanique (Allemagne, Pays-Bas, Suisse, Autriche) qui avait réussi pendant 50 ans : une croissance

---

[158] Pendant plus de 5 mois, depuis le 13 mars 2008, date où l'euro a dépassé en moyenne le seuil de 1€ = 1,56 $ (ou plus exactement le dollar US est descendu en dessous de 0,64 €), le PIB de la zone euro a dépassé celui des Etats-Unis. Jusqu'à fin juillet 2008, la **zone euro est devenue ainsi la première économie du monde**. Ce fut provisoire. Peut-être mais la zone est en phase d'élargissement : début 2009, la Slovaquie y est entrée, le Danemark pourrait voter son entrée par un referendum, ainsi que les autres pays de l'UE... En réalité, l'Union européenne était déjà depuis de nombreuses années la première économie du monde. C'est d'autant plus le cas à 27. Mais elle est moins intégrée et bénéficie donc d'une moindre cohésion interne que la zone euro, avec ses 330 millions d'habitants. Les différences entre l'Est et l'Ouest européens sont encore marquées ! Bien qu'en rapide atténuation.

modérée avec une devise « forte ou stable » et une inflation faible. Inflation qui est définie ainsi par Jean-Marcel Jeanneney : « *Toute création de monnaie n'ayant pas pour contrepartie une création de richesse est un facteur de hausse des prix* ».

Les écarts de prix entre pays de la zone euro n'ont jamais remis en cause l'existence de l'UEM. Comme aux Etats-Unis, les prix intérieurs s'ajustent.

Dans une période de troubles économiques et de changes, nous ne pouvons que nous réjouir de la résistance de l'euro, devenu à ce jour la monnaie de 22[159] pays européens, sans oublier les nombreuses adhésions à venir de pays en forte croissance. L'euro sécurise les échanges économiques, non seulement entre ses membres, mais avec les nombreux voisins de sa zone d'influence, et même à la grande exportation.

En effet, l'euro apparaît comme un régulateur du marché des changes, dont l'instabilité peut être très forte, même à court terme, et source de grosses pertes. Ainsi, des baisses record du dollar mi-septembre 2008, avec une amplitude de 3% en une seule journée, puis en décembre 2008 et en mars 2009 ont été enregistrées de façon imprévisible. Les échanges quotidiens sur ce marché atteignent 2 000 milliards d'euros et sont difficilement maîtrisables sans une monnaie unique.

Les prévisions des cours de change doivent être prises avec une grande prudence, même si les fondamentaux jouent sur le long terme et les différences de taux d'intérêt liés à la conjoncture économique sur le court terme. Et plus on s'éloigne de la tendance de base ou d'équilibre, plus on risque un retour violent vers celle-ci. D'autres facteurs peuvent jouer, tels à l'automne 2008, les rapatriements de fonds vers les Etats-Unis qui aggravèrent la crise de liquidité en Europe déjà touchée par la hausse des prix des hydrocarbures importés (c'est l'une des raisons qui ont obligé temporairement la BCE à prêter des dollars). C'est le rôle évident des gérants (d'entreprises et d'OPCVM) de se couvrir systématiquement du risque de change, bien que cette couverture ne soit jamais parfaite sur la durée. Cette instabilité est dangereuse et difficilement gérable.

Par ailleurs, dans un système de changes flottants, mesurer le niveau et la stabilité de la monnaie d'un pays permet d'évaluer synthétiquement la performance de son économie. Cette mesure prend en compte le respect des grands équilibres économiques et les financements à court et à long terme.

---

[159] Soit les 16 membres de l'UE, plus les 4 micro-Etats, auxquels s'ajoutent le Kosovo et le Monténégro.

Ainsi, dans un tableau d'analyse des risques des économies émergentes, il a été retenu comme un indicateur-clé, l'évolution depuis dix ans de « la valeur de la monnaie nationale » vis-à-vis de l'euro (voir annexes 8).

L'importance des phénomènes monétaires

Leurs impacts sont souvent sous-évalués dans l'histoire économique et une mauvaise gestion monétaire peut avoir de graves conséquences pour un pays. L'emballement fait partie de la nature humaine et l'abondance de liquidité conduit à des excès. Des exemples anciens abondent. Au XVIIe siècle la spéculation a touché les villes italiennes, les Hollandais (tulipes) et les Anglais (Londres), probablement alimentée par l'abondance d'or rapporté en Europe via l'Espagne. La crise de Law en France de 1716 à 1720 a eu une importance[160] particulière par le nombre d'acteurs et de personnes touchées, et les montants en jeux. Pour résoudre un surendettement chronique, Law a fondé avec l'autorisation du Régent, la *Banque générale* qui a émis des billets gagés et accéléré la circulation monétaire, parallèlement à création de la *Compagnie des Indes* pour développer le commerce outre-mer. Le système s'est emballé jusqu'au jour où le prince de Conti « *réalisa les papiers qu'il avait en ramenant trois fourgons plein d'argent* » et le système s'écroula avec la perte de la confiance sur les titres émis. Ces quatre années bouleversèrent le système social français. L'analyse des faits révèle de grandes similitudes avec la crise 2007-2009.

Rappelons également l'hyperinflation en Allemagne après la première guerre mondiale ou la Grande Dépression (déflation) des années trente. La sagesse monétaire de l'Europe provient peut-être de toutes ces crises. Le franc germinal a été totalement fixe pendant 111 ans après l'inflation des assignats de la révolution française. L'invention du papier-monnaie est relativement récente, l'artifice monétaire qu'il peut entraîner comporte des risques majeurs et la maîtrise de ces phénomènes peut encore manquer d'expérience.

Face à de telles crises, les pouvoirs publics doivent nommer aux postes de dirigeants des Banques centrales, les personnes les plus compétentes et rigoureuses pour mener la politique monétaire adéquate. En outre, comme l'on a vu, l'indépendance de cette Banque centrale est grandement préférable.

Des réformes monétaires mondiales difficiles à obtenir

Pierre du Bois a écrit sur le système monétaire en 1995[161] :
« *La cause de l'UEM est d'une certaine façon favorisée par le mauvais fonctionnement du système monétaire international. L'instauration d'un*

---

[160] Lire l'excellent article du Professeur Joël Cornette *La ruine du système de Law* dans *Marianne-l'Histoire*, Hors-série de mars-avril 2009 sur *Les Crises du capitalisme*.
[161] Chapitre VI de son livre sur l'*Histoire de l'Europe monétaire 1945-2005* (page 124).

rempart face aux vicissitudes du dollar, en partie dues à l'endettement des Etats-Unis, à l'insuffisance de l'épargne et à la poursuite des déficits courants, parait nécessaire. La révision du système monétaire est restée dans les limbes. Dominée par les Américains, la commission de Bretton Woods, qui a examiné en 1994 la réforme du SMI, n'a abouti à rien – ou presque. Trop de réserves et de résistances barrent la route, en particulier à Washington, à la réinvention d'un ordre mondial. »

Une phrase d'un secrétaire d'Etat des Etats-Unis est souvent reprise « *Le dollar est notre monnaie et votre problème* ». C'était le symbole de l'égoïsme d'un pays qui a souvent abusé de son pouvoir monétaire dominant. Il fallait répondre aux consommateurs insatiables et aux pressions des lobbies de toutes sortes. Mais aujourd'hui, c'est de moins en moins vrai et les Etats-Unis devraient coopérer pour trouver des solutions concertées avec leur nouveau président démocrate, Barack Obama. La richesse produite par ce pays ne dépasse plus guère 20% du PIB mondial et il ne peut fonctionner qu'en absorbant la moitié des capitaux disponibles mondiaux.[162] Dans le monde, outre la zone euro, on repère plusieurs pôles monétaires en émergence ; tels les pays du Golfe persique qui pensent à abandonner leur lien fixe avec le dollar en créant leur propre monnaie commune. De même, la Chine réclame une véritable monnaie internationale à la place du dollar.

Etudiée dans le cadre du G-20, la réforme monétaire internationale préoccupe l'ensemble des autorités, dont le FMI par la voix de Dominique Strauss-Kahn, son Directeur Général. Mais également des universitaires de renom et l'ancien ministre du Général de Gaulle, Jean-Marcel Jeanneney qui a écrit un article remarquable de clairvoyance intitulé *Le désordre économique du monde : que faire*[163] *?*. Il y propose des solutions réalistes dans un nouveau cadre égalitaire entre l'euro et le dollar. Va-t-on relire le prix Nobel Maurice Allais qui, dans un livre majeur peu diffusé, *La Crise mondiale aujourd'hui* (Clément Juglar, 1999), observe que les changes flottants créent les conditions d'un désordre généralisé ? Ils accroissent les risques sur chaque opération commerciale ou financière internationale et ils ne peuvent déboucher que sur une crise mondiale de type 1929. « *Ce qui doit arriver arrive !* », annonce-t-il.

De façon complémentaire, dans son article intitulé *Le seul problème de l'euro, c'est le dollar*[164], Michel Pébereau écrit dans l'en-tête: « *En dix ans, l'euro a libéré l'Europe de l'inflation et des crises monétaires. Il n'est pas en cause*

---

[162] *Les Echos* du 14 novembre 2008. Ce taux de 50% est mesuré en fonction des statistiques sur les réserves de change.
[163] Article de M. Jean-Marcel Jeanneney, dans *Les Echos* datés du 11 janvier 2008.
[164] Article de M. Michel Pébereau, Président du Conseil d'administration de BNP Paribas, dans *Challenges* du 26 juin 2008.

dans la faiblesse de la croissance de la zone euro. Mais sa force en fait la principale victime du dollar », et vers la fin de l'article : « *Les Européens devront un jour décider s'ils veulent que l'euro ait, comme le dollar, un rôle mondial.* »

Enfin, la chancelière allemande, Angela Merkel a appelé à tirer les leçons de la situation actuelle[165]: « *Nous ne pouvons pas nous permettre d'avoir souvent de telles crises. On a besoin de plus de transparence, de plus de prévention du risque, de plus de contrôle du risque.* » L'épargne et le marché financier européen doivent être sécurisés.

Espérons que le G-20 apportera des solutions réelles et concrètes, et non de vagues mesures !

A la veille du G-20, dans un entretien[166], le président de la BCE, Jean-Claude Trichet a déclaré : « *On reconnaît des deux cotés de l'Atlantique que l'on ne peut indéfiniment augmenter les dépenses et les déficits : au lieu d'augmenter le niveau de confiance des ménages et des entreprises, on perdrait leur confiance et l'économie irait plus mal au lieu d'aller mieux... Ce qui a été décidé est tout à fait considérable. Les possibles recapitalisations, les garanties et autres soutiens représentent dans la zone euro 23% du PIB et environ 29% aux Etats-Unis... Ce dont nous avons le plus besoin, c'est de retrouver la confiance.* »

Le Gouvernement économique de l'UE et de la zone euro

Ce concept a malheureusement été rejeté en son temps par les partenaires de la France. Cependant, comme l'écrit Noëlle Lenoir[167], il aurait eu l'avantage d'exprimer un nouveau volontarisme en mettant en chantier des politiques complémentaires à la politique monétaire. Néanmoins, il est préférable d'avoir une faible gouvernance qu'une mauvaise gouvernance. Les échecs de certaines relances keynésiennes fondées sur la relance de la consommation intérieure et des taux d'intérêt trop bas au Japon et aux Etats-Unis sont manifestes. Les relances ont trop souvent entraîné surendettement[168], déficits extérieurs forts, ou même créations de bulles, voire ces trois inconvénients à la fois.

---

[165] *AFP* du 2 octobre 2008.

[166] *Le Monde* du 2 avril 2009.

[167] *La Tribune* du 30 septembre 2008.

[168] Dans *Notre Europe* (Robert Laffont), Michel Rocard écrit : « *En 2007, la dette cumulée des entreprises, des ménages et des administrations des Etats-Unis (hors institutions financières) dépasse 230% du produit brut. Le rapport annuel de la Banque centrale, la Fed, en évalue le total à 39 trillions, soit 39 000 milliards de dollars. Cette somme pharamineuse ne sera à l'évidence jamais remboursée. Il faut rappeler ici que l'Europe s'est donnée une norme de 60% sur ce sujet, et que la France se fait vilipender, à juste titre à mes yeux, pour un taux de 64%. Cette dette pose deux questions : celle de son service et celle de celui qui la souscrit. Car les Etats-Unis continuent de s'endetter au rythme de plus de 2 milliards de dollars par jour.* » Ce

Cependant, l'*Eurogroupe* coordonne les politiques économiques des membres de la zone euro de façon informelle. Il est néanmoins nécessaire de relancer l'UE sur de nombreux sujets, telles l'harmonisation fiscale (bases et taux d'imposition), la réalisation de l'agenda de Lisbonne, la fin de la dérégulation des marchés financiers, la réglementation plus stricte sur les produits dérivés, avec une surveillance globale des grands groupes bancaires et financiers au niveau de l'UE et enfin la protection de l'épargne en Europe et le suivi des fonds spéculatifs. L'Union doit agir par exemple pour éviter les risques systémiques en coordonnant le contrôle des « Commissions bancaires » nationales.

Par ailleurs, on peut regretter que le plan de relance et de soutien de l'activité de 200 milliards d'euros annoncé par la Commission européenne à l'automne 2008 ne soit en grande partie qu'une addition d'interventions des pays membres. Même s'il évite en grande partie un surendettement stérile, est-il à la mesure de la crise ? La suggestion par François Bayrou d'un plan massif d'investissements sur le long terme, financé à l'aide d'un grand emprunt paneuropéen de 300 milliards d'euros[169] nous semblerait plus appropriée (parallèlement à la rigueur budgétaire en période favorable). Cette mesure répondrait mieux à la crise économique « *centennale* ». Une seconde vague de plans de relance réalisés à partir de décembre 2008 devrait compléter les stabilisateurs automatiques, dont l'importance est particulièrement élevée en Europe.

<u>L'épargne et la retraite</u>

La grave crise économique et monétaire actuelle a coûté très cher aux millions d'épargnants dans le monde. Un certain nombre d'entre eux, tels les salariés d'*Enron* en son temps, avait tout misé sur leur entreprise, notamment pour le financement de leurs retraites. Heureusement que nous avons institué en Europe un système mixte : répartition comme retraite de base et capitalisation comme supplément. Le système par répartition est un filet de sécurité nécessaire. Utilisé dès 1940 pour payer les dettes de guerre, il a été institué définitivement en 1945 en France, après la ruine des épargnants. Cependant, si les réformes nécessaires et courageuses ne sont pas réalisées (plus de 60 milliards de déficits sociaux accumulés en France ces dernières années, au rythme de 10 par an environ), les déséquilibres démographiques risquent de remettre en cause ce système dont les hypothèses fondatrices ne sont plus respectées.

---

rythme a encore augmenté depuis l'aggravation de la crise (près de 6 000 milliards de dollars de produits toxiques et autres créances douteuses ont été annoncés, avec des quasi-nationalisations de nombreuses sociétés financières et même automobiles).

[169] *La Tribune* du 6 décembre 2008.

Parallèlement, il faut assainir le marché financier de toute une série d'innovations récentes et de dérégulations[170] mal maîtrisées. Pourquoi accepter les fonds spéculatifs ou « hedge funds » alors que les OPCVM existent ? Ils ne servent trop souvent qu'à contourner les règles prudentielles qui protègent l'épargnant, sous les appâts d'une fiscalité avantageuse. Il est donc préférable de mieux réglementer au niveau de l'UE[171] et parallèlement, travailler à la limitation des paradis fiscaux, au moins dans toute l'Europe où l'UE intervient, y compris et surtout pour les micro-pays limitrophes qui en ont fait leur fonds de commerce.

Quel est le véritable « moteur » de l'économie mondiale ?

Le consommateur des Etats-Unis n'est plus le « *cœur du réacteur* » de l'économie mondiale, contrairement à ce qu'affirmaient avec trop d'insistance Jean-Marc Sylvestre et Olivier Pastré dans leur livre[172] très intéressant paru mi-2008. Les consommateurs européens ont un pouvoir d'achat tout aussi élevé (voire supérieur), ils sont moins endettés et plus nombreux. Et que dire des milliards d'habitants des pays émergents qui commencent à jouer un rôle plus important dans la production et la consommation mondiales ?

En réalité, l'économie est un ensemble composé d'innovateurs, d'entrepreneurs, de producteurs, de commerçants et de fournisseurs de services dans le monde entier, et bien sûr de consommateurs. Ce sont tous ces acteurs qui font fonctionner l'économie mondiale, avec des milliards d'échanges monétaires.

Ainsi, la véritable réponse à la grave crise que nous traversons ne se trouve-t-elle pas en partie dans les pays émergents, aux immenses besoins ? Et ce malgré la baisse du prix[173] des matières premières entraînant la diminution du pouvoir d'achat de certains, mais la hausse pour les acheteurs net. La majorité de ces pays est actuellement solvable et des techniques comme le microcrédit peuvent accélérer leur développement. Comme on l'a vu, l'Europe est bien placée dans ce créneau.

---

[170] A voir en annexe 11, le renvoi sur les effets catastrophiques de la loi préconisée par l'ex-sénateur des Etats-Unis, Phil Gramm, père de la dérégulation financière.

[171] Le CESR (Commettee of European Securities Regulators) a émis un avis le 31 octobre 2008, voté à une forte majorité (5 opposants sur 27), indiquant être favorable à la création d'un passeport européen pour les sociétés de gestion. Ceci mettrait l'ensemble des pays de l'UE à égalité, supprimant les privilèges de certains pays (Luxembourg et Irlande) dans la gestion des fonds. Encore faut-il que l'épargne des déposants soit réellement protégée, notamment dans des cas type *Madoff*.

[172] *Le vrai roman de la crise* Perrin, mai 2008.

[173] L'une des règles de base de l'économie est que l'ajustement doit aussi se faire par les prix, notamment en période de crise ; jusqu'à ce que se trouve un nouveau prix d'équilibre.

Le « modèle humaniste européen » encore en construction

Les pays germaniques ont eu le courage de refuser la politique inflationniste depuis les années 1970, progressivement rejoints par la plupart des pays européens qui ont fait le choix « marqué dans le marbre » d'avoir une monnaie stable[174] et une politique rigoureuse. Les temps anciens des dévaluations faussement compétitives et d'inflations fortes dans plusieurs pays sont révolus en Europe.

Aujourd'hui, 25 membres de l'UE sur 27 se sont engagés juridiquement à prendre comme monnaie l'euro, le plus souvent par referendum. Parmi les nouveaux membres au fort dynamisme économique, le sixième plus grand pays de l'UE, la Pologne devrait basculer en 2012 (peu de temps avant la Roumanie, septième pays) accompagnée de certains voisins. La zone euro sera alors incontestablement la première économie du monde.

L'UE devra cependant continuer à se construire dans de nombreux domaines, en améliorant notamment l'harmonie des politiques économiques, industrielles, technologiques[175], fiscales et sociales, mais aussi les stratégies communes.

Tout en laissant une liberté à chacun dans les débats, elle doit contenir ses divisions internes flagrantes, qui prêtent souvent le flanc aux accusations d'être malheureusement un nain politique. S'il est adopté, le Traité de Lisbonne, ratifié à ce jour par tous les membres de l'UE sauf deux, sera en ce sens un grand progrès. Le poids économique de l'UE est tel qu'elle devient inévitablement un « géant politique », sachant s'imposer par son « pouvoir doux » ou sa force tranquille.

L'euro, une réussite à soutenir

L'Europe a su tout à son avantage prendre son indépendance monétaire. Les Européens peuvent désormais répondre à leur voisin d'outre-Atlantique : « L'euro est notre monnaie et notre réussite, nous nous protégeons de l'inflation ».

L'euro est une monnaie encore assez jeune ; c'est une réussite parce qu'elle a su gagner la confiance. Il faut cependant transformer cette réussite sur le long terme.

---

[174] En tendance. Le « pacte de stabilité et de croissance » n'empêche pas d'agir en cas de circonstances exceptionnelles (voir annexe 11).

[175] A voir le remarquable chapitre écrit par Daniel Cohen intitulé *Le difficile apprentissage de la mondialisation en Europe* dans l'ouvrage collectif coordonné par Michel Rocard et Nicole Gnesotto chez Robert Laffont, septembre 2008. « Sur l'innovation, la recherche et les biens culturels, l'Europe se laisse anormalement dominer. »

Soutenir notre monnaie commune est donc utile et même nécessaire... voire indispensable !

*

* *

Postscriptum

Le sommet des chefs d'Etat et de gouvernement de l'UE, tenu les 19 et 20 mars 2009, deux semaines avant le G-20, a estimé suffisant son effort budgétaire de 400 milliards d'euros pour les années 2009 et 2010 destiné à relancer l'économie (ils représentent 3,3% du PIB et incluent les stabilisateurs sociaux automatiques). Cependant, on peut regretter encore l'absence d'un plan global et cohérent, complété par un grand emprunt paneuropéen. Par ailleurs, la stimulation monétaire est importante, avec des taux d'intérêt nominaux au plus bas depuis la création de l'euro permettant aux banques d'offrir à leur clientèle des crédits peu chers[176]. Les prix également n'ont jamais aussi peu augmenté depuis dix ans. En outre, les dirigeants européens ont rassuré l'Europe de l'Est en envisageant un doublement de leur enveloppe de prêts d'urgence à disposition de ces pays, passée de 25 à 50 milliards d'euros. De façon complémentaire, la contribution de l'UE aux ressources financières du FMI est augmentée de 75 milliards d'euros.

Parallèlement, les Vingt-Sept, y compris la Grande-Bretagne, insistent, pour rétablir la confiance, sur la mise en place d'une meilleure régulation en reprenant principalement les recommandations du rapport de Larosière[177]. Sont prévues notamment la nécessité de « *déployer d'urgence de nouveaux efforts en vue d'améliorer la réglementation et la surveillance des institutions financières* » et une nouvelle législation en matière d'enregistrement des agences de notation, de fonds spéculatifs, de fonds de capital-investissement ainsi qu'un encadrement des rémunérations. Quant aux paradis fiscaux, ils pourraient faire l'objet d' « *un mécanisme de sanctions effectif* », en coordination avec les pays de l'OCDE. Le principe de ces recommandations a été retenu par le G-20 réuni peu après début avril, montrant l'influence de l'Europe. Néanmoins, celui-ci ne s'est pas fortement exprimé sur la réforme du système monétaire international.

---

[176] Ainsi, le taux d'intervention de la BCE a été fixé à 1,5%, avec une baisse attendue à 1%, et les taux sur l'Euribor, le marché monétaire, varient de 0,932% au JJ (jour le jour), à 1,50% à 3 mois et à 1,80% à échéance d'un an, fin mars 2009.

[177] Voir notes 51 et 148.

Dans le même temps, le 18 mars 2009, les Etats-Unis ont décidé de « *faire marcher la planche à billets* ». Poussée par des déficits extérieurs importants (commerciaux et de la balance des capitaux à -150 milliards de dollars en janvier 2009) et un plan de relance qui a du mal à produire ses effets, la Fed a décidé le rachat de bons du Trésor américains à long terme sur les six prochains mois (300 milliards de dollars) et l'augmentation des achats de titres adossés à des crédits immobiliers (750 milliards de dollars).

Cette annonce a fait plonger le dollar de 3% en une heure et jusqu'à près de 10% en une semaine vis-à-vis de l'euro et des principales monnaies. Record battu ! Parallèlement, le prix de l'once d'or est passé de 885 à 959 dollars, soit +74 dollars en vingt-quatre heures et celui du pétrole, mesuré en dollar, a augmenté d'autant, ou plus exactement est resté au même niveau, mais coté dans une monnaie dévaluée.

Cela montre la violence des variations de change et leur danger. On peut également se poser la question : quelle devise est la meilleure « valeur refuge » ? N'est-ce pas en fin de compte l'euro ?

Liste des Annexes

Chronologie des événements monétaires européens depuis 1950

Annexe 1-A

Date	Entrées UEM Réévaluat. %	Sorties UEM Dévaluat. %	**UE** ***zone* €**	Etapes *Politiques*, *Economiques* et Monétaires
Début années 50	x			UEP (*Union européenne des paiements*) est la 1ère forme de coopération monétaire. Facilitant les paiements entre les Etats, elle est dissoute en 1958, avec le retour à la convertibilité des monnaies
1957 25 mars			**6**	*Traité de Rome*
1962 octobre	x			Rapport *Marjolin* définissant l'union monétaire comme troisième étape de l'unification
1964 mai	x			Création du Comité des gouverneurs des banques centrales des Etats membres
1968 1er juillet			**6**	*Union douanière*
1969 février	x			Plan Barre: propose le rapprochement des politiques économiques des Etats membres
août	x	FRF -11,9%		Introduction des DTS (droits de tirage spéciaux) en juillet
octobre	DEM			
décembre				Conférence de La Haye: Les chefs d'Etats conviennent de *"tout mettre en œuvre pour réaliser l'intégration économique et monétaire"*
				31 décembre 1969 : fin de la période transitoire du marché commun
1970		x		Déficits aggravés des comptes extérieurs des Etats-Unis

1971	mars	x			<u>Plan Werner</u>: proposition de création de l'UEM
	15-août		x		Non convertibilité du dollar en or, les Etats-Unis refusent de convertir 3Md$ en or à la GB. **Effondrement du système de Bretton Woods**
	décembre	BEF, DEM, FRF, ITL, LUF, NLG, +8%			Dévaluation de 8% du dollar par rapport à l'Or, **Tunnel monétaire avec un serpent en Europe.** Nouvelle grille monétaire par rapport au dollar: +/- 2,25%, soit 9% d'amplitude maximum en Europe.
1972	septembre	x			Création du FECOM (Fonds européen de coopération monétaire), avant l'UEM
1973	1er janvier	x		**9**	***Entrée dans l'UE du Danemark, de la Grande-Bretagne et de l'Irlande***
		x			Entrée dans le serpent monétaire des pays européens
	févr. mars		x		Fin du système de Bretton Wood: le dollar flotte et se dévalue
	23 & 27 juin		GBP, IEP, DKK, NOK		Sorties du serpent monétaire de Grande-Bretagne, Irlande, Danemark, Norvège
	octobre	DKK			Réentrée du Danemark, 1er choc pétrolier
			ITL		Sortie de l'Italie du serpent monétaire
		NLG, NOK			Réévaluation
			x		**<u>12 changements de parité</u>** <u>entre 1973 et 1976, qui ne résolvent rien</u>
1974	janvier		FRF puis NOK & SEK		Sortie du serpent monétaire: plus que 5 membres: DEM, DKK et 3 pays du Benelux
			x		Le passage à la 2ème étape de l'UEM est abandonné
1975			x		2ème monnaie de réserve du monde, la GBP est en forte difficulté
			x		Forte inflation en Europe et dans le monde
	avril	x	x		Création de l'unité de compte européenne selon un panier de monnaie, mais les 9 sont divisés

1976	févr. mars		ITL, GBP, FRF		Sorties du serpent monétaire qui devient un échec
1977	été		x		Relance de l'UEM (France + Allemagne)
1978	début		x		Baisse du dollar, Obstructions de la GB
	7-avr.	x			Création de l'ECU, unité de compte améliorée
1979	13-mars	x			Le SME entre en vigueur entre les 9, le DEM tout puissant
	juin		x		Institution de l'élection du Parlement européen au suffrage universel
	septembre	DEM +2%	DKK -3%		Réévaluation du mark allemand et dévaluation de la couronne danoise
					<u>**13 changements de parité** entre 1979 et 1987</u>
1980		x			Le budget européen est en ECU
			x		Les Etats-Unis forcent les Européens à acheter des dollars
1981	1er janvier		x	**10**	***Entrée de la Grèce dans l'UE***
	mars				Premier emprunt en ECU
	octobre		FRF		
1982	juin		FRF		Forts écarts dans les rythmes d'inflation
1983	mars	DEM, NLG, DKK, BEF	FRF, ITL, IEP		Réajustement, Marges de +/-2,25% élargies à 6% pour l'Italie
1984					La communauté sort de l'impasse budgétaire (Fontainebleau)
					Accroissement des échanges intercommunautaires grâce au SME

1985					Renforcement de la coopération monétaire, malgré l'hostilité de la GB et du Danemark SME et ECU reconnus formellement avec le comité des gouverneurs des Banques centrales
1986	1er janvier			**12**	***Entrée de l'Espagne et du Portugal dans l'UE***
	6-avr.	DEM, NLG, DKK, BEF, LUF	FRF		Réajustement monétaire
1987	12-janv				Réajustement monétaire
					Création de l'AUME, Association pour l'Union monétaire de l'Europe
1988			x		Une centaine de grandes entreprises européennes soutiennent l'introduction d'une monnaie unique
	fin		x		Mobilisation cumulée de 55 Mds d'écus sur le marché, émis même par la GB
1989	1er janvier		x		*Libération des mouvements de capitaux et création d'un espace financier européen*
	avril		x		Rapport Delors sur l'UEM qui reformalise la construction en 3 étapes
	juin	x	x		Conseil européen de Madrid: accord à minima sur l'UEM
	juin à novembre				*Elections polonaises, puis chute du mur de Berlin et des autres régimes communistes*
	21-sept	x	x		Toutes les monnaies des pays membres font partie du panier de l'écu
1990	juin		x		Dublin: confirmation des étapes de l'UEM et de nombreuses réticences, dont de la part de la Bundesbank, Italie, France et Grande-Bretagne
	15-déc	x	x		Conférence intergouvernementale de Rome : accord technique malgré les difficultés politiques. La Grande-Bretagne refuse la monnaie commune. Débats sur l'indépendance de la Banque centrale

1991		x	x		Nombreux débats techniques et politiques, de nécessaires critères de convergences
	novembre	x			Le projet de la monnaie unique est presque mûr,
	9 et 10 décembre	x	**x**		Sommet de **Maastricht:** **Tournant capital. Volonté politique**, en dehors des Britanniques et des Danois, **de réaliser de manière irréversible** dans un laps de temps relativement court **la complète unification de leurs monnaies**
1992	juin		x		"Non" des Danois par referendum à la monnaie unique
	juillet	x			54 économistes apportent leur soutien à l'UEM
	septembre		ESP -5%		Dévaluation de la peseta
	septembre		GBP, IEP		Monnaies britannique et irlandaise sortent du SME: certains annoncent la mort de l'écu
	20-sept	x			« Oui » des Français à 51,05% lors du referendum approuvant le "Traité de Maastricht"
	31-déc	x			*Réussite du marché unique à la date butoir prévue*
1993	janvier		IEP		Dévaluation de la livre irlandaise et attaques contre le FRF. R. Barre incrimine les "cercles anglo-saxons"
	02-août		x		Fortes difficultés: l'UE élargit les bandes de fluctuation de change du SME de 2,25% à 15%
					Récession en Europe et forts déficits budgétaires (6,4% pour les Etats membres)
1994	1er janvier	x			Début de la 2ème phase de l'UEM: l'IME (Institut monétaire) commence à fonctionner
1995	1er janvier	x	x	**15**	***L'Autriche, la Finlande et la Suède entrent dans l'UE***. *Forts débats sur l'UEM.*
		x			*La France veut mieux arrimer l'Allemagne réunifiée à l'Europe avec la monnaie commune*
	06-mars		ESP -7%		Dévaluation de la peseta espagnole
	06-mars		PTE -3,5%		Dévaluation de l'escudo portugais
	mai	x			Livre vert sur l'UEM: les 3 étapes (institutionnelle, monétaire et fiduciaire) sont définies

	19-juin	x		Le Conseil de Cannes confirme la réalisation de l'UEM au 1er janvier 1999
	décembre	x		Conseil de Madrid: terme « euro » retenu. La double circulation des monnaies est décidée
1996	août		x	Attaques contre FRF, ITL et ESP
	novembre	x		La lire italienne entre dans le SME
	décembre	x		*Conseil à Dublin: accord sur le pacte de stabilité et de croissance, cadre de la politique économique.* Les pays à monnaies faibles mènent une politique de rigueur et de taux élevés: gros efforts réalisés.
1997	mai	x		Le Commissaire Yves-Thibault de Silguy déclare: « la marche arrière n'est plus possible »
				La conjoncture économique s'améliore
1998	février	x		Les onze pays établissent les plans nationaux ou les projets de loi de basculement
	mars	IEP +3%	GRD -13,8%	Réévaluation de la livre irlandaise et dévaluation de la drachme grecque
				Faible inflation chez les Onze (< 2%), Déficits budgétaires respectés (< 3%)
	ATS, BEF, DEM, ESP, FIM, FRF, IEP,ITL, LUF,NLG, PTE			**Onze monnaies qualifiées** (Autriche, Belgique, Allemagne, Espagne, Finlande, France, Irlande, Italie, Luxembourg, Pays-Bas et Portugal)
	25-mars			La Commission de Bruxelles estime que les Onze sont qualifiés
	avril			Le Bundestag vote à la quasi unanimité le passage à l'euro au 1er janvier 1999
	01-juin			La BCE (Banque centrale européenne) et SEBC (système européen des banques centrales) sont institués
	03-déc			Baisse à 3% des taux directeurs, le plus bas depuis 1970. C'est "unique et sensationnel"

	31-déc			Le Conseil arrête les taux de conversion fixes et irrévocables entre l'euro et les monnaies des Etats membres
1999	**1er janvier**		**Les 11 créent la zone euro.** ***11***	**Basculement des monnaies scripturales;** les transferts sur le marché financier sont une réussite. Bon fonctionnement du marché monétaire
2000				Baisse des taux directeurs de la BCE *Boom économique en Europe*
2001	1er janvier	GRD	***12***	***La Grèce entre dans la zone euro***
2002	**janvier février**		*12 + 4*	**Basculement des monnaies fiduciaires (diffusion des pièces et billets en euro).** Les 4 micro-Etats européens (Andorre, Monaco, St Marin, Vatican) basculent aussi en zone euro. Le Lichtenstein garde pour monnaie le franc suisse.
2003				Les monnaies nationales fiduciaires n'ont plus cours Baisse des taux directeurs de la BCE, l'euro se renforce après un départ "difficile"
2004	1er mai		**25**	***Chypre, Estonie, Hongrie, Lettonie, Lituanie, Malte, Pologne, Slovénie, Slovaquie et Tchéquie entrent dans l'UE***
2005				Baisse continue du dollar, par rapport à l'euro et à de nombreuses monnaies des pays émergents
2006				Reprise économique et remontées des taux directeurs
2007	1er janvier	SIT	**27** *13+4*	***Bulgarie et Roumanie entrent dans l'UE. La Slovénie entre dans la zone euro.*** *Déficits aggravés des comptes extérieurs des Etats-Unis*

2008	1er janvier juillet décembre	CYP, MTL		***15****+4*	***Chypre et Malte entrent dans la zone euro*** Baisse record du dollar suivie par une remontée violente à la fin de l'été. Grave crise financière et tensions sur les changes
2009	1er janvier février	SKK		***16****+4*	***La Slovaquie entre dans la zone euro*** Les taux d'intérêt monétaires sont à leur plus bas niveau historique

Annexe 1-B

Les prémices de l'euro depuis 1945

En 1945, l'Europe est ruinée par la guerre. En conséquence, les monnaies européennes sont dévaluées par rapport à celles de pays qui ont alimenté l'Europe en produits (Etats-Unis, où l'endettement public atteint 100% du PIB du fait du financement de l'effort de guerre, et Argentine notamment).

Les Etats-Unis, dominants avec plus de 50% du PIB mondial, imposent leur dollar à la conférence de Bretton Woods qui a eu lieu bien avant la fin de la guerre, du 1er au 22 juillet 1944. La défaite des monnaies européennes est constatée par le rôle de monnaie étalon dollar qui lui est attribué.[178] Cependant, l'Europe va reprendre lentement son indépendance monétaire en trois étapes, en utilisant progressivement de moins en moins le dollar. Cela va lui permettre de limiter les désordres monétaires et l'inflation importés.

Période de la reconstruction et du développement : le monopole du dollar (de 1945 à 1969)

La reconstruction de l'Ouest européen fortement détruit par la guerre se fait pas à pas dans la difficulté, avec des périodes de tensions et de lourds déficits commerciaux. Afin d'accélérer cette phase et de trouver des débouchés à leur industrie proéminente en mal de marchés, les Etats-Unis planifient en plusieurs étapes leurs interventions en Europe ; ce qui va aboutir à ce que l'on a appelé le plan *Marshall.*

Pierre du Bois[179] résume bien cette période.
« *A partir de 1947, le manque, voire la famine de dollars, commence à sérieusement préoccuper les Américains et les Européens. C'est une sorte de serpent de mer qui traverse toute la période. Les causes sont complexes. Y remédier ne va pas de soi. Importer moins et exporter plus. C'est vite dit. Le plan Marshall répond en partie aux besoins des Européens. Mais pas totalement. De toute façon, commente Raymond Aron en 1949,* « la monnaie américaine est et restera, quelle que soit la technique employée, une monnaie rare, parce que l'économie américaine, qui détient un surplus de produits primaires (agricoles et minéraux), possède désormais une industrie qui répond à presque tous les besoins du marché intérieur ».

Ce commentaire est caractéristique d'une époque qui s'est terminée dans les années 1960, lorsque l'Europe s'est reconstruite et a connu des excédents extérieurs, et lorsque, parallèlement, les Etats-Unis sont devenus déficitaires et n'ont pu financer la guerre du Vietnam que par de la création monétaire.

Cependant, les monnaies européennes étaient toutes cotées en dollars, seul étalon monétaire existant et donc incontournable. Les taux d'inflation étaient

---

[178] A voir le livre de Pierre du Bois : *Histoire de l'Europe monétaire 1945-2005.*

[179] Idem.

relativement limités et fonction de ceux du dollar (voir annexe 9 sur ce point et le suivant).

Période de troubles monétaires (1970-1995)
Les excédents commerciaux des Etats européens leur ont permis d'acquérir des devises, en fait en grande partie des eurodollars (dollars détenus en Europe ou en dehors des Etats-Unis par extension) qui s'accumulèrent alors fortement, provoquant une inflation qui va perdurer et détruire la stabilité des changes en Europe.

Certains pays osent cependant échanger ces dollars contre de l'or ; le stock d'or détenu à Fort Knox fond rapidement, si bien que le Président des Etats-Unis est contraint de décider la suspension de la convertibilité du dollar en or le 15 août 1971. Puis, à partir de février 1973, le dollar est dévalué et son flottement est décidé.

Les Européens tentent alors de s'organiser ; mais devant les difficultés ils réagissent de façon individuelle en dévaluant ou réévaluant leurs monnaies, d'abord vis-à-vis du dollar puis de l'écu quand ce dernier est créé avec le SME en 1978. Parallèlement, l'inflation s'installe dans la plupart des pays européens avec des taux très divergents, à l'exception de la zone germanique. On note déjà par ailleurs une forte résistance de la Grande-Bretagne à accepter les contraintes d'une monnaie européenne et son corollaire, le SME.

Le dollar reste cependant la monnaie de référence incontournable pour les transactions internationales, même souvent entre pays européens. Mais, cette référence au dollar pour fixer les cours des monnaies ouest-européennes est progressivement abandonnée. Après la période des « serpents monétaires », l'écu (composé d'un panier de toutes les monnaies de l'Union européenne) tente de servir de point d'ancrage.

Parallèlement, un pôle de stabilité monétaire se crée autour de l'Allemagne : la zone Mark. A tel point que certains pays en guerre civile (Kosovo et Monténégro) vont adopter le deutschemark comme monnaie nationale.

Depuis 1995 : l'euro remplace le dollar dans toute l'Europe
Les derniers réajustements monétaires dans l'Europe de l'Ouest ont lieu en 1995 avant la fixation définitive du cours de l'euro le 31décembre 1998. Parallèlement, à la suite d'élections libres, les pays du Centre et de l'Est européen se libèrent de l'URSS et, du fait de la non convertibilité du rouble russe, adoptent comme monnaie de référence et de transaction le dollar. Cependant, avec leur entrée dans l'Union européenne et la dépréciation du dollar, ils ont progressivement choisi d'utiliser le deutschemark puis l'euro, surtout après l'introduction des pièces et billets le 1er janvier 2002.

Par exemple, la Roumanie avait créé un lien fixe (mais ajustable) pour le cours du leu, sa monnaie nationale, par rapport au dollar et à partir de 2003, elle a pris comme référence unique l'euro. C'était son intérêt. L'essentiel de son commerce extérieur s'effectue dans cette monnaie ou dans des monnaies liées.

Le voyageur qui entreprend une tournée dans l'Europe centrale et de l'Est et qui devait avoir des liasses de dollars en 1995 (monnaie acceptée partout en raison aussi des troubles monétaires) utilise désormais en 2008 presqu'exclusivement l'euro, y compris en Ukraine et en Russie, en complément bien sûr des monnaies nationales qui ont retrouvé une certaine stabilité, une plus grande confiance et leur rôle primordial dans les transactions internes.

Annexe 2

Monnaies d'émissions et des encours de titres internationaux (à moyen et à long terme) en % du total mondial

Emissions nettes

	1998	2000	2002	3 premiers trimestres 2004	2006	2007	premier trimestre 2008
Euro	**31,7**	**39,0**	**49,1**	**59,1**	**46,0**	**41,3**	**29,2**
Dollar US	60,3	50,7	43,2	23,7	39,1	41,3	50,1
Yen	-3,7	1,1	1,7	2,5	0,7	2,4	1,8
Autres (dont £)	11,7	9,2	6,0	14,7	14,2	15,0	18,9
Total	100,0	100,0	100,0	100,0	100,0	100,0	100,0

Encours (en décembre)

	1998	2000	2002	sept. 2004	2006	2007	mars 2008
Euro	**25,3**	**30,2**	**37,5**	**44,7**	**47,3**	**48,8**	**50,0**
Dollar US	45,2	49,1	46,2	39,2	36,4	35,0	33,8
Yen	11,7	8,3	4,9	4,1	2,8	2,7	2,9
Autres (dont £)	17,8	12,4	11,3	12,0	13,5	13,5	13,3
Total	100,0	100,0	99,9	100,0	100,0	100,0	100,0

Montant (Mds €)	26 667
Variations (Mds €)	933

Source: BRI

Annexe 3

Taux d'endettement des Ménages (en % du PIB)

Années Pays	1998	2000	2002	2004	2006	2008
Zone euro	42%	46%	48%	51%	57%	58%
Royaume-Uni	64%	67%	75%	87%	94%	99%
Etats-Unis	68%	73%	80%	89%	97%	103%
Japon	82%	81%	79%	77%	76%	
Allemagne	68%	73%	72%	70%	66%	
France	37%	38%	39%	41%	47%	
Italie	20%	22%	24%	27%	32%	
Espagne	39%	46%	52%	62%	79%	
Pays-Bas	78%	88%	98%	108%	120%	

Dettes des Ménages en pourcentage du PIB (production produite).
Estimations à partir des graphiques publiés dans le livre de Jean-Luc Gréau "La trahison des économistes"

Sources: *Eurostat* et *Rexecode*

Annexe 4

Grandes Entreprises et grandes Banques mondiales en 2007

(selon Fortune: Global 500)

Rang selon les revenus	**ENTREPRISES**			**dont BANQUES**		
Pays d'origine	sur 50	sur 100	sur 500	sur 20	sur 30	sur 67
Europe	24	51	189	16	20	34
Etats-Unis	17	31	153	3	5	8
Japon	5	9	64	1	3	4
Chine	3	3	29		2	4
Corée du Sud	0	3	15			3
Canada	0	0	14			5
Australie	0	0	8			4
Inde	0	0	7			1
Brésil	0	1	5			4
Autres pays	1	2	16			0
Total Monde	**50**	**100**	**500**	**20**	**30**	**67**
France	6	10	39	3	4	5
Allemagne	5	13	37	1	1	5
Italie	2	4	10	1	2	2
Espagne	0	3	11	1	2	2
Pays-Bas	2	2	14	1	2	2
Belgique	1,5	1,5	5,5	2	2	3
Autriche	0	0	2			1
Finlande	0	1	2			
Irlande	0	0	2			1
Luxembourg	1	1	1			
Portugal	0	0				
Ss-Total Zone euro	**17,5**	**35,5**	**124,5**	**9**	**13**	**21**
Pourcentage	35%	35,5%	24,9%	45%	43%	31%
Grande-Bretagne	4,5	9,5	34,5	5	5	7
Suède	0	0	6			2
Pologne	0	0	1			
Danemark	0	0	2			1
Ss-Total Autres UE-27	4,5	9,5	43,5	5	5	10
Total UE-27	**22**	**45**	**168**	**14**	**18**	**31**
Pourcentage	44%	45%	33,6%	70%	60%	46%
Suisse	1	3	14	2	2	2
Norvège	0	1	2			
Russie	1	2	5			1
Ss-Total Autres	2	6	21	2	2	3
Total Europe	**24**	**51**	**189**	**16**	**20**	**34**
Pourcentage	**48%**	**51%**	**37,8%**	**80%**	**66,7%**	**50,7%**

Médailles Olympiques à Pékin 2008 **Annexe 5**

	Rang		Pays médaillés	Or	Argent	Bronze	Total
/ Rang	1	***24 nations***	***Union européenne à 27***	***87***	***101***	***92***	***280***
1	2		Chine	51	21	28	100
2	3		Etats-Unis	36	38	36	110
3	4		Russie	23	21	28	72
4		**UE-27**	**Royaume-Uni**	**19**	**13**	**15**	**47**
5		**UE-27**	**Allemagne**	**16**	**10**	**15**	**41**
6	5		Australie	14	15	17	46
7	6		Corée du Sud	13	10	8	31
8	7		Japon	9	6	10	25
9		**UE-27**	**Italie**	**8**	**10**	**10**	**28**
10		**UE-27**	**France**	**7**	**16**	**17**	**40**
11	8		Ukraine	7	5	15	27
12		UE-27	Pays-Bas	7	5	4	16
13	9		Jamaïque	6	3	2	11
14		**UE-27**	**Espagne**	**5**	**10**	**3**	**18**
15	10		Kenya	5	5	4	14
16	11		Bièlorussie	4	5	10	19
17		**UE-27**	**Roumanie**	**4**	**1**	**3**	**8**
18	12		Ethiopie	4	1	2	7
19	13		Canada	3	9	6	18
20		**UE-27**	**Pologne**	**3**	**6**	**1**	**10**
21		UE-27	Hongrie	3	5	2	10
21	14		Norvège	3	5	2	10
23	15		Brésil	3	4	8	15
24		UE-27	Tchéquie	3	3	0	6
25		UE-27	Slovaquie	3	2	1	6
26	16		Nouvelle-Zélande	3	1	5	9
27	17		Géorgie	3	0	3	6
28	18		Cuba	2	11	11	24
29	19		Kazakhstan	2	4	7	13
30		UE-27	Danemark	2	2	3	7
…	…	12 UE	Autres pays	31	56	77	164
			Total	302	303	353	958

63 pays ou groupe de pays si on regroupe l'UE
87 pays médaillés, dont 24 pays de l'UE médaillés (hors Luxembourg, Chypre, Malte)

Annexe 6 - A

Crise du *Subprime*: Principales dépréciations (a) ou pertes (estimation)

Banques ou Assurances	Pays	Pertes & dépréciations. (a) en milliards de $ US	€ (b) 1,47
Citigroup	Etats-Unis	82	56,5
Merrill Lynch	Etats-Unis	63	42,7
UBS	Suisse	45	30,8
Wachovia	Etats-Unis	75	50,9
Northern Rock	Grande-Bretagne	38	25,8
HSBC	Grande-Bretagne	26	17,4
Washington Mutual	Etats-Unis	35	24,1
AIG Assurances	Etats-Unis	107	72,9
IKB	Allemagne	16	10,9
Lehman Brothers	Etats-Unis	16	10,9
RBS Royal Bank of Scotland	Grande-Bretagne	38	26,2
Bank of America	Etats-Unis	41	27,7
Morgan Stanley	Etats-Unis	22	14,6
JP Morgan Chase	Etats-Unis	30	20,1
Freddie Mac	Etats-Unis	44	29,6
Fannie May	Etats-Unis	46	31,3
Wells Fargo	Etats-Unis	17	11,8
Goldman Sachs	Etats-Unis	10	6,8
Fortis	Belgique/Pays-B.	33	22,5
HBOS Halifax Bank of Scotland	Grande-Bretagne	15	10,0
Bradford & Bingley	Grande-Bretagne	3	2,0
Barclays	Grande-Bretagne	15	10,0
Deutsche Bank	Allemagne	10	6,8
Hypo Real Estate	Allemagne	17	11,8
Bayeriche Landesbank	Allemagne	11	7,1
Crédit Suisse	Suisse	10	6,9
Crédit Agricole	France	13	8,8
Société générale	France	9	6,0
Natixis Bque Pop./Caisse d'Ep.	France	7	4,7
BNP Paribas	France	6	4,2
DEXIA	France/Belgique	7	4,7
	Total	**904**	**615**
Total estimé à terme par des spécialistes en 9 / 2008		1 500	1 020
Et total estimé fin janvier 2009 :		**2 200**	**1 500**

(a) Inventaire à janvier 2009 des pertes ou dépréciations comptabilisées depuis le 1er janvier 2007 (selon Tableaux publiés par *Les Echos*, *Le Monde* et *La Tribune* et actualisés).

(b) Cours moyen de l'euro en dollar de l'année 2008.

Annexe 6 - B

Total des pertes estimées par pays (en milliards d'euros) des banques indiquées ci-dessus.

Pays (Nationalité du siège social)	Total ci-dessus	Total estimé	Pourcentage du PIB
Etats-Unis	399	**500**	**5,5%**
Total Asie		*18*	
Total Europe		***260***	**2,0%**
dont:			
Suisse	38	50	**15,9%**
Grande-Bretagne	91	100	**5,1%**
Allemagne	29	40	1,6%
France	26	30	1,5%
Pays-Bas	17	20	3,4%

Taux d'inflation harmonisé (IHPC) **Annexe 7 - A**

Source: *Eurostat*, taux moyens annuels

	1999	2003	2007	Moyenne du 1/1/98 au 31 déc. 07
Union Européenne	1,2	2,0	2,3	1,94%
Zone Euro	**1,1**	**2,1**	**2,1**	**1,95%**
France	0,6	2,2	1,6	**1,67%**
Allemagne	0,6	1,0	2,3	**1,47%**
Italie	1,7	2,8	2,0	2,27%
Espagne	2,2	3,1	2,8	**2,99%**
Pays-Bas	2,0	2,2	1,6	2,35%
Belgique	1,1	1,5	1,8	1,87%
Luxembourg	1,0	2,5	2,7	2,55%
Irlande	2,5	4,0	2,9	3,27%
Grèce	*2,1*	3,4	3,0	**3,33%**
Chypre	*1,1*	*4,0*	*2,2*	2,54%
Malte	*2,3*	*1,9*	*0,7*	2,45%
Portugal	2,2	3,3	2,4	2,86%
Autriche	0,5	1,3	2,2	1,66%
Finlande	1,3	1,3	1,6	**1,53%**
Slovénie	*6,1*	*5,7*	3,8	5,72%
Slovaquie	*10,4*	*8,4*	*1,9*	6,49%
Royaume-Uni	1,3	1,4	2,3	1,56%
Danemark	2,1	2,0	1,7	1,90%
Suède	0,5	2,3	1,7	1,47%
Pologne	*7,2*	*0,7*	2,6	4,67%
Roumanie	45,8	15,3	**4,9**	25,54%
Bulgarie	2,6	2,3	**7,6**	8,62%
Tchéquie	1,8	-0,1	3,0	3,05%
Turquie	61,4	25,3	8,8	36,21%
Norvège	2,1	2,0	0,7	1,79%
Etats-Unis	2,2	2,3	2,8	2,60%
Japon	-0,3	-0,3	0,0	-0,23%

NOTA:
Depuis 10 ans, même s'ils ont un peu divergé (de 1,47% à 2,99% pour les grands pays), les taux d'inflation n'ont pas été fondamentalement différents et n'ont donc pas remis en cause la cohérence interne des prix dans la zone euro. En effet, par exemple le niveau des prix en Espagne reste encore plus faible qu'en France ou en Allemagne.

Annexe 7 - B

Baisses des prix de certains Produits de grande consommation

Produits:	Avant l'euro fiduciaire en 2001 Equivalent €	Aujourd'hui en novembre 2008 €	Pourcentage de baisse %
Jambon cuit de Paris (270 g)	1,97	1,75	-11,2%
Boisson pulpée à l'orange (la bouteille 1,5 l)	0,50	0,49	-2,0%
Jambon cuit supérieur découénné dégraissé (200 g)	1,75	1,39	-20,6%
Blanc de poulet (180 g)	1,36	1,02	-25,0%
Café moulu familial (250 g)	0,91	0,69	-24,2%
Café moulu expresso (250 g)	1,21	1,19	-1,7%
Grana Padano râpé (100 g)	1,33	1,17	-12,0%
Epinards en branche surgelés	1,36	1,10	-19,1%
Lassagnes à la bolognaise surgelées (1 kg)	2,58	1,99	-22,9%
Café moulu dégustation (250 g)	1,30	0,99	-23,8%
Maïs doux en grains (285 g)	0,43	0,42	-2,3%
Cheeseburgers surgelés (6 pour 250 g)	3,39	3,08	-9,1%
Blanc de dinde (180 g)	1,39	1,15	-17,3%
Shampooing extra doux (300 ml)	0,76	0,69	-9,2%
Mouchoirs pure ouate (150)	0,86	0,65	-24,4%
Sauce italienne à la viande rotie (190 g)	0,40	0,35	-12,5%

Saucisse sèche courbe (300 g)	2,13	2,00	-6,1%
Steaks hachés 100% charolais (4 pour 480 g)	3,42	3,09	-9,6%
Knacks (10 pour 350 g)	1,18	0,89	-24,6%
Jambon cru fumé (200 g)	2,23	1,99	-10,7%
Déodorant anti-transpirant (50 ml)	0,92	0,79	-14,1%
Lardons nature ou fumé (200 g)	1,17	0,85	-27,4%
Jus d'orange d'Espagne	0,88	0,82	-6,8%
Hachis parmentier gratiné (1 kg)	2,43	1,99	-18,1%
Tarte flambée aux lardons et oignons (375 g)	2,43	2,40	-1,2%
Pâte feuilletée ou brisée prête à dérouler (250 g)	0,69	0,59	-14,5%
Saucisse sèche droite (250 g)	2,07	1,65	-20,3%
Roquefort AOC (150 g)	1,79	1,69	-5,6%
Jambon italien tranches fine (100 g)	2,81	2,49	-11,4%
Haricots vers extra fins surgelés (1 kg)	1,56	1,39	-10,9%
Café moulu doux (250 g)	1,36	0,99	-27,2%
Œufs de lompe (100 g)	1,52	1,49	-2,0%
Total de 32 produits	**50,09**	**43,23**	**-13,7%**
Panier global (autre publicité)	**52,01**	**44,67**	**-14,1%**

Source: Publicité *Ed* publiée en décembre 2008

Annexe 8

Cours des devises contre 1 Euro

1 € en FRF = 6,55957 **FRF**

Sources: BNP P. / BCE

1 Euro = montant dans la devise

Devises de grands pays de l'OCDE (hors Europe):

		1998	1999	2000	2001	2 002	2 003	2 004	2 005	2 006	2 007	2 008
Cours moyen	**USD**	**1,1117**	**1,0588**	**0,9194**	**0,8924**	**0,9503**	**1,1409**	**1,2439**	**1,2441**	**1,2568**	**1,3709**	**1,4712**
31 déc. N	Etats-Unis	1,1667	1,0046	0,9305	0,8836	1,0501	1,2572	1,3583	1,1793	1,3198	1,4603	1,3954
Cours moyen	YEN **JPY**	**144,97**	**119,74**	**99,49**	**108,91**	**118,27**	**130,97**	**134,44**	**136,85**	**146,16**	**161,29**	**152,39**
31 déc. N	Japon	132,80	102,73	106,92	115,80	124,71	134,99	139,02	138,90	157,14	162,71	126,86
Cours moyen	WON **KRW**	**1 510,6**	**1 258,6**	**1 047,3**	**1 153,1**	**1 177,4**	**1 346,9**	**1 422,6**	**1 273,6**	**1 199,4**	**1 273,6**	**1 605,2**
31 déc. N	Corée Sud	1 404,6	1 143,2	1 177,1	1 168,9	1 245,5	1 361,3	1 406,0	1 184,4	1 227,4	1 366,9	1 757,6
Cours moyen	**AUD**	**1,7677**	**1,6482**	**1,6012**	**1,7427**	**1,7431**	**1,7379**	**1,6905**	**1,6320**	**1,6677**	**1,6355**	**1,7440**
31 déc. N	Australie	1,9010	1,5422	1,6770	1,7314	1,8733	1,6717	1,7358	1,6109	1,6712	1,6648	1,9674
Cours moyen	**CAD**	**1,6539**	**1,5729**	**1,3670**	**1,3854**	**1,4902**	**1,5817**	**1,6168**	**1,5087**	**1,4251**	**1,4688**	**1,5621**
31 déc. N	Canada	1,8061	1,4608	1,3965	1,4063	1,6552	1,6271	1,6289	1,3725	1,5374	1,4504	1,6943

EUROPE :

		1998	1999	2000	2001	2 002	2 003	2 004	2 005	2 006	2 007	2 008
Cours moyen	**GBP**	**0,6700**	**0,6558**	**0,6080**	**0,61993**	**0,6293**	**0,6936**	**0,6787**	**0,6838**	**0,68193**	**0,68469**	**0,7974**
31 déc. N	Gde-Bretagne	0,7055	0,6217	0,6241	0,6097	0,6521	0,7049	0,7078	0,6853	0,6738	0,7356	0,9554
Cours moyen	**CHF**	**1,6131**	**1,6011**	**1,5568**	**1,5085**	**1,4651**	**1,5212**	**1,5438**	**1,5483**	**1,5731**	**1,6431**	**1,5868**
31 déc. N	Suisse	1,6078	1,6051	1,5232	1,4806	1,4511	1,5593	1,5469	1,5551	1,6086	1,6549	1,4958
Cours moyen	**ISK**		**76,859**	**72,682**	**87,961**	**85,848**	**86,716**	**87,228**	**77,549**	**87,951**	**87,687**	**138,65**
31 déc. N	Islande	79,740	72,840	78,800	91,576	84,775	89,343	83,562	74,703	93,745	91,670	211,00
Cours moyen	**NOK**	**8,4029**	**8,3693**	**8,1123**	**8,0453**	**7,4857**	**8,0504**	**8,3790**	**8,0091**	**8,0495**	**8,0168**	**8,2445**
31 déc. N	Norvège	8,8715	8,1045	8,2335	7,9660	7,2728	8,3929	8,2427	7,9905	8,2266	7,9321	9,6950
Cours moyen	**SEK**	**8,8480**	**8,7799**	**8,4773**	**9,2937**	**9,1243**	**9,1446**	**9,1342**	**9,3032**	**9,2519**	**9,2513**	**9,6332**
31 déc. N	Suède	9,4874	8,5625	8,8313	9,3081	9,1129	9,0629	9,0215	9,4086	9,0365	9,4391	10,949
Cours moyen	**PLN**	**3,8912**	**4,2342**	**3,9999**	**3,6435**	**3,8713**	**4,4412**	**4,5268**	**4,0230**	**3,8978**	**3,7818**	**3,5165**
31 déc. N	Pologne	4,0882	4,1587	3,8498	3,5150	4,0245	4,6881	4,0752	3,8600	3,8349	3,5955	4,1465
Cours moyen	**BGN** / BGL	**1,958**	**1,95583**	**1,9543**	**1,9489**	**1,9510**	**1,9622**	**1,9592**	**1,9558**	**1,9568**	**1,9562**	**1,9566**
31 déc. N	Bulgarie	1,958	1,9558	1,9543	1,9489	1,9692	1,9557	1,9641	1,9563	1,9593	1,9499	1,9664
Cours moyen	**CZK**	**35,647**	**36,879**	**35,547**	**34,013**	**30,730**	**31,901**	**31,891**	**29,782**	**28,336**	**27,754**	**24,9864**
31 déc. N	Tchéquie	35,225	36,103	35,047	32,641	31,599	32,392	30,353	29,000	27,538	26,592	26,8266

E U R O P E (suite) :		1998	1999	2000	2001	2 002	2 003	2 004	2 005	2 006	2 007	2 008
Cours moyen	**HUF**	**239,66**	**253,09**	**260,59**	**256,18**	**242,49**	**254,81**	**251,66**	**248,05**	**264,19**	**251,28**	**251,679**
31 déc. N	Hongrie	255,53	254,15	265,00	247,00	235,80	261,60	245,32	252,87	251,45	252,55	265,635
Cours moyen	ROL / **RON**		**16 485**	**20 187**	**26 136**	**31 509**	**37 802**	**40 559**	**36 307**	**3,5258**	**3,3368**	**3,6848**
31 déc. N	Roumanie		18 331	24 142	28 072	35 178	40 987	39 659	3,6941	3,3957	3,5723	4,0688
Cours moyen	**AMD**		**581,46**	**496,78**	**495,77**	**546,39**	**669,37**	**658,28**	**570,17**	**521,25**	**467,53**	**449,80**
31 déc. N	Arménie		526,32	511,49	497,79	611,37	701,69	657,47	534,40	480,11	442,84	428,39
Cours moyen	**MKD**		**60,617**	**60,787**	**60,746**	**64,686**	**62,456**	**62,243**	**60,511**	**61,576**	**61,442**	**61,5089**
31 déc. N	Macédoine		60,617	60,732	59,493	62,831	61,898	63,098	61,015	61,602	61,011	60,8674
Cours moyen	**KZT**		**127,95**	**130,97**	**131,50**	**146,16**	**169,92**	**169,43**	**164,80**	**158,24**	**167,93**	**177,05**
31 déc. N	Kazakhstan		139,25	134,86	133,22	163,66	180,12	176,54	158,22	167,52	176,29	169,02
Cours moyen	**RUB**		**26,090**	**26,140**	**26,165**	**29,913**	**34,884**	**35,894**	**35,066**	**34,112**	**35,011**	**36,458**
31 déc. N	Russie		27,230	25,864	26,945	33,551	36,767	37,655	34,033	34,706	35,941	41,225
							YUM		CSD	**RSD**		
Cours moyen	**CSD**/RSD/YUM		**11,735**	**15,647**	**58,756**	**61,187**	**65,364**			**84,465**	**81,622**	**81,533**
31 déc. N	Serbie		11,735	58,675	58,745	62,551	66,997		61,356	79,307	82,348	90,464
Cours moyen	**UAH**		**4,41969**	**4,9999**	**4,7966**	**5,0716**	**6,1292**	**6,6526**	**6,3144**	**6,3296**	**6,8986**	**7,7022**
31 déc. N	Ukraine		5,2403	5,0459	4,7228	5,6338	6,7034	7,2131	5,9754	6,6670	7,3745	11,233

-

MEDITERRANEE:		1998	1999	2000	2001	2 002	2 003	2 004	2 005	2 006	2 007	2 008
	1000											
Cours moyen	**TRL / TRY**	**291,4**	**451,6**	**578,8**	**1 116,3**	**1 458,1**	**1 702,6**	**1 780,3**	**1,6771**	**1,8098**	**1,7862**	**1,9075**
31 déc. N	Turquie	366,5	543,4	624,3	1 276,4	1 743,2	1 767,6	1 831,8	1,5924	1,8715	1,7123	2,1423
Cours moyen	**SYP**		**11,889**	**10,461**	**15,859**	**47,628**	**53,836**	**63,245**	**64,662**	**65,621**	**70,935**	**73,749**
31 déc. N	Syrie		11,334	10,445	43,297	54,159	61,384	70,922	61,796	68,907	74,621	65,933
Cours moyen	**LBP**	**1 688,1**	**1 597,0**	**1 389,2**	**1 346,8**	**1 437,3**	**1 722,2**	**1 892,5**	**1 868,0**	**1 894,9**	**2 071,1**	**2 217,6**
31 déc. N	*Liban*	*1 758,6*	*1 521,7*	*1 399,7*	*1 337,5*	*1 583,0*	*1 903,4*	*2 055,9*	*1 784,3*	*1 995,5*	*2 208,0*	*2 103,6*
Cours moyen	**ILS**		**4,3992**	**3,7452**	**3,7642**	**4,5107**	**5,1525**	**5,6037**	**5,5714**	**5,5961**	**5,6289**	**5,2582**
31 déc. N	Israël	4,6789	4,1750	3,7628	3,8870	4,9775	5,5078	5,8683	5,4517	5,5828	5,6207	5,3444
Cours moyen	**LYD**	**0,4371**	**0,4774**	**0,4479**	**0,5333**	**1,2061**	**1,4540**	**1,6379**	**1,6243**	**1,6388**	**1,7265**	**1,7912**
31 déc. N	Libye	0,5250	0,4611	0,5136	0,5669	1,2911	1,6940	1,7652	1,5860	1,6860	1,7808	1,7338
Cours moyen	***EGP***	***3,8093***	***3,6624***	***3,2679***	***3,6023***	***4,4033***	***6,8043***	***7,7372***	***7,1621***	***7,2157***	***7,7344***	***8,0015***
31 déc. N	Egypte	4,0287	3,4825	3,5569	4,0469	4,8647	7,7255	8,2455	6,7924	7,5377	8,0536	7,6956
Cours moyen	***DZD***	***65,519***	***70,833***	***69,418***	***69,040***	***75,469***	***87,835***	***89,699***	***90,224***	***91,509***	***95,415***	***95,154***
31 déc. N	Algérie	70,382	69,762	69,429	68,224	82,865	91,191	97,880	87,132	93,851	97,617	98,385
Cours moyen	***MAD***	***10,682***	***10,415***	***9,787***	***10,131***	***10,407***	***10,838***	***11,067***	***11,015***	***11,048***	***11,226***	***11,352***
31 déc. N	Maroc	10,851	10,130	9,868	10,251	10,667	11,020	11,246	10,972	11,159	11,351	11,262

Cours moyen	**MRO**		**222,40**	**221,64**	**228,57**	**259,64**	**301,18**	**325,05**	**332,61**	**340,44**	**356,41**	**356,52**
31 déc. N	*Mauritanie*		*225,98*	*233,53*	*237,78*	*274,86*	*323,10*	*355,41*	*334,37*	*357,66*	*368,79*	*362,87*
Cours moyen	**TND**	**1,2639**	**1,2637**	**1,2594**	**1,2836**	**1,3434**	**1,4612**	**1,5564**	**1,6099**	**1,6709**	**1,7519**	**1,8048**
31 déc. N	*Tunisie*	*1,2792*	*1,2656*	*1,2868*	*1,2997*	*1,3987*	*1,5259*	*1,6382*	*1,6110*	*1,7197*	1,7902	*1,8397*

AMERIQUE LATINE:		1998	1999	2000	2001	2 002	2 003	2 004	2 005	2 006	2 007	2 008
Cours moyen	**ARS**	**0,8995**	**1,0588**	**0,9194**	**0,8924**	**3,1123**	**3,3662**	**3,6786**	**3,6249**	**3,8638**	**4,2722**	**4,6454**
31 déc. N	Argentine	0,8571	1,0046	0,9305	0,8836	3,5336	3,6836	4,0378	3,5881	4,0402	4,5992	4,8183
Cours moyen	**BRL**	**1,2925**	**1,9729**	**1,6837**	**2,1010**	**2,8660**	**3,4802**	**3,6411**	**2,9896**	**2,7345**	**2,6637**	**2,6776**
31 déc. N	Brésil	1,4100	1,8133	1,8106	2,0424	3,7011	3,6484	3,6032	2,7516	2,8195	2,6017	3,2571
Cours moyen	**CLP**	**513,80**	**542,32**	**498,03**	**569,12**	**659,60**	**781,12**	**760,76**	**692,25**	**666,88**	**715,08**	**763,71**
31 déc. N	Chili	551,22	532,51	533,78	584,19	756,33	745,52	754,93	608,73	702,46	727,01	890,27
Cours moyen	**COP**	**1 574,9**	**1 872,1**	**1 934,8**	**2 051,9**	**2 428,5**	**3 279,3**	**3 259,4**	**2 873,6**	**2 968,3**	**2 842,4**	**2 875,4**
31 déc. N	Colombie	1 812,0	1 887,5	2 070,6	2 013,8	3 010,6	3 495,0	3 195,6	2 706,3	2 956,0	2 945,8	3 137,7
Cours moyen	**MXN**	**10,189**	**10,125**	**8,704**	**8,322**	**9,292**	**12,363**	**14,129**	**13,450**	**13,716**	**14,978**	**16,309**
31 déc. N	Mexique	11,557	9,544	8,965	8,118	10,909	14,118	15,137	12,569	14,258	15,912	19,203
Cours moyen	**PEN**	**3,2668**	**3,5892**	**3,2075**	**3,1288**	**3,3488**	**3,9665**	**4,2563**	**4,0869**	**4,1127**	**4,2847**	**4,2924**
31 déc. N	Pérou	3,6910	3,5241	3,2800	3,0408	3,6780	4,3521	4,4515	4,0461	4,2174	4,3736	4,3739

Cours moyen	**UYU**		**12,0261**	**11,1454**	**11,9370**	**20,6785**	**32,2752**	**35,7418**	**30,2289**	**30,1640**	**32,0473**	**30,6036**
31 déc. N	Uruguay		11,6659	11,6382	12,3262	28,4053	36,7103	35,8686	28,0514	32,2031	31,4695	34,0478
Cours moyen	**VEB**	**609,67**	**644,20**	**626,14**	**648,29**	**1 153,6**	**1 852,0**	**2 363,2**	**2 608,9**	**2 698,8**	**2 943,8**	**3,1592**
31 déc. N	Venezuela	661,25	651,73	650,65	677,28	1 458,3	2 009,0	2 604,9	2 541,5	2 834,0	3 135,7	2,9963

ASIE:		1998	1999	2000	2001	2 002	2 003	2 004	2 005	2 006	2 007	2 008
- Cours moyen	**BDT**	**52,365**	**52,289**	**48,032**	**50,172**	**54,704**	**66,525**	**74,177**	**79,659**	**85,600**	**94,299**	**100,81**
31 déc. N	Bengladesh	56,990	51,338	49,338	50,321	60,801	73,641	81,076	78,384	91,178	99,848	96,318
Cours moyen	**INR**	**45,922**	**45,598**	**41,405**	**42,147**	**46,138**	**53,068**	**56,459**	**54,630**	**56,954**	**56,595**	**63,721**
31 déc. N	Inde	49,544	43,705	43,433	42,640	50,431	57,335	59,274	53,333	58,426	57,558	67,600
Cours moyen	**PKR**		**53,233**	**49,910**	**55,286**	**56,529**	**65,850**	**73,171**	**73,780**	**75,786**	**83,262**	**103,53**
31 déc. N	Pakistan		52,166	53,785	53,118	61,268	72,176	80,723	70,776	80,349	90,356	110,34
Cours moyen	**CNY**	**9,223**	**8,765**	**7,611**	**7,387**	**7,866**	**9,443**	**10,344**	**10,198**	**10,019**	**10,422**	**10,230**
31 déc. N	Chine	9,659	8,318	7,703	7,313	8,692	10,405	11,243	9,520	10,306	10,666	9,522
Cours moyen	**HKD**	**8,627**	**8,216**	**7,165**	**6,960**	**7,412**	**8,882**	**9,733**	**9,679**	**9,764**	**10,695**	**11,458**
31 déc. N	Hong Kong	9,038	7,808	7,258	6,890	8,190	9,760	10,559	9,177	10,263	11,390	10,814
Cours moyen	**SGD**	**1,8610**	**1,7968**	**1,5887**	**1,6026**	**1,6945**	**1,9873**	**2,1084**	**2,0619**	**1,9958**	**2,0642**	**2,0767**
31 déc. N	Singapour	3,3873	1,6738	1,6126	1,6375	1,8241	2,1382	2,2194	1,9679	2,0227	2,0989	2,0026

Cours moyen	**IDR**		**8 289,8**	**7 794,4**	**9 149,7**	**8 788,8**	**9 769**	**11 246**	**12 076**	**11 520**	**12 534**	**14 171**
31 déc. N	Indonésie		7 147,6	8 601,0	9 167,4	9 387,9	10 648	12 674	11 647	11 865	13 717	15 245
Cours moyen	**MYR**		**4,0321**	**3,4964**	**3,3899**	**3,6111**	**4,3355**	**4,7489**	**4,6882**	**4,6077**	**4,4927**	**4,8897**
31 déc. N	Malaisie		3,8185	3,5346	3,3577	3,9904	4,7774	5,1619	4,4734	4,6490	4,8285	4,8344
Cours moyen	**PHP**	**45,314**	**41,541**	**40,977**	**45,532**	**49,141**	**62,039**	**70,127**	**68,866**	**64,443**	**63,106**	**65,221**
31 déc. N	Philippines	45,648	40,540	46,534	45,660	55,839	69,812	76,240	62,713	64,703	60,237	66,240
Cours moyen	**THB**	**44,954**	**40,144**	**37,124**	**39,669**	**40,810**	**47,264**	**50,306**	**49,964**	**47,625**	**44,315**	**48,476**
31 déc. N	Thaïlande	42,985	37,693	40,255	39,082	45,286	49,798	52,869	48,676	47,592	43,736	48,455
Cours moyen	**KHR**		**4 053,1**	**3 536,1**	**3 446,2**	**3 644,4**	**4 391,7**	**4 895,5**	**4 998,7**	**5 100,8**	**5 487,1**	**5 897,1**
31 déc. N	Cambodge		3 812,0	3 568,5	3 388,6	4 027,1	5 016,2	5 224,4	4 734,4	5 345,2	5 774,0	5 644,4
Cours moyen	**VND**		**14 763**	**13 026**	**13 238**	**14 524**	**17 701**	**19 976**	**19 637**	**20 101**	**22 050**	**24 405**
31 déc. N	Vietnam		14 080	13 493	13 348	16 173	19 665	21 426	18 836	21 191	23 389	24 344

AFRIQUE subsaharienne:		1998	1999	2000	2001	2 002	2 003	2 004	2 005	2 006	2 007	2008
Cours moyen	**ZAR**	**6,1121**	**6,4860**	**6,4049**	**7,7999**	**9,7779**	**8,5317**	**8,0092**	**7,9183**	**8,5237**	**9,6584**	**12,0619**
31 déc. N	Afrique Sud	6,8429	6,1808	7,0392	10,581	8,9967	8,3101	7,6953	7,4642	9,2327	9,9695	13,111
Cours moyen	**AOA**							**100,27**	**103,19**	**101,01**	**105,21**	**110,30**
31 déc. N	Angola							109,30	95,61	105,96	109,56	104,89
Cours moyen	**CDF**		**4,3345**	**21,802**	**197,37**	**334,49**	**470,00**	**504,187**	**591,56**	**584,38**	**761,36**	**812,67**
31 déc. N	Rép. D. Congo		4,6312	46,525	276,57	378,04	475,22	598,377	520,79	712,69	802,80	777,94
Cours moyen	**DJF**		**188,01**	**163,39**	**157,97**	**168,19**	**200,64**	**220,32**	**217,66**	**219,53**	**241,00**	**258,51**
31 déc. N	*Djibouti*		178,54	165,37	156,40	186,01	220,01	240,44	205,95	*230,57*	*256,38*	*247,34*
Cours moyen	**ETB**		**8,2591**	**7,5347**	**7,5055**	**8,0056**	**9,703**	**10,782**	**10,765**	**10,970**	**12,336**	**14,161**
31 déc. N	Ethiopie		8,1604	7,6776	7,4664	8,7684	10,749	11,682	10,325	11,612	13,435	13,884
Cours moyen	**XAF**	**655,96**	**655,96**	**655,96**	**655,96**	**655,96**	**655,96**	**655,96**	**655,96**	**655,96**	**655,96**	**655,96**
31 déc. N	*Gabon*	655,96	655,96	655,96	655,96	655,96	655,96	655,96	655,96	655,96	655,96	655,96
Cours moyen	***GNF***		***1 426,8***	***1 533,5***	***1 716,8***	***1 877,3***	***2 269,6***	***2 882,2***	***4 485,2***	***6 261,6***	***6 087,0***	***6 741,1***
31 déc. N	*Guinée Conakry*		*1 373,5*	*1 749,3*	*1 740,7*	*2 069,7*	*2 520,7*	*3 810,3*	*5 101,3*	*7 332,8*	*6 263,2*	*6 942,2*

		1998	1999	2000	2001	2 002	2 003	2 004	2 005	2 006	2 007	2008
Cours moyen	MGF - **MGA**	**6 041,1**	**6 700,7**	**6 237,8**	**5 846,7**	**6 264,8**	**6 758,8**	**10 839**	**2 443,4**	**2 706,3**	**2 566,7**	**2 499,0**
31 déc. N	Madagascar	6 307,3	6 561,0	6 087,0	5 637,4	6 720,6	7 166,0	12 599	2 556,6	2 660,7	2 616,9	2 567,5
Cours moyen	**MUR**	26,687	26,636	24,175	26,041	28,391	31,861	34,513	36,458	39,808	42,765	41,638
31 déc. N	Maurice	28,910	25,532	25,887	26,7289	30,663	32,9387	38,3749	36,0407	43,883	40,304	44,304
Cours moyen	**NGN**	**93,70**	**98,19**	**93,77**	**100,65**	**116,54**	**151,11**	**166,46**	**162,89**	**161,39**	**172,15**	**175,03**
31 déc. N	Nigéria	100,35	98,40	101,72	105,15	133,21	175,44	179,31	154,31	169,99	172,97	192,57

Pays à monnaie fixe avec l'euro : Franc CFA et autres monnaies

	1 € =		
XOF - Franc CFA (UEMOA à Dakar)	655,96	Bénin, Burkina Faso, Cote d'Ivoire, Guinée Bissau, Mali, Niger, Sénégal, Togo	8
XAF - Franc CFA (CEMAC à Yaoundé)	655,96	Cameroun, Centrafrique, Congo Brazzaville, Gabon, Guinée équatoriale, Tchad	6
		Sous-total franc CFA	14
KMF - Franc Comorien	491,97	Comores	1
XPF - Franc Pacifique	119,33	Polynésie, Nouvelle Calédonie, Wallis & Futuna	3
CVE - Escudo du Cap Vert	110,26	Iles du Cap Vert	1
		Pays à monnaies fixes / euro	**19**

19 pays ou régions autonomes en Afrique et dans le Pacifique

Utilisateurs de l'euro en Europe

		Pays euro
Nombre de pays de la zone euro	**16**	
Monténégro	1	
Kosovo	1	
Micro pays (Andorre, Monaco, Saint-Marin, Vatican)	4	
Pays européens	**22**	**pays en Europe au 1/1/2009 ont l'euro**

Nota : Les 7 RUP sont dans la zone euro (4 DOM, Açores, Canaries, Madère) auxquelles se rajoutent les 2 TOM (Saint-Pierre et Miquelon et Mayotte)

Zone euro: Dates d'entées	**16 Membres**			
1er janvier 1999	AUM	Autriche	IEP	Irlande
11 pays	BEF	Belgique	ITL	Italie
	DEM	Allemagne	LUF	Luxembourg
	ESP	Espagne	NLG	Pays-Bas
	FIM	Finlande	POE	Portugal
	FRF	France		
1er janvier 2001	GRD	Grèce		
1er janvier 2007	SLN	Slovénie		
1er janvier 2008	CYP	Chypre	MAP	Malte
1er janvier 2009	SLK	Slovaquie		

Annexe 9

LA STABILITÉ ÉCONOMIQUE — UN AVANTAGE POUR TOUS

Les turbulences monétaires et l'inflation élevée qui ont marqué une bonne partie des années 70 et 80 ont suscité bien des incertitudes et des difficultés. Toutefois, durant la construction de l'Union économique et monétaire, l'inflation a fortement chuté et s'est maintenue par la suite à des niveaux assez faibles. La première mission de la BCE est d'assurer la stabilité des prix à moyen terme en gardant l'inflation à un taux annuel se situant juste sous la barre des 2 %. L'évolution de l'inflation est présentée dans le graphique ci-contre.

Convergence des taux d'inflation: zone euro 12 (augmentation annuelle en %)

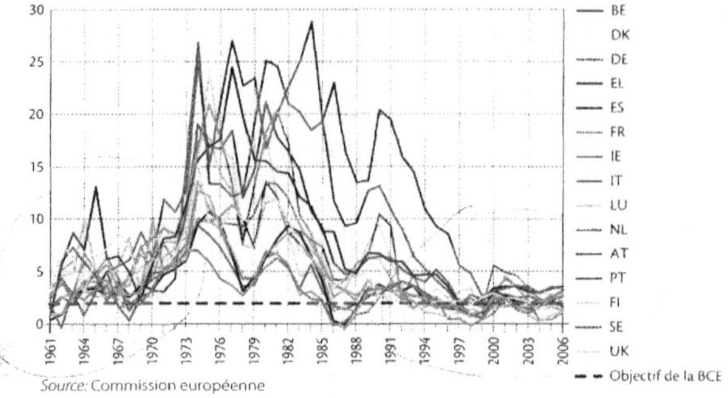

Source: Commission européenne

Une inflation faible et des prix stables présentent de nombreux avantages pour les entreprises et les consommateurs:

- Le crédit à la consommation coûte moins cher et son remboursement est moins incertain. Les citoyens peuvent donc emprunter plus facilement de l'argent, par exemple pour acheter une maison ou une voiture, sans avoir à s'inquiéter outre mesure quant à l'évolution future des taux d'intérêt.

Taux du crédit hypothécaire dans quatre pays de la zone euro

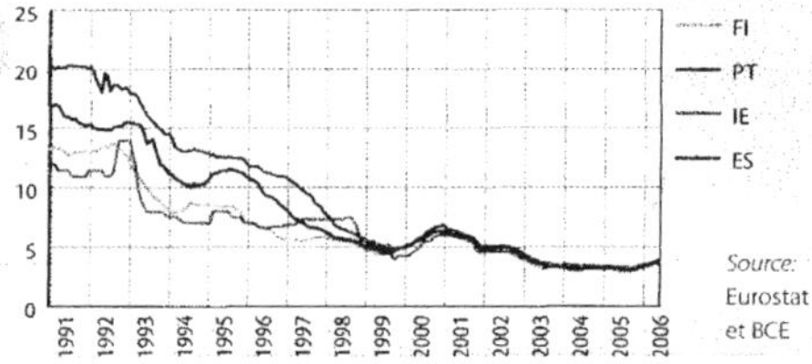

Source: Eurostat et BCE

- Les entreprises sont encouragées à investir. Quand l'inflation est élevée et imprévisible, les organismes de crédit comptent une marge de sécurité dans les taux d'intérêt, appelée prime de risque. Avec une inflation basse et stable, ces marges de sécurité ne sont plus nécessaires, ce qui libère des fonds pour permettre aux entreprises d'investir plus — ce qui est profitable à la croissance et à l'emploi.
- C'est aussi un avantage pour la société, la cohésion sociale et les ménages à plus faibles revenus. Les brusques variations de l'inflation creusent le fossé entre les riches et les pauvres. Avec une inflation stable, les moins favorisés sont mieux protégés contre l'érosion de leurs ressources et de leur pouvoir d'achat.

14

Source : « Une Europe, une monnaie, *Le chemin vers l'euro* ». Plaquette de présentation des *Communautés européennes*, 2008

Annexe 10

Plaquette de présentation de la *Commission européenne* (Extraits : Têtes de chapitres et points notables)

L'euro a dix ans, 10 exemples de réussite

1 – Transparence des prix
Trouver la meilleure offre, notamment sur internet.

2 – Une monnaie stable et une inflation réduite
Protéger notre niveau de vie, grâce notamment à un taux d'inflation annuel de 2,1% depuis 1999.

3 – Baisse des taux d'intérêt
Meilleur accès au crédit et remboursements moins élevés (mensualités baissées pour un même crédit de 100 000 € de 1 100 € à 790 €). Baisse du coût de la dette publique (exemple d'une économie annuelle de 1 415 €).

4 – Disparition des frais de change
Aller plus loin avec l'euro. Economies aussi bien pour les touristes, les hommes d'affaires que les entreprises. Pour ces dernières, le coût des transactions économisées représentait 1% du PIB.

En 1998, le voyageur qui faisait le tour des 15 pays de l'UE en partant avec 100 francs et les échangeait à chaque franchissement de frontière se retrouvait avec 50 francs à la fin.

5 – Meilleure intégration des marchés financiers
Des investissements et des flux de capitaux en euros dans toute l'Europe. L'euro agit comme un catalyseur d'intégration financière.

6 – Une économie plus performante
Croissance et emploi. On estime que le chômage est passé de 9% en 1999 à 7% en 2008.

7 – Des finances publiques plus saines
Une budgétisation prudente de la part des gouvernements pour un avenir plus juste.

8 – L'euro : une devise internationale
L'Europe renforce son influence. En 2006, l'euro a détrôné le dollar américain en devenant la monnaie dont les billets en circulation représentent la plus grande valeur.

9 – Stimulation du commerce
Contribuer au commerce transfrontalier européen. On estime que l'euro a permis aux échanges commerciaux entre les pays de la zone euro d'augmenter de 5 à 15%, et ces pourcentages devraient encore augmenter.

10 – Un symbole de l'Europe
L'unité dans la diversité. L'ancien chancelier Helmut Kohl a dit en 2002:

« *L'introduction de l'euro est non seulement une décision importante pour l'Union européenne, mais aussi un tournant important dans l'histoire de l'Europe. La monnaie unique a rendu l'intégration européenne irréversible* ».

Annexe 11

Mesures contre la crise financière 2007-2008

Les actions européennes

Préalable :
Maintien d'une réglementation concernant l'activité bancaire, d'assurance et de protection de l'épargne. Taux d'intervention de la banque centrale (indépendante) : taux réels positifs pour lutter contre l'inflation sans trop limiter l'activité.

Mesures de la banque centrale (BCE) :
Fourniture de liquidités au marché, maintien des taux d'intervention à 4%, portés à 4,25% en juillet 2008, pour lutter contre l'inflation. Ultérieurement, rapide baisse des taux d'intérêts ramenés à 2,5% fin 2008 et 2% et moins début 2009.

Résumé des mesures préconisées lors du mini-sommet du 4 octobre 2008 à Paris: (voir extrait détaillé du communiqué de presse ci-dessous) Soutiens nationaux aux banques en difficulté, jusqu'à la nationalisation partielle ou totale, si les circonstances l'exigent. De même pour le soutien au marché, mais non gratuit.

Assouplissement possible et temporaire du pacte de stabilité pour circonstance exceptionnelle, qui doit cependant « être respecté dans son intégralité » selon Jean-Claude Juncker, président de l'Eurogroupe et José-Manuel Barroso, président de la Commission européenne. Plan de soutien aux PME avec la BEI de 30 milliards d'euros. Réforme des garanties de dépôts bancaires et des normes comptables. Création d'un collège de superviseurs transfrontalier.

Les actions aux Etats-Unis

Préalable :
Suppression d'une grande partie de la réglementation concernant l'activité bancaire, d'assurance et de protection de l'épargne[180]. Taux d'intervention de la

[180] Le *Figaro Magazine* du 4 octobre 2008 : « la loi Gramm-Leach-Bliley a mis fin à toute une série de contraintes qui encadraient l'activité de l'industrie financière… Ce texte adopté en 1999 par le Congrès à majorité républicaine, signé par le président Clinton qui n'avait pas émis d'objection, constituait un point d'orgue de la dérégulation américaine lancée dans les années 70

banque centrale (soumise aux politiques) : le plus bas possible pour soutenir l'activité sans trop d'inflation.

Mesures de la banque centrale (Fed):
Fourniture de liquidités au marché, rapide baisse des taux d'intervention jusqu'à 2%, puis jusqu'à la fourchette de 0% à 0,25% en fin d'année.

Actions des autorités :
. Printemps 2008: Soutien aux banques en difficulté.

. Eté 2008 : Soutien accru, allant jusqu'à la nationalisation d'institutions, telles AIG (85 milliards de dollar), Fanny May et Freddy Mac (coût : jusqu'à 300 milliards de dollars). Lehman Brothers est laissé en faillite, déclenchant une grande vague de difficultés, notamment sur les fonds de trésorerie (jusqu'à 400 ? milliards de dollars à soutenir).

. Plan Paulson voté et promulgué le 3 octobre 2008 : 700 milliards de dollars de soutien au marché par le rachat de titres douteux.

Conclusion :

La crise est plus grave aux Etats-Unis du fait de la trop forte dérégulation préalable ayant entraîné des abus manifestes, d'un endettement élevé et de l'éclatement de bulles spéculatives nombreuses. On estimait en octobre 2008 que les banques européennes avaient 300 milliards d'euros de créances sur leurs consœurs d'outre-Atlantique, soit dix fois moins que les créances interbancaires douteuses aux Etats-Unis. Cependant, l'ensemble du système financier européen (y compris et surtout les non-membres de la zone euro) a acquis 800 milliards de dollars de produits toxiques du type *subprime*, sans compter le passif de Lehman Brothers et les produits Madoff.

---

et accentuée sous les deux mandats de Ronald Reagan. C'est sur ce texte de loi qu'est fondée la folle spéculation qui a conduit au désastre actuel ».

Déclaration européenne en 15 points[181]:

Principaux points de la déclaration finale du mini-sommet européen qui a réuni samedi 4 octobre 2008 à Paris, les chefs d'Etat ou de gouvernement allemand, britannique, français et italien (G4). Le président de la Banque centrale européenne (BCE), Jean-Claude Trichet, celui de l'Eurogroupe Jean-Claude Juncker, et celui de la Commission européenne José Manuel Barroso étaient également présents.

1/ "Nous nous engageons à assurer la solidité et la stabilité" du système bancaire et financier européen et à prendre "toutes les mesures nécessaires pour atteindre cet objectif".

2/ "Nous nous engageons à travailler de manière coopérative et coordonnée au sein de l'Union européenne comme avec nos autres partenaires internationaux".

3/ "Nous nous félicitons des décisions prises depuis le début de la crise financière par la BCE, la Banque d'Angleterre et les autres banques centrales. La liquidité du système financier sera assurée par tous les acteurs".

4/ "Nous appelons les institutions financières à mettre en œuvre les recommandations faites par l'Ecofin sur la transparence de leurs engagements et de leurs risques".

5/ "Nous soulignons la nécessité pour la Commission de continuer à agir rapidement et de faire preuve de flexibilité dans ses décisions en matière d'aides d'Etat".

6/ "L'application du Pacte de stabilité et de croissance devrait refléter les circonstances exceptionnelles que nous traversons, en application des règles du Pacte".

7/ Quand un soutien public est nécessaire aux banques en difficultés, il (devrait être) accompagné de mesures assurant la protection des contribuables, la responsabilité des dirigeants, un partage du coût avec les actionnaires et d'une protection des intérêts légitimes des concurrents.

8/ "Nous nous assurerons que les institutions financières européennes ne sont pas désavantagées vis-à-vis de leurs concurrentes internationales en ce qui

---

[181] *Source* : Communiqué de l'*AFP* du 4 octobre 2008.

concerne les normes comptables (...) nous demandons instamment" à la Commission de prendre des mesures pour qu'"avant la fin du mois" la classification comptable des actifs soit modifiée.

9/ "Nous nous félicitons de la décision de la Banque européenne d'investissement (BEI) de mobiliser (...) 30 milliards d'euros de concours au profit des PME européennes et nous lui demandons de l'appliquer rapidement.

10/ "Nous saluons la décision du conseil Ecofin (ministres des Finances de l'Union européenne) d'instaurer une surveillance stricte des agences de notation et attendons la proposition de la Commission pour la mi-novembre".

11/ "Nous appelons à un développement coordonné des règles européennes sur la sécurité des dépôts et approuvons l'intention de la Commission de proposer rapidement un texte en la matière".

12/ "Nous appelons à la tenue d'un sommet à une date aussi rapprochée que possible" pour travailler à une "réforme réelle et complète du système financier international".

13/ "Nous (appelons à) la création immédiate d'un collège de superviseurs pour surveiller les institutions financières transfrontalières" et la constitution d'une "cellule de crise comprenant les superviseurs, les banques centrales et les ministères des finances devrait être envisagée".

14/ "Nous examinerons comment la supervision, la réglementation, les normes comptables (...) peuvent être conçues pour absorber les chocs en période de crise et limiter (...) l'apparition de bulles spéculatives dans les périodes de prospérité.

15/ "Nous appelons les superviseurs à élaborer des codes de bonne conduite pour s'assurer que les systèmes de rémunération (...) n'encouragent pas les prises de risque excessives".

Annexe 12

Poèmes sur l'euro de Marie-Anne KRAFT

Ancienne responsable du passage à l'euro des marchés au Crédit Lyonnais (publié avec l'aimable autorisation de l'auteur).

Tragédie Euroïque

C'est Eonia qui déclame :
Euro, l'unique objet de mon pressentiment !
Euro, à qui l'Europe confie son ralliement !
Est-ce donc à ce sort qu'à présent nous destine
ce nouveau Dieu ? Déjà quelque guerre intestine
Entre ces pays commence à faire rage
Et demande aux sujets bien plus de courage
qu'ardemment dépensé en ces mille années.
Gestation difficile, sera-t-il mort-né ?
Ou clone de l'ECU renaissant de ses cendres,
Monstre contre nature que pour nous engendrent,
Nos rois et nos ministres tous en cœur ralliés,
Afin de nous conduire vers notre destinée ?
Ou bien est-ce un miracle, un Messie attendu,
Qui embaume les cœurs et de son arc tendu,
Lancera sans faiblir une flèche d'espérance,
Qui guérira les maux et même l'abcès qui lance
Torture dans nos plaies ouvertes du chômage,
Fantômes qui projettent leur affreuse image,
Paysages nécrosés, puanteur de mort,
Balayant ces démons, il sauvera notre sort !
Inexorable avancée vers une terre promise,
L'euro nous le clamons, devient notre devise !

Un euro, une devise

Sur la musique de "Homo, comme ils disent" de Charles Aznavour

Je suis né de Onze parents,
dont un français, l'autre allemand, un jour de fête.
J'ai pris la place à d'autres qui,
étaient depuis des décennies,
monnaies honnêtes.
Tout était bien anticipé,
mon berceau était préparé,

et je devine
qu'il a fallu des discussions
pendant toute ma gestation
en pays in.
Et sorti du convertisseur,
tout beau tout neuf, la bouche en cœur,
je vis j'existe
Malgré ces drôles d'arrondis,
les soultes et les rompus je suis
entré en piste !
Je suis un cas un peu spécial
qui entrera dans les annales,
et quoi qu'en disent
tous ceux qui ne croyaient pas que
ma naissance pourrait avoir lieu
Je suis un Euro, une devise...

Ainsi le 4 janvier matin,
j'ai été coté au certain
sur toutes les pages,
adieu le Franc, le Mark, la lire,
vous pouvez casser vos tirelires,
à moi l'image !
On m'a dit d'être le plus fort,
pour ne pas être déjà mort,
avant l'heure dite.
Alors je montre ma figure
à ceux qui malgré mon allure
me discréditent.

Et maintenant que je suis né,
plus de remords, plus de regrets
de la bascule !
J'affronterai les pires guerres,
même les tempêtes monétaires
sans ridicule.
Je serai pivot du serpent
je me dois d'être le plus grand
pour qu'on m'élise
la meilleure monnaie du monde
car plus connu que la Joconde,
je suis un euro, une devise...

Annexe 13

Gérer l'UEM (Union économique et monétaire), l'Eurogroupe et la BCE[182]

Tout comme le marché unique, l'UEM n'est pas une fin en soi. Il s'agit d'un instrument au service des objectifs de l'Union européenne, en particulier d'une croissance économique durable et équilibrée et d'un taux d'emploi élevé. Dès le départ, le fonctionnement et les institutions de l'UEM était destinés à favoriser ces objectifs à travers la gestion des volets monétaires et économiques de la zone euro.

Politique monétaire :

La zone euro dispose d'une seule monnaie, dotée d'une politique monétaire unique et indépendante, administrée par un organe de décision centralisé.
La BCE (banque centrale européenne) et les banques centrales des Etats membres de l'UE constituent le Système européen des banques centrales. Au sein de ce SEBC, la BCE et les banques centrales de la zone euro forment l'Eurosystème. Les décisions relatives à la politique monétaire dans la zone euro relèvent exclusivement du conseil des gouverneurs de la BCE, qui comprend les gouverneurs des banques centrales nationales des Etats membres ayant adopté l'euro et les membres du directoire de la BCE. Le conseil des gouverneurs de la BCE est son principal organe de décision.

[182] *Source* : *Une Europe, une monnaie, le chemin vers l'euro*; plaquette de présentation publiée par la Commission européenne en 2006.

Le SEBC (Système européen des banques centrales) et l'Eurosystème:
Situation au 31 décembre 2006

SYSTÈME EUROPEEN DES BANQUES CENTRALES

Conseil général

EURO SYSTEME

Banque centrale européenne (BCE)
Conseil des gouverneurs + Directoire

Nationale Bank van België/ Banque Nationale de Belgique	Banca d'Italia
	Banque centrale du Luxembourg
Banque Centrale de Chypre	Banque Centrale de Malte
Deutsche Bundesbank	De Nederlandsche Bank
Banque de Grèce	Oesterreichische Nationalbank
Banco de Espana	Banco de Portugal
Banque de France	Suomen Pankki - Banque de Finlande
Central Bank and Financial Services Authority of Ireland	Banka Slovenije
	Narodna banka Slovenska

- Ceska narodni banka	- Latvijas Banka	- Narodowy Bank Polski
- Danmarks Nationalbank	- Lietuvos bankas	- Sveriges Riksbank
- Eesti Pank	- Magyar Nemzeti Bank	- Bank of England

Le premier objectif de la BCE est de maintenir la stabilité des prix dans la zone euro afin de garantir les conditions les plus propices à la croissance et à l'emploi. La stabilité des prix est assurée notamment par les efforts du SEBC pour contrôler les taux d'intérêt et influencer les marchés.
A ajouter au tableau ci-dessus les banques centrales de Bulgarie et de Roumanie, dont les pays sont entrés dans l'UE le 1er janvier 2007.

Politique économique :

La politique économique de la zone euro reste largement du ressort des Etats membres, bien que le traité CE leur impose de coordonner leurs politiques économiques en vue de réaliser les objectifs de la Communauté. Cette coordination est assurée par la Commission et le Conseil « Ecofin », composé des ministres de l'économie et des finances des Etats membres. Plusieurs organes et instruments contribuent à la coordination. Par ailleurs, le Parlement européen participe activement au débat politique, notamment en émettant des résolutions sur les principaux aspects de la politique économique.

- L'Eurogroupe

Il s'agit d'une structure informelle rassemblant les ministres de l'économie et des finances des Etats membres de la zone euro, qui élit son propre président pour deux ans. La Commission et la BCE participent également aux réunions. L'Eurogroupe entend être un forum de discussion sur la coordination des politiques et d'autres questions en rapport avec la zone euro.

- Le pacte de stabilité et de croissance (PSC)

En mettant l'accent sur la surveillance des économies des Etats membres, le PSC contribue à faire régner la discipline fiscale au sein de l'UEM et à garantir des finances publiques saines. La Commission contrôle le déficit budgétaire et la dette publique, dont les valeurs maximales fixées par le traité sont respectivement de 3% et de 60% du produit intérieur brut (PIB). Si ces limites sont franchies, le Conseil peut entamer une procédure de déficit excessif qui prévoit, en dernier ressort, des pénalités financières contre l'Etat membre concerné.

- Les grandes orientations des politiques économiques (GOPE)

Ces orientations constituent le principal instrument de coordination des politiques économiques de l'UE. Elles ont un rôle crucial à jouer pour promouvoir la stabilité macroéconomique, les réformes structurelles et le bon fonctionnement de l'UEM. Les GOPE sont des lignes directrices non contraignantes pour les politiques économiques de la Communauté et des Etats membres. Elles se fondent sur le dialogue entre les institutions européennes (la Commission, le Conseil et le Parlement) et les Etats membres concernant les politiques économiques. Dans le prolongement de ce débat, la Commission européenne peut émettre des recommandations à l'attention de la Communauté et des Etats membres, que le Conseil des ministres entérine. Le Conseil et la Commission européenne supervisent la mise en œuvre de ces lignes directrices. Les GOPE servent de référence pour l'appréciation des décisions en matière de politique économique qui en découlent aux niveaux national et européen. En cas de non-conformité, le Conseil peut formuler une recommandation non contraignante en vue d'une mesure correctrice.

Conclusion et observations :

Ce système complexe, souple et rigoureux a fait ses preuves de fonctionnement depuis dix ans et a participé aux succès de l'euro. Il privilégie le dialogue et la concertation qui progressivement impose des solutions conformes à l'intérêt général, selon la conjoncture.
Il lui manque cependant une politique économique plus coordonnée et surtout une plus grande harmonisation fiscale pour être pleinement efficace.
Cela permettrait une moindre concurrence fiscale au sein de l'UE.
Les libéraux ultra attendent de la crise actuelle un éclatement de la zone euro, notamment avec la démagogie de certains politiciens, mais celle-ci ne montre aucun signe de faiblesse. La taille de la zone euro s'auto-protège et elle fait envie aux autres pays européens en difficulté de change (GB, Islande, etc.).

Les 5 critères de convergence de Maastricht :

Ce qui est mesuré	Comment c'est mesuré	Critères de convergence
Stabilité des prix	Harmonisation du taux d'inflation des prix à la consommation	Ne pas dépasser de plus de 1,5% (1,5 point de pourcentage) le taux des trois Etats membres qui présentent les meilleurs résultats
Finances publiques saines	Déficit public exprimé en % du PIB	Valeur de référence : ne pas dépasser 3%
Finances publiques soutenables	Dette publique exprimée en % du PIB	Valeur de référence : ne pas dépasser 60%
Convergence durable	Taux d'intérêts à long terme	Ne pas dépasser de plus de 2% (2 points) le taux des trois Etats membres qui présentent les meilleurs résultats en termes de stabilité des prix.
Stabilité des taux de change	Ecart par rapport à un taux central	Participer au marché des taux de change (MTC) durant deux années sans connaître de tensions graves.

Source : Une Europe, une monnaie, le chemin vers l'euro; plaquette de présentation publiée par la Commission européenne en 2006.

Annexe 14

Les fraudes pyramidales à Wall Street

Fraude de 65 milliards de dollars de Bernard Madoff découverte en décembre 2008 et **celle de 8 milliards de dollars d' Allen Stanford** en février 2009).

Monté par le légendaire Bernard Madoff, ancien Président du Nasdaq, le système pyramidale (ou de *Ponzi*) consiste à utiliser l'argent des derniers entrants (à qui on promettait un rendement à long terme d'environ 10% pour leurs placements) pour rémunérer les clients plus anciens. Ce système, bien connu des spécialistes bancaires et financiers et décrit le siècle dernier par Zola dans *L'argent,* est depuis longtemps interdit en France. Il a causé la ruine d'un pays comme l'Albanie quelques années après sa sortie du communisme et coûté quelques milliards d'euros aux épargnants en Colombie lorsque cela a été découvert mi-2008. On pensait donc que ce type de montage était réservé aux pays où la Loi n'est pas respectée.

Le système monté par B. Madoff s'est écroulé en décembre 2008, lorsque les pertes sur les marchés financiers ayant été importantes, les clients ont commencé à demander le remboursement de leurs placements et que les apports des nouveaux clients n'étaient pas assez importants pour alimenter la trésorerie. On a pu penser que les systèmes de contrôle au cœur du pôle financier anglo-américain, générés par la SEC, auraient pu empêcher cela, notamment après le scandale *Enron.* Il n'en est rien et cela porte l'estocade à la confiance que les épargnants seraient en droit d'attendre d'un pays tel que les Etats-Unis. A force de tout vouloir déréglementer, on en a oublié les protections élémentaires de l'épargne et des épargnants, en permettant le développement des fonds spéculatifs ou *hedge funds* en dehors de tout contrôle.

De l'aveu même de son fondateur, les pertes s'élèveraient à 50 milliards de dollars. Originaire d'une famille modeste avant de devenir un soutien actif aux œuvres de sa communauté juive de New York, il a abandonné ses études de droit. Bernard Madoff a construit alors sa société en partant de peu (sans moyen financier) dans les années 1960. Sa réussite, notamment avec des innovations technologiques, lui a permis de prendre dans les années 1990 d'importantes responsabilités à Wall Street, jusqu'à devenir président du marché boursier de sociétés de haute technologie Nasdaq.

Bernard Madoff a été inculpé et écroué le 12 mars 2009[183] pour fraude portant sur 65 milliards de dollars et réalisée depuis au moins vingt ans. Il a expliqué qu'il avait commencé cela pour de petites sommes et avait été pris dans un engrenage sans pouvoir en sortir et se « refaire ». A ce jour, l'administrateur chargé de liquider les sociétés n'a pu retrouver qu'un milliard. Les victimes ne seront indemnisées que pour des sommes dérisoires au regard des pertes (à moins que l'on retrouve où pourrait se cacher les sommes que l'on soupçonne Madoff d'avoir mis de coté). « *Pis, certains clients qui ont retiré de bonne foi des capitaux placés chez lui avant que le scandale éclate risquent d'avoir à en rendre une partie, car cet argent est assimilé à des profits illicites* ». Il menait avec sa femme une vie luxueuse et le montant de leurs biens s'élevait à 823 millions de dollars, selon des documents rendus publics par le tribunal.

On a voulu nous faire croire dans un premier temps que sa faillite ne touchait surtout que de grosses fortunes aux Etats-Unis et en Europe (particulièrement en Suisse). Certes, ces clients ont voulu souvent contourner la réglementation dans le but d'augmenter leurs revenus et limiter le paiement d'impôt. Mais on estime, deux mois après la découverte, à 3 millions de personnes le nombre de victimes. C'est aussi une grande partie du système bancaire qui est touchée ainsi que la confiance dans le marché financier anglo-américain qui a permis cela. Si l'un d'entre eux a pu monter une telle escroquerie pour une telle somme, d'autres aussi ont probablement pu le faire !

Mais en réalité, tout le marché financier mondial est plus ou moins touché, y compris les OPCVM français qui plaçaient une partie de leur argent dans des fonds luxembourgeois ou irlandais. Et donc tous les souscripteurs de ces fonds ont perdu une partie de leur épargne.

Cité par l'AFP le 16 décembre 2008, le président de *l'Autorité des marchés financiers* (AMF), Jean-Pierre Jouyet (ancien ministre des affaires européennes), a estimé que la réglementation américaine était fautive.

« *Pour la quatrième fois, la réglementation américaine est en cause* », a déclaré M. Jouyet citant les faillites retentissantes du fonds spéculatif LTCM (1998), du courtier en énergie *Enron* (2001) et de la banque *Lehman Brothers* (2008).

---

[183] *Le Figaro* du 14 mars 2009

Il faut que « *la confiance demeure, et pour qu'il y ait confiance, il faut que la réglementation soit bonne. Je crois que c'est le cas en Europe et que les Etats-Unis ont des progrès importants à faire dans ce domaine* », a-t-il conclu.

*

* *

La découverte en février 2009 d'une nouvelle escroquerie évaluée à 8 milliards de dollars par les sociétés du Texan Allen Stanford, implantées principalement aux Etats-Unis et en Suisse, oblige de nouveau les autorités à intervenir rapidement avec une grande fermeté.

Ci-dessous le point de vue original de Philippe Riès qui rapporte ses entretiens avec Richard Portes, professeur notamment à l' « Ecole des Hautes Etudes en Sciences Sociales » et à la « London Business School ». Il a publié cet article dans le journal « *mediapart.fr* » du 1er janvier 2009. Son analyse est très intéressante et son interlocuteur exprime un point de vue paradoxal pour un citoyen de Grande-Bretagne, pays dont les pouvoirs publics ont tout fait pour abaisser le rôle de l'euro, de regretter « les faiblesses d'une monnaie apolitique ». Lorsque la Grande-Bretagne se sera ralliée à une Europe politique et une monnaie réellement indépendantes, la situation sera alors très différente.
(*article publié avec l'aimable autorisation de l'auteur*)

L'euro a dix ans: les faiblesses d'une monnaie apolitique

Par Philippe Riès (Mediapart.fr – 1er janvier 2009)

Le 1er janvier 2009, l'euro fête ses dix ans. Le 1er janvier 1999, la monnaie unique faisait son entrée sur les marchés de capitaux, trois ans avant de remplacer les vieilles monnaies nationales dans les portefeuilles et les comptes en banques des quelque 300[184] millions de citoyens de la zone euro, pour lesquels elle est devenue une évidence quotidienne.

La création de l'euro a été un remarquable succès technique. Un succès économique substantiel aussi, même si la monnaie unique ne pouvait à elle seule compenser les insuffisances ou les archaïsmes du modèle européen de croissance. Et si les Etats membres de la zone euro ont créé pendant ces dix années beaucoup plus d'emplois que pendant la décennie précédente, il n'y a pas eu de miracle de l'euro.

Les oiseaux de mauvais augure, particulièrement nombreux chez les économistes américains, ont été démentis. Confrontés depuis août 2007 à ce qui est devenu progressivement la plus grave crise financière depuis la fin de la Seconde Guerre mondiale, les mécanismes de gestion de la monnaie unique ont répondu au-delà de toute attente. Dans ce qui fut d'abord une crise de liquidité, avant de devenir une crise financière et bancaire puis économique et demain sociale, la toute jeune Banque centrale européenne s'est imposée comme une référence. Eclipsant même une Réserve fédérale des Etats-Unis manifestement mal préparée à une tempête que sa politique antérieure a largement contribué à faire se lever.

La crise financière mondiale a encore renforcé l'attractivité de l'euro. Le 1er janvier, la Slovaquie devient le seizième pays membre de l'Union européenne à

[184] Au 1er janvier 2009, la zone euro comprend précisément 328,9 millions d'habitants, en croissance faible mais régulière, selon *Eurostat*.

adopter la monnaie unique. D'autres qui l'avaient snobée, comme le Danemark ou la Suède, voire le Royaume-Uni (la livre sterling subit actuellement une correction brutale et s'approche de la parité avec l'euro), s'interrogent. Hors UE, la petite Islande, ruinée par les dérives d'un système bancaire hypertrophié, se serait certainement épargné la plus grave crise de son histoire en arrimant sa monnaie à l'euro.

Avant la crise, un nombre substantiel de pays avaient ancré leur devise à la monnaie unique ou à des paniers de devises comportant une composante plus ou moins substantielle en euro. Si le dollar US reste de très loin le premier instrument des échanges mondiaux, l'euro continue de grignoter du terrain.

Chart A. Domestic currency trade against the other international currencies

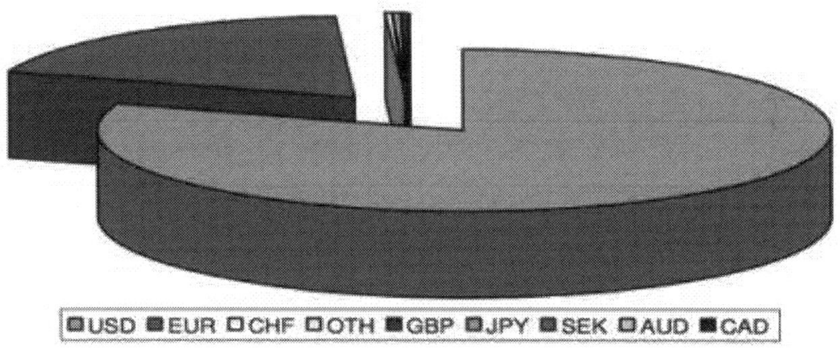

Et il s'est imposé très vite comme l'égal du billet vert dans les émissions obligataires sur les marchés internationaux de capitaux. La part de la monnaie unique s'élève lentement dans les réserves de change des banques centrales.

L'héritage de la Bundesbank

Mais la crise financière mondiale a également mis en évidence la défaillance majeure de l'euro : la monnaie unique européenne reste apolitique. Et les Européens, sans compter le reste du monde, payent aujourd'hui au prix fort ce refus d'engagement. Parce qu'elle n'était pas responsable des déséquilibres globaux unissant dans une relation de dépendance pathologique les Etats-Unis d'un côté et l'Asie de l'autre, l'Europe s'est pensée à l'abri de leurs effets destructeurs. Si les responsables européens se sont alarmés, c'est tardivement et d'une voix faible et désunie, tout en continuant à mettre leur signature au bas des communiqués insipides du G7.

En octobre 2004 à Amsterdam, lors d'une conférence sur «L'Euro après cinq ans» à laquelle participèrent les deux premiers présidents de la BCE, Wim

Duisemberg (décédé peu après) et Jean-Claude Trichet, l'économiste Richard Portes s'était inquiété de cette réticence européenne à défier *«l'hégémonie»* des Etats-Unis, de l'absence de *«vision des intérêts européens et d'un rôle dans le système financier global»*, de *«l'influence mineure»* de la zone euro dans le *«débat sur l'architecture»* de ce système. Pourtant, *«la seconde zone monétaire mondiale ne se réduit pas à une banque centrale»*, affirmait alors ce professeur à la London Business School et président du CEPR (Center for Economic Policy Research).

Pour ce dixième anniversaire, Mediapart a choisi de revisiter avec Richard Portes les recommandations politiques formulées à la fin de son intervention à Amsterdam.

- **Promouvoir l'internationalisation de l'euro**

La politique officielle de la BCE, rappelle Richard Portes, est de *«ne pas encourager ni décourager»* l'usage international de la monnaie unique. Mais le rapport annuel publié chaque année sur ce thème *«essaye toujours de minorer la signification de l'internationalisation de la devise; la manière dont il est rédigé est clairement biaisée»*. Même si la BCE, qui est la seule instance européenne à se soucier du problème, n'est sans doute pas unanime sur ce point, le point de vue dominant est plutôt négatif. Il reflète *«la vieille attitude de la Bundesbank»* redoutant qu'une internationalisation du Deutsche Mark ne vienne compliquer la conduite de la politique monétaire parce qu'il n'est plus possible de contrôler la demande de monnaie si elle est trop largement détenue par des non-résidents. *«C'est sans fondement»*, explique-t-il, notant que la Fed *«ne s'est jamais trop souciée de l'instabilité de la demande pour le dollar du fait des avoirs en dollar hors des Etats-Unis»*. Dans une étude publiée en novembre par la Commission européenne, Richard Portes et Elias Papaioannou ont évalué l'intérêt de cette internationalisation. *«Il est assez évident que les coûts sont négligeables alors que les bénéfices sont importants.»*

Admettre ses responsabilités

- **Laisser les pays de l'Europe de l'Est et d'autres adopter l'euro unilatéralement s'ils le souhaitent**

Sur ce point, pas d'ambiguïté: les autorités européennes, BCE, Commission, Conseil, y sont hostiles et ont découragé les tentations, même si, pour les pays hors UE, elles n'ont pas légalement les moyens de s'y opposer. Jürgen Stark, gardien allemand de l'orthodoxie au sein du directoire de la banque centrale, l'a encore rappelé récemment lors d'une conférence organisée à Francfort. Mais pour Richard Portes, *«c'est une politique erronée»* qui *«a contribué à faire que la Hongrie, Pologne, les pays baltes, soient moins stables qu'ils n'auraient pu l'être». «Nous en payons maintenant le prix, la BCE en paye le prix, à cause de l'instabilité qui frappe ces pays.»* Il s'étonne que la Hongrie n'ait obtenu le soutien de la BCE qu'à des *«conditions très défavorables et qui n'ont apporté qu'une aide marginale»*. Il y voit *«une illustration de l'étroitesse d'esprit qui domine chez certains secteurs»* de la banque centrale. De la même manière, le noyau dur de l'Europe aurait refusé de répondre aux appels à l'aide de l'Islande, alors que *«la raison commandait à la BCE et à l'Eurogroupe de comprendre que si l'Islande connaissait de graves difficultés, cela aurait un impact substantiel»*, notamment sur la perception par les marchés de la situation de pays périphériques comme la Grèce ou le Portugal. *«C'était une politique à courte vue»*, dit-il. *«Ils devraient admettre que l'Europe a des responsabilités, au même titre que les Etats-Unis qui utilisent le FMI.»* Les Européens auraient pu dire aux Islandais: *«Vous avez besoin du FMI pour stabiliser la situation parce que, sinon, les conséquences ne seront pas agréables pour vous mais aussi pour nous.»*

- **Accélérer l'intégration des marchés de capitaux en euro**

«Nous avons vu une certaine activité», dit Richard Portes, avec l'adoption et la mise en œuvre par exemple de la directive MiFID (MIF en français), mais dans d'autres domaines clés comme le système de règlement/compensation, *«le débat dure depuis des lustres et avance très lentement». «La poussée en faveur de davantage d'intégration n'a tout simplement pas été suffisante»* et *«on constate toujours un degré considérable de fragmentation des marchés de titres»*. Les marchés de banque de détail ou hypothécaires sont toujours très segmentés *«tout simplement parce que les autorités nationales n'aiment pas la concurrence»*, constate-t-il. *«La Commission n'a pas été assez forte. Elle doit batailler sur trop de fronts à la fois et n'a pas pu surmonter les résistances nationales»*. A preuve, elle a subi un grave échec quand l'Allemagne a réussi à vider largement de son contenu la directive sur les OPA transfrontalières. Autre exemple: l'idée de voir plusieurs petits pays de la zone euro émettre en commun des obligations d'Etat en euro, pourtant jugée parfaitement réalisable par l'Association européenne des spécialistes en valeurs du Trésor, aurait été rejetée récemment par Jean-Claude Trichet.

Eurogroupe: pas de rôle ni de politique bien définis

- **Renforcer le cadre de régulation européen**

Ici encore, les progrès sur le chemin tracé par le «processus Lamfalussy» ont été très lents, les régulateurs nationaux refusant d'aller au-delà d'une simple coordination au sein de trois comités spécialisés pour mettre en place un contrôle supranational. Leur réponse est: *«Nous parlons entre nous. Tout va bien, merci»*, estime Richard Portes. Mais selon lui, les Européens – notamment les Allemands – sont dans le déni quand ils prétendent que la responsabilité de la crise financière incombe aux seuls Américains. Or, dit-il, *«nous avons constaté la faiblesse du cadre de régulation»* en Europe. Outre que le vieux continent a lui aussi laissé gonfler des bulles immobilières dans certains pays, *«nos banques, et les Allemandes notamment, ont acheté pour des centaines de milliards de dollars de ces titres pourris»*. De fait, *«les régulateurs, en Allemagne en particulier, ont été très faibles, n'ont pas du tout regardé ce que les banques accumulaient hors bilan»*. Et en dépit de l'intervention active des gouvernements belge, néerlandais et luxembourgeois, *«le renflouement de Fortis s'est avéré être un complet gâchis»*, juge Richard Portes.

- **Promouvoir le rééquilibrage des réserves des portefeuilles des banques centrales**

«Rien n'a été fait», constate Richard Portes. *«A la réflexion,* ajoute-t-il, *j'aurais dû être beaucoup plus explicite sur le fait qu'encourager ce rééquilibrage* (en faveur de l'euro) *aurait consister à dire que nous étions préoccupés par les déséquilibres globaux»*, que l'Europe ne pouvait assister passivement à ce que traduisait ces flux de capitaux circulant entre l'Asie, la Chine et les Etats-Unis, y *«encourageant la surconsommation et le déficit d'épargne qui ont nourri la bulle»*. Sur ce point, *«tout le monde a été défaillant. Pas seulement la BCE, mais aussi la Commission européenne et l'Eurogroupe, en prétendant que ce n'était pas notre problème»*.

- **Donner à l'Eurogroupe un rôle bien défini en matière de politique financière internationale**

Il a fallu la crise financière mondiale pour que la première réunion au sommet des pays de la zone euro soit organisée (à Paris, le 12 octobre 2008). *«Mieux vaut tard que jamais, mais nous sommes toujours à la recherche d'un rôle bien défini et d'une politique»*, estime Richard Portes. Pour lui, cela vient notamment de l'incapacité des Français et des Allemands à définir une vision commune. *«La responsabilité incombe surtout aux Allemands qui ne comprennent tout simplement pas ce qui se passe. Je pense que Angela Merkel et Peer Steinbrück ne comprennent pas le problème.» «Avant cela, l'Allemagne était complètement absorbée par ses réformes internes qui étaient bonnes, mais ils auraient dû prêter attention à ces questions plus vastes»*, explique-t-il.

L'Europe dans le désordre

•Lancer un débat fondamental sur la globalisation financière et le rôle qu'y tient la zone euro, l'existence d'un vrai contrepoids aux Etats-Unis pouvant rendre plus utile le débat sur l'architecture financière internationale

Force est de constater que la crise financière mondiale est arrivée sans que ce débat n'ait eu lieu. *«Il n'y a pas eu de débat, personne n'a voulu affronter ces questions»*, regrette Richard Portes. Pour une raison simple: *«Si on définit une politique de la zone euro, alors il faut organiser une représentation unifiée au FMI et à la Banque mondiale. Le G7 n'a plus aucun sens. Il doit y avoir un G4»*, réunissant les Etats-Unis, la zone euro, le Japon et la Chine, avec la participation éventuelle de la Grande-Bretagne sur les dossiers financiers en raison du statut particulier de Londres. *«Mais personne, chez les Européens, ne veut abandonner son rôle particulier, ses postes d'administrateurs au Fonds et à la Banque, etc.»* Même parvenir à exprimer une position européenne commune dans ces instances s'est révélée difficile parce qu'au *«plus haut niveau, on ne s'en soucie pas, on ne voit pas cela comme important, et le résultat est que c'est toujours la position des Etats-Unis qui s'impose»*.
Conclusion: selon Richard Portes, *«il est difficile de dire ce qui se serait passé si les Européens avaient eu un comportement différent, mais ce qu'on peut dire c'est qu'il n'y pas eu de point de vue européen»* sur ces problèmes majeurs. Quand les Américains échafaudaient des constructions comme «Bretton Woods II» ou «l'excédent d'épargne en Asie» afin de justifier ou d'excuser les déséquilibres globaux, les Européens se sont tus. *«Ne pas s'opposer à cela fut une erreur grave car je pense qu'il n'y a aucun doute que les déséquilibres globaux ont contribué de manière très substantielle à la situation instable qui est en train de se dénouer sous nos yeux»*, estime Richard Portes. *«Il est très possible que si les Européens avaient dit que cela ne pouvait plus durer, que cette situation devait être corrigée, s'ils avaient exercé une vraie pression sur les Etats-Unis et la Chine, les Américains auraient réalisé qu'ils ne pouvaient continuer à emprunter et consommer comme si de rien n'était, qu'ils devaient augmenter leurs taux d'intérêts plus vite.»*

URL source: http://www.mediapart.fr/journal/economie/010109/l-euro-a-dix-ans-les-faiblesses-d-une-monnaie-apolitique
Liens:
[1] http://www.mediapart.fr/club/blog/philippe-ries
[2] http://portalcontent.london.edu:8080/faculty/search.do?uid=rportes
[3] http://ec.europa.eu/economy_finance/publications/publication13486_en.pdf
[4] http://www.ecb.int/press/key/date/2008/html/sp081114_1.en.html
[5] http://www.lafinancepourtous.com/-Dossier-MIF-.html?gclid=CNTDzlz35ZcCFQNItAodR1naCg
[6] http://www.euractiv.com/fr/services-financiers/analyse-directive-opa-beurre/article-154683
[7] http://archives.lesechos.fr/archives/2003/LesEchos/18982-129-ECH.htm

Annexe 16

Sigles ou abréviations européens ou économiques

ACP : Afrique Caraïbes et Pacifique (Accords de l'UE avec 62 pays émergents)
APC : Accord de partenariat et d'association (Europe de l'Est ou CEI)
ASA : Accord de stabilisation et d'association (pays de centre-Est de l'Europe avant une possible intégration)

BCE : Banque centrale européenne
BDF : Banque de France
BEI : Banque européenne d'investissement
BERD : Banque européenne pour la reconstruction et le développement (1990)
BM : Banque mondiale

CCG : Conseil de coopération du Golfe (6 pays du Golfe persique
CE : Commission européenne
CE : Communautés européennes
CECA : Communauté européenne du charbon et l'acier (avril 1951)
CEE : Communauté économique européenne (remplacée par l'UE)
CEI : Communauté des Etats indépendants (12 pays)
CIG : Conférence intergouvernementale
CJCE : Cour de justice des Communautés européennes

DOM : Départements d'outre-mer (Guadeloupe, Guyane, Martinique, Réunion)

ECOFIN : Conseil des ministres des finances de l'Union
EEE : Espace économique européen (UE-15 + Norvège, Islande et Liechtenstein)
EUR : euro, sigle international, Monnaie unique européenne depuis 1999

FECOM : Fonds européen de coopération monétaire
FED : Federal Reserve (Banque centrale des Etats-Unis)
FEDER : Fonds européen de développement régional
FEOGA : Fonds européen d'orientation et de garantie agricole
FMI : Fonds monétaire international
FMN : Firme multinationale
FSE : Fonds social européen

GOPE : Grandes orientations des politiques économiques
GUAM : Géorgie, Ukraine, Azerbaïdjan, Moldavie

IAP : Instrument d'aide de préadhésion (2007)
IDE : Investissement direct à l'étranger
IEVP : Instrument européen de voisinage et de partenariat (2007)
IME : Institut monétaire européen (1993 – « Ancêtre » de la BCE)

MCE II : Mécanisme de taux de change européen (remplace le SME)
MTC : Mécanisme de taux de change européen (remplace le SME)

NCM : Négociations commerciales multilatérales
NEI : Nouveaux Etats indépendants (12 membres de la CEI)
NEM : Nouveaux Etats membres

OCDE : Organisation de coopération et de développement économique
OMC : Organisation mondiale du Commerce (créée le 1.1.95, remplace le GATT)
OSCE : Organisation pour la sécurité et la coopération en Europe (56 pays)
OTAN : Organisation du traité de l'Atlantique Nord (26 pays)

PAC : Politique agricole commune
PECO : Pays de l'Europe centrale et orientale
PESC : Politique européenne de sécurité commune
PEV : Politique européenne de voisinages
PHARE : Pologne Hongrie, assistance à la restructuration des économies
PIB : Produit intérieur brut
PNB : Produit national brut
PPA : Parité de pouvoir d'achat
PPM : Pays partenaires Méditerranée (Sud)
PPP : Partenariat pour la paix (OTAN pour Balkans)

RUP : Régions ultrapériphériques (7 : 4 DOM, Canaries, Açores, Madère)

SAU : Surface agricole utile
SEBC : Système européen des banques centrales
SEPA : Système européen des paiements (ou Single Euro Payments Area)
SME : Système monétaire européen (créé en 1978 avec l'écu)

TCE : Tarifs extérieur commun
TCE : Traité des communautés européennes
TUE : Traité d'Union européenne

UE : Union européenne
UEM : Union économique et monétaire
UEP : Union européenne des paiements (de 1950 à 1958)
UMA : Union du Magreb arabe
UpM : Processus de Barcelone : Union pour la méditerranée (44 pays)
USD : United States Dollar

ZMO : Zone monétaire optimale

LES FRONTIERES DE L'EUROPE

Annexe 17-1

N° Zone	UE	*hors UE*	(Groupe de) Pays	Nombre Habitants	€uro	SEPA Paiement	Espace Schengen	Conseil de l'Europe	Candidat à l'UE	Accord ASA
1	1		**Allemagne**	**82,1**	1	1	1	1		
2	1		**France**	**65,1**	1	1	1	1		
3	2		**Péninsule italienne**	**60,5**	2	2	2	2	0	0
	1		Italie	60,1	1	1	1	1		
	1		Malte	0,4	*1*	1	1	1		
4	1		**Royaume-Uni**	**61,6**	0	1	0	1		
5	2		**Péninsule ibérique**	**56,5**	2	2	2	2	0	0
	1		Espagne	45,9	1	1	1	1		
	1		Portugal	10,6	1	1	1	1		
6	7	*2*	**Autres Europe Ouest & Nord**	**56,6**	5	9	8	9	0	0
	1		Danemark	5,4	0	1	1	1		
	1		Finlande	5,2	1	1	1	1		
	1		Suède	9,3	0	1	1	1		
		1	*Norvège*	*4,6*	0	1	*1*	1		
		1	*Islande*	*0,3*	0	1	*1*	1	?	
	1		Irlande	4,1	1	1	0	1		
	1		Pays-Bas	16,5	1	1	1	1		
	1		Belgique	10,7	1	1	1	1		
	1		Luxembourg	0,5	1	1	1	1		
7	4		**Europe balte**	**45,1**	0	4	4	4	0	0
	1		Pologne	38,1	*2012 ?*	1	1	1		
	1		Lituanie	3,4	*2011 ?*	1	1	1		

	1		Estonie	1,3	*2011 ?*	1	1	1		
	1		Lettonie	2,3	*2011 ?*	1	1	1		
8	5	*1*	**Europe centrale**	**43,7**	3	6	6	6	0	0
	1		Autriche	8,4	1	1	1	1		
	1		Tchéquie	10,5	*2013 ?*	1	1	1		
	1		Slovaquie	5,4	1	1	1	1		
	1		Hongrie	10,0	*2014 ?*	1	1	1		
	1		Slovénie	2,0	1	1	1	1		
		1	*Suisse*	*7,4*	0	1	*1*	1		
9	4	*8*	**Europe balkanique**	**69,9**	4	4	1	10	2	5
	1		Roumanie	21,5	*2012 ?*	1		1		
		1	*Moldavie*	*4,2*				1		
	1		Bulgarie	7,8	*2012 ?*	1		1		
	1		Grèce	11,3	1	1	1	1		
	1		Chypre	0,9	1	1	0	1		
		1	*Serbie*	*8,2*	0			1		1
		1	*Monténégro*	*0,7*	1					
		1	*Kosovo*	*1,9*	1					
		1	*Croatie (Négoc.)*	*4,4*	0			1	*2012 ?*	1
		1	*Bosnie Herzégovine*	*3,9*	0			1		1
		1	*Albanie*	*3,2*	0			1		1
		1	*Macédoine (Négoc.)*	*2,0*	0			1	*2012 ?*	1
	27	***11***	**Total Europe à 38 pays**	**541,0**	**18**	**30**	**25**	**36**	**2**	**5**

9 zones regroupant **38 pays européens membres de l'UE (à terme)?**
A rajouter probablement les pays du Caucase (Arménie, Géorgie et Azerbaïdjan)

LES FRONTIERES DE L'EUROPE

Annexe 17 -2

(Groupe de) Pays	OSCE	OTAN	ASA APC	Barcelone UpM	Initiative 5 + 5	CEI / NEI	OCDE	Sport : Coupes d' Europe
Allemagne	1	1		1			1	1
France	1	1		1	1		1	1
Péninsule Italienne	2	1	0	2	2	0	1	2
Italie	1	1		1	1		1	1
Malte	1	0		1	1			1
Royaume-Uni	1	1		1			1	1
Péninsule Ibérique	2	2	0	2	2	0	2	2
Espagne	1	1		1	1		1	1
Portugal	1	1		1	1		1	1
Autres Europe Ouest & Nord	9	5	0	7	0	0	9	9
Danemark	1	1		1			1	1
Finlande	1	0		1			1	1
Suède	1	0		1			1	1
Norvège	1	1					1	1
Islande	1	0					1	1
Irlande	1	0		1			1	1
Pays-Bas	1	1		1			1	1
Belgique	1	1		1			1	1
Luxembourg	1	1		1			1	1
Europe Balte	4	4	0	4	0	0	1	4
Pologne	1	1		1			1	1
Lituanie	1	1		1				1

Estonie	1	1		1				1
Lettonie	1	1		1				1
Europe Centrale	6	4	0	5	0	0	5	6
Autriche	1	0		1			1	1
Tchéquie	1	1		1			1	1
Slovaquie	1	1		1			1	1
Hongrie	1	1		1			1	1
Slovénie	1	1		1				1
Suisse	1	0					1	1
Europe Balkanique	11	3	6	8	0	1	1	9
Roumanie	1	1		1				1
Moldavie	1		APC			1		1
Bulgarie	1	1		1				1
Grèce	1	1		1			1	1
Chypre	1	0		1				1
Serbie	1	0	ASA					1
Monténégro	1			1				
Kosovo								
Croatie (Négoc.)	1	0	ASA	1				1
Bosnie Herzégovine	1	PPP	ASA	1				1
Albanie	1	0	ASA	1				1
Macédoine (Négoc.)	1	0	ASA					
Total Europe à 38 pays	**37**	**22**	**6**	**31**	**5**	**1**	**22**	**35**

Bibliographie

ECONOMIE, EUROPE, POLITIQUE, ESSAIS et GEOSTRATEGIE

ANGEL Benjamin, *L'Union économique et monétaire*, ellipses collection OPTIMUM, avril 2006.

ALBERT Michel, *Le pari français,* Seuil, 2ème Trimestre 1982.

ANDREANI Jacques, *L'Amérique et nous,* Odile Jacob, Octobre 2000.

ANDREANI Gilles, HASSNER Pierre, *Justifier la guerre ? De l'humanitaire au contre-terrorisme,* Sciences Po, Les Presses, Octobre 2005.

ARON Raymond, *Mémoires, 50 ans de réflexion politique,* Julliard, Août 1983.

ARTHUIS Jean, *Mondialisation: La France à contre-emploi,* Calmann-Lévy, Février 2007.

BADRE Denis, *L'attente d'Europe,* Fondation Robert Schuman, ALBIN MICHEL, Janvier 2004.

BAYROU François, *Relève,* GRASSET, Novembre 2001.

du BOIS Pierre, *Histoire de l'Europe monétaire 1945 - 2005. Euro qui comme Ulysse...,* PUF - Institut de Hautes Etudes Internationales et du Développement, Genève, Mars 2008.

BRZEZINSKI Zbigniew, *Second Change,* Basic Books - Perseus Books, The New York Times Best Seller, 2006.

de CLOSETS François, *Toujours plus,* Grasset, Mai 1982.

COTTA Alain, *La France et l'Impératif Mondial,* PUF, 1978.

COHEN-TANUGI Laurent, *Une stratégie européenne pour la mondialisation,* Odile Jacob – La documentation française, Juin 2008.

CHOMETTE Guy-Pierre, SAUTEREAU Frédéric, *Lisières d'Europe, De la mer Egée à la mer de Barents, voyage aux frontières orientales,* autrement, Mars 2003.

CROZIER Michel, *Le mal américain,* Fayard, 4ème Trimestre 1980.

DANIEL Jean-Marc, *Le taureau face aux tigres : Entre les Etats-Unis et la Chine, l'avenir est à l'Europe,* PEARSON - Village Mondial, 4ème Trimestre 2007.

DELALANDE Jean-Pierre, *La mondialisation,* La Palatine, Août 2000.

DERENS Jean-Arnault, *Balkans: la crise,* Le Monde - Folio actuel, Avril 2000.

DELORS Jacques, *Mémoires,* Plon, Décembre 2003.

DUHAMEL Alain, *Portrait d'un artiste,* Flammarion, Janvier 1997.

FOURASTIE Jean, *Les trente glorieuses, ou la révolution invisible,* Fayard, 1er Trimestre 1979.

FIGLIUZZI Arcangelo, *L'économie européenne,* Bréal, Juillet 2008.

GREAU Jean-Luc, *La trahison des économistes,* Gallimard - Le débat, Septembre 2008.

GODET Michel, *Le choc de 2006: Démographie, Croissance, Emploi. Pour une société de projet,* Odile Jacob, Décembre 2002.

GOULARD Sylvie, *Le coq et la perle, Cinquante ans d'Europe,* Seuil, Février 2007. / *Il faut cultiver notre jardin européen,* Seuil, Juin 2008.

HAMILTON Daniel S., QUINLAN Joseph P., *Globalization & Europe: Prospering in the New Whirled Order,* Center for Transatlantic Relations, AMCHAM EU: American Chamber of Commerce to the European Union, 2ème Trimestre 2008.

HAMILTON Daniel S., QUINLAN Joseph P., *The Transatlantic Economy 2008 Annual Survey of Jobs, Trade and Investment between the United States and Europe,* Center for Transatlantic Relations, AMCHAM EU: American Chamber of Commerce to the European Union, 2ème Trimestre 2008.

HUCHON Jean-Paul, *Jours tranquilles à Matignon,* GRASSET, Janvier 1993.

JEAN-PAUL II & FROSSARD André, *N'ayez pas peur,* Robert Laffont, Octobre 1982.

KAHN Jean-François, *La guerre civile,* Seuil, Novembre 1982.

LETESSIER Jean-Yves, SILVANO Jacques, SOIN Robert, *L'Europe économique et son avenir,* ARMAND COLIN, Février 2008.

Ministère de l'Industrie, du Pétrole et de la Chimie de la République ROUMAINE, *100 de Ani de Industrie Petrolifera in Roumania,* Editura in Limbi Straine, Bucuresti, 1959.

MONTENAY Yves, *La langue française face à la mondialisation,* Les belles lettres, Mai 2005.

OLIVI Bino, *L'Europe difficile : Histoire politique de l'intégration européenne,* Folio Histoire, Août 2001.

PASTRE Olivier, SYLVESTRE Jean-Marc, *Le roman vrai de la crise financière,* PERRIN, Mai 2008.

PEYRELEVADE Jean, *Sarkozy: l'erreur historique,* Plon - Tribune libre, Août 2008. / *Le capitalisme total,* Seuil, Décembre 2005.

PIGNOT Pierre, *Europe, Utopie ou Réalité ?* L'Harmattan, Mai 2005.

RIFKIN Jérémie, *Le rêve européen,* Fayard, Mars 2005.

ROCARD Michel, GNESOTTO Nicole, *Notre Europe,* Ouvrage collectif, Robert Laffont, Septembre 2008.

SAFIR André, MICHEL Dominique, *Avantage France, SA contre World Corp.,* Village mondial, Mai 1999.

SAUVY Alfred, *La machine et le chômage. Le progrès technique et l'emploi,* Dunod, 1er Trimestre 1980.

STIGLITZ Joseph, *Quand le capitalisme perd la tête,* Fayard, Septembre 2003.

TODD Emmanuel, *Après l'Empire,* Gallimard, Août 2002. / *Après la démocratie,* Gallimard, Octobre 2008.

TOURAINE Alain, *L'APRES socialisme,* Grasset, 2ème Trimestre 1980.

de VILLEPIN Dominique, *Le requin et la mouette,* Plon - Albin Michel, Août 2004.

de VILLEPIN Dominique, SEMPRUN Jorge, *L'Homme européen,* Plon, Avril 2005.

VAL Philippe, *Le référendum des lâches,* Le cherche midi, Avril 2005.

WIGGIN Addison, *Le déclin du dollar : Une aubaine pour vos investissements,* Valor Editions, 2ème Trimestre 2008.

MICROFINANCE

BOYE Sébastien, HAJDENBERG Jérémy, POURSAT Christine, *Le guide de la Microfinance ; Microcrédit et épargne pour le développement,* Editions d'Organisation, Juin 2006.

HELMS Brigit, CGAP, *La Finance pour tous. Construire des systèmes financiers inclusifs,* Editions Saint-Martin (Montréal) CGAP, 3ème Trimestre 2006.

de LIMA Pascal, Planet Finance, *Voyage au cœur d'une révolution. La Microfinance contre la pauvreté,* JC Lattès, Avril 2007.

NOWAK Maria, *On ne prête (pas) qu'aux riches, La révolution du microcrédit,* JC Lattès, Janvier 2005.

SERVET Jean-Michel, *Banquiers aux pieds nus, La microfinance,* Odile Jacob, Septembre 2006.

YUNUS Muhammad avec Alan JOLIS, *Vers un monde sans pauvreté,* JC Lattès, Octobre 2006.

HISTOIRE

BAYROU François, *Henri IV, Le roi libre,* Flammarion, Novembre 2004.

BEAUVOIS Daniel, *Histoire de la Pologne,* Paris, Février 2004.

BEAUVOIS Daniel, ALEKSIUN N., DUCREUX M.E., KLOCZOWSKI J., SAMSONOWICZ H., WANDYCZ P., *Histoire de l'Europe du Centre-Est,* Presse Universitaire de France - PUF; Collection Nouvelle CLIO: l'histoire et ses problèmes, Septembre 2004.

BLUCHE François, *Louis XIV,* Fayard, Novembre 1986.

BOIA Lucian, *La Roumanie,* Les belles Lettres, Novembre 2003.

CHABAN-DELMAS Jacques, *Mémoires pour demain,* Flammarion, Avril 1997. / *L'Ardeur,* STOKS, 1975.

FERRO Marc, *Histoire de France,* Odile Jacob, Avril 2001.

FUMAROLI Marc, *Quand l'Europe parlait français,* Le livre de poche, 2003.

PELISSIER Pierre, *de Lattre,* PERRIN, Mai 1998.

SANDU Traian, *Illusions de puissance, puissance de l'illuson, Historiographies et histoire de l'Europe centrale dans les relations internationales de l'entre-deux-guerres, L'Harmattan, Cahiers de la nouvelle Europe, Avril 2005.*

STOREZ Isabelle, *Le chancelier Henri François d'Aguesseau, (1668 - 1751. Monarchiste et libéral,* PUBLISUD, Avril 1996.

de VILLEPIN Dominique, *Le soleil noir de la puissance 1796 – 1807,* PERRIN, Août 2007. / *La chute ou l'Empire de la solitude 1807-1814,* PERRIN, Août 2008.

VOLTAIRE, *Le siècle de Louis XIV,* Le livre de Poche, 1756.

REVUES - ATLAS - ETUDES - GUIDES

Mouvement Européen - France, *Courrier Européen,* Lettre Trimestrielle.

Fondation Robert Schuman, *Vu d'Europe,* Revue Trimestrielle.

CAE (Conseil d'Analyse économique) : Rapport de Michel DIDIER, Agnès BENASSY-QUERE, Gilles BRANSBOURG et Alain HENRIOT, *Politique de change de l'euro,* La documentation française, Décembre 2008.

Francis LEFEBVRE, *L'euro,* Editions Francis LEFEBVRE, Avril 1999.

IFRI - Institut Français des Relations Internationales, *Ramsès 2007 - L'Europe et le monde,* DUNOD, publication annuelle.

dc MONTBRIAL Thierry, MOREAU DEFARGES Philippe, *Rapport annuel mondial sur le système économique et les stratégies.*

BECKOUCHE Pierre, RICHARD Yann, *Atlas d'une nouvelle Europe. L'Europe élargie et ses voisins: Russie, Proche-Orient, Maghreb.* Autrement, Janvier 2004, réédité en 2008.

Etudes Economiques (Direction des), *Etudes Conjoncture Taux Change,* BNP Paribas, Publications régulières sur le site internet.

CIEG - Centre International d'Etudes Géopolitiques, *Quelles perspectives géopolitiques pour l'Europe?* Laurence METHOT, Mars 2004.

CSURGAI Gyula – Direction, L'Age d'Homme.

Ministère des Affaires Européennes, *Traité établissant une Constitution pour l'Europe,* La documentation française, Décembre 2004.

Banca Nationala a Romaniei (Banque Nationale de Roumanie), *Présentations et entretiens. L'histoire de la monnaie roumaine, le Leu.*

Articles : Finances Roumanie, *Convertibilité du leu, Politique monétaire, Crédit à la consommation.*

L'HARMATTAN, ITALIA
Via Degli Artisti 15 ; 10124 Torino

L'HARMATTAN HONGRIE
Könyvesbolt ; Kossuth L. u. 14-16
1053 Budapest

L'HARMATTAN BURKINA FASO
Rue 15.167 Route du Pô Patte d'oie
12 BP 226
Ouagadougou 12
(00226) 76 59 79 86

ESPACE L'HARMATTAN KINSHASA
Faculté des Sciences Sociales,
Politiques et Administratives
BP243, KIN XI ; Université de Kinshasa

L'HARMATTAN GUINEE
Almamya Rue KA 028
En face du restaurant le cèdre
OKB agency BP 3470 Conakry
(00224) 60 20 85 08
harmattanguinee@yahoo.fr

L'HARMATTAN COTE D'IVOIRE
M. Etien N'dah Ahmon
Résidence Karl / cité des arts
Abidjan-Cocody 03 BP 1588 Abidjan 03
(00225) 05 77 87 31

L'HARMATTAN MAURITANIE
Espace El Kettab du livre francophone
N° 472 avenue Palais des Congrès
BP 316 Nouakchott
(00222) 63 25 980

L'HARMATTAN CAMEROUN
BP 11486
Yaoundé
(00237) 458 67 00
(00237) 976 61 66
harmattancam@yahoo.fr

603111 - Avril 2015
Achevé d'imprimer par

1livre.com
du rêve à la réalité !

Made in United States
Orlando, FL
04 November 2026

90202676R00153